今どきの
暮らしやすい
間取りが
わかる！

快適な住まいの
間取りと実例集

秋元幾美　監修

ナツメ社

はじめに　～家づくりにむけて～

新しく家を取得すること、お住まいをリノベーションすることは、
ご家族にとって、一生のうち一回あるかないかというほどの
大きなイベントです。
家庭生活の拠点となる住まいが快適であるかどうかは、
今後のご家族の人生に、少なからず影響を与えるはずです。

設計事務所を開設して20年余り。
住宅を取り巻く環境も大きく変わりました。
工法や建材の進歩により高い住宅性能がかなえられ、
ネットには、様々なところから画像がアップされたり、
また、検索すれば専門的知識も簡単に得られるようになりました。
間取りにおいては、何ＬＤＫと称されていた個室重視から、
家族の気配を緩く感じられるオープンプランを希望される傾向になり、
家族のあり方にも変化が見られます。

一方、こうした変化の時代の中にあっても、
家づくりの本質は、ご家族の「暮らしを見つめ直す」ということ。
これは、変わることのない普遍的テーマだと言えます。
暮らしとはご家族の日々の営みであり、
理想の家づくりは、その営みにフォーカスすることから始めます。

毎日、どのようなタイムスケジュールで動くのか、
リビングではどうくつろぐのか、
どのような物をどこに収納するのかなど、
まずは、自分たちの暮らしに向き合うことが大切です。
大変な作業ですが、
ご家族の意思疎通を図る重要なステップ。
家づくりの基本になるのです。

「どんな間取りが暮らしやすいですか？」とよく質問されますが、
この質問の答えに、ひとつの正解はありません。
それぞれのご家族の暮らしに合うことが、
暮らしやすい間取りと言えるからです。
まずは、ご家族でどんな家に住みたいのかを書き出してみましょう。
そして、この本の中のたくさんの実例を参考にし、
ご自身の理想の間取りを考えてみてください。

本書が、皆様の「理想の家づくり」に、
少しでもお役に立てることがあれば幸いです。

秋元 幾美

快適な住まいの間取りと実例集

CONTENTS

Part 2

動線・収納を考えた 暮らしやすい場所別の間取り

Part 3

目的から考える 心地良い住まいのための間取り

Part 4

知っておきたい！ 理想の間取りのための家作りの基本

Part 5 もっと快適に暮らすための リノベーションの間取りのポイント

Part 1

快適な暮らしを実現!

あこがれの住まい実例集

Case 1

家事動線と適所収納にこだわった家族全員が暮らしやすい家

DATA

家族構成：Nさん（40代）・夫（40代）・長女（中学生）・二女（小学生）
間取り：2LDK
構造規模：木造2階建て
敷地面積：255.54㎡
延床面積：120.48㎡
設計者：秋元幾美（一級建築士事務所 アトリエ サラ）

毎日のゆとりを生む 家事を楽しむ間取り

〝家事を楽しめること〟が、Nさんの家作りのテーマでした。その希望を実現させるために、それぞれの家事動線に添ってコーナーを作りました。1階は玄関、パントリー、キッチンの買い物動線を一角に収め、2階には洗面室と家事室、クローゼットを設けて、洗濯動線をスムーズにするための工夫が反映されています。

〝家族が趣味を楽しめること〟も大切なテーマでした。家事や収納コーナーをコンパクトにまとめた間取りは〝ゆとりの空間〟を確保するためにも効果的。

広々としたLDKには、ご主人が弾くギターや小学生と中学生の姉妹の電子ピアノなどが並びます。「家事の環境を整えたことで、気持ちにも余裕が生まれました。そして、家族が家事を手伝ってくれる機会が増えたことが、何よりもうれしいです」

特徴❶

家事動線を整えて 家事がラクに

時間をかけず、効率的に家事をこなしたいという想いから設けた専用の家事室。洗濯、掃除、炊事、買い物など、それぞれの動線を考えた間取りで家事ストレスを軽減しています。

特徴❷

ファミリークローゼットで 散らからない

クローゼット内に家族それぞれの専用コーナーを設け、整理・整頓は各自で分担。家事室でたたんだ衣類は、全てこちらへ収納するので一括管理ができ、時短にもなります。

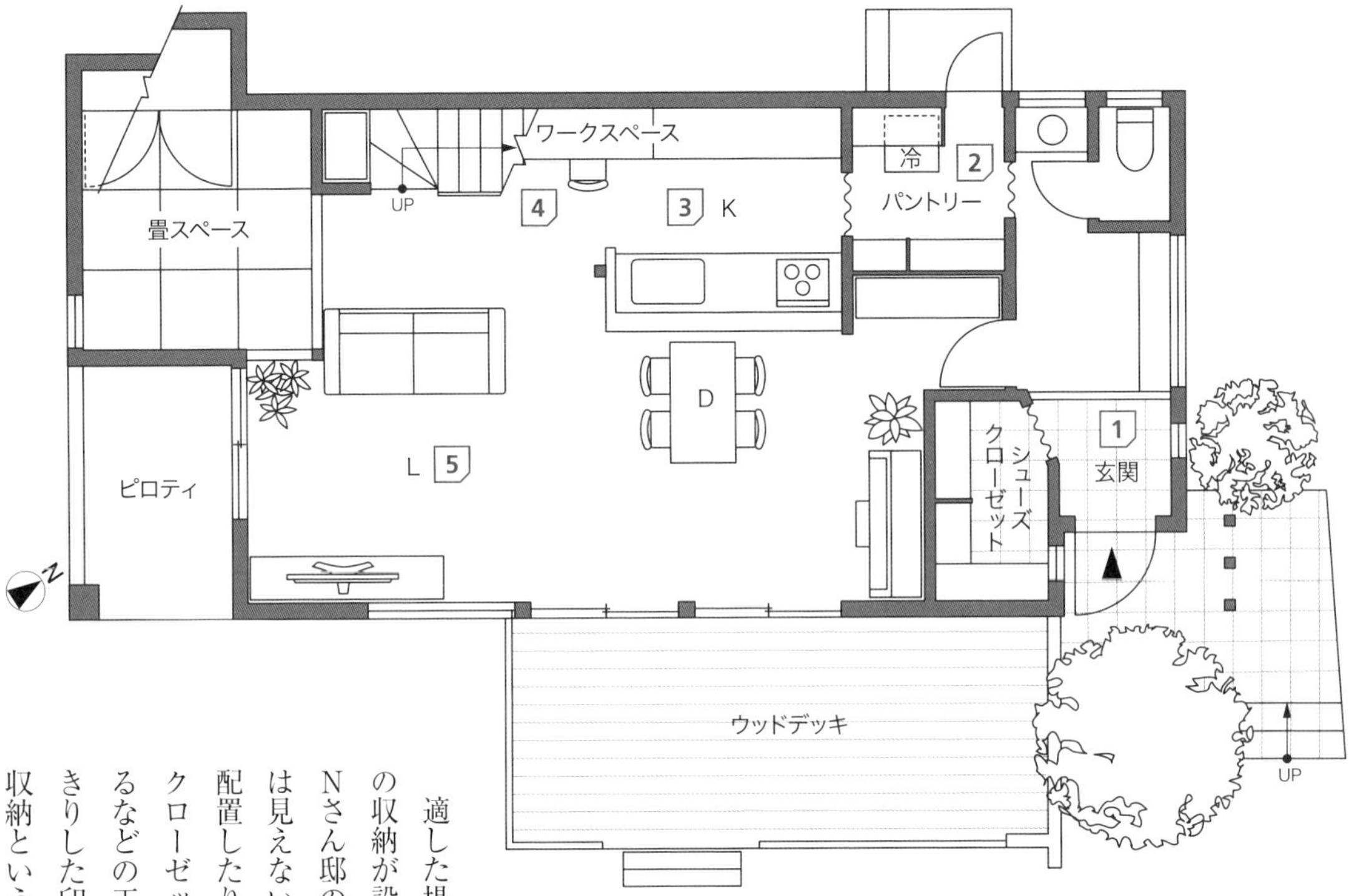

1F／収納に創意工夫を凝らして開放的なLDKを実現

適した場所に、適したサイズの収納が設けられていることもNさん邸の特徴です。LDからは見えない場所にパントリーを配置したり、玄関にはシューズクローゼットを取り入れたりするなどの工夫で、家全体がすっきりした印象に。機能性の高い収納という土台作りがあってこそ、開放的な空間になる間取りの大切なセオリーです。

2 パントリー

多目的に活躍する広めのパントリーを確保

キッチンの奥には、カーテンで仕切った3畳ほどのパントリー。ストック食材の他、冷蔵庫や電子レンジなどのキッチン家電、ゴミ箱など“見せたくない物”を収納。

カーテンを開けると、おしゃれ好きな女子３人のコート類、キャンプ用品や防災グッズなどが入っています。収納棚は造作です。

玄関を整えるシューズクローゼット

玄関に下駄箱と収納力たっぷりのシューズクローゼットを併設。取り出しやすさと湿気対策を考慮したオープンタイプのクローゼットには、カーテンの間仕切りをつけています。

1 玄関

4 ワークスペース

階段下はワークスペースに

ワークスペースは造作した木のカウンターと既製品の家具を組み合わせた物。キッチンの側なので、家事をしながら子どもたちが勉強している様子を見られます。

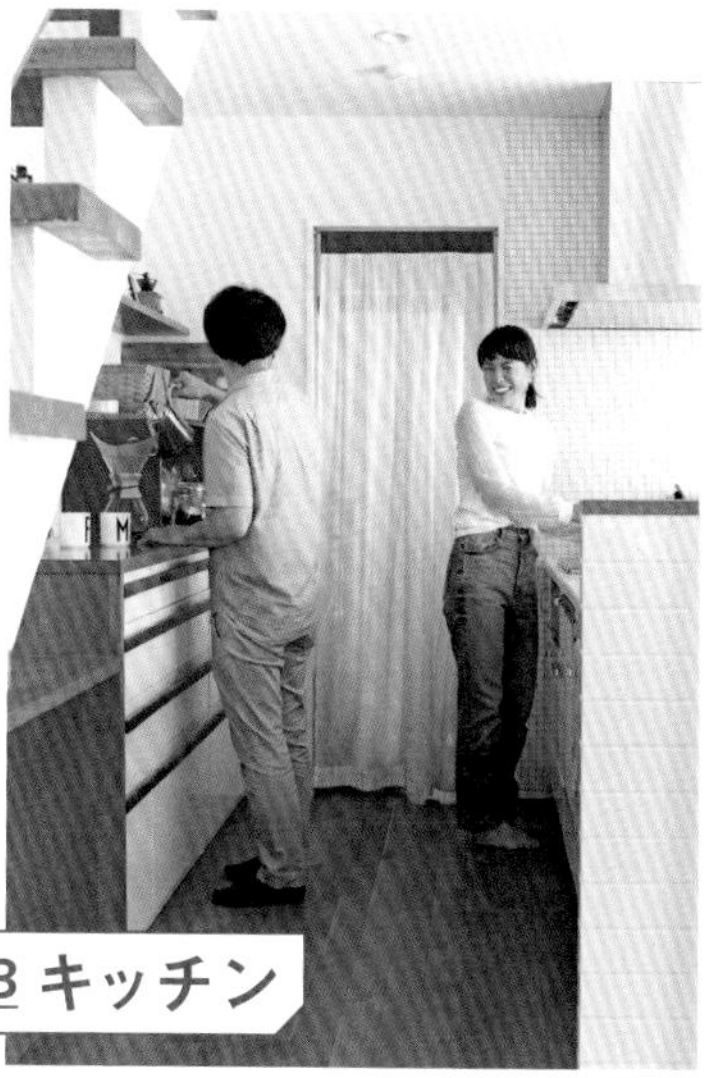

3 キッチン

2人が立てるよう通路幅は広めに

家族みんなでキッチンに立つことが多いので、通路幅は人がすれ違っても十分ゆとりがある1mにしました。Nさんが洗いものをしている間にご主人がコーヒーをいれることも。

5 リビング

開放的なリビングが家族の居場所

吹き抜け階段とリビングの奥に設けた畳スペースによって、広がりが感じられる空間に。広々として、家族が同じ空間でそれぞれ好きなことができる居場所のあるリビングです。

2F／

洗濯効率と毎日の快適さをかなえた間取り

「家事の中でも洗濯が一番苦手」というNさんが特にこだわったのがバルコニーに面した家事室。読書をして過ごすこともあるほどお気に入りの空間で、光と風を感じながら洗濯やアイロンがけを楽しんでいるのだそう。洗濯機置き場、バルコニー、クローゼットも2階に設けて洗濯の全行程がワンフロアでこなせるようにしています。

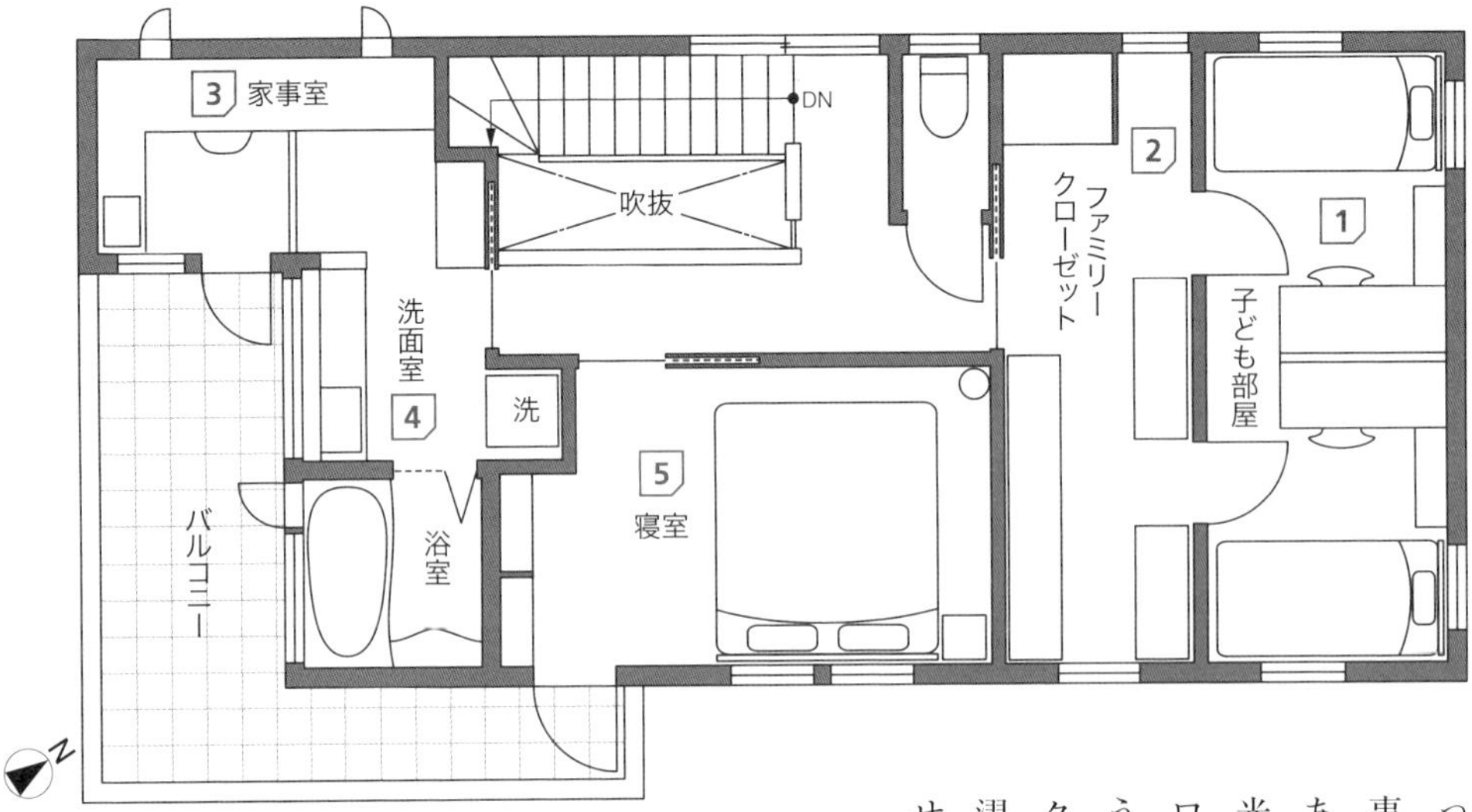

2 ファミリークローゼット

家族みんなの使いやすさを反映

6畳ほどのファミリークローゼット内に家族それぞれの専用コーナーを設置。収納棚はご主人のDIYで、お金をかけずに我が家に合った収納をカスタマイズしています。

1 子ども部屋

子ども部屋は可変性を楽しむ

仲の良い姉妹の部屋は家具を仕切りにしたオープンな仕様。下の子が遊び回ったり、姉が面倒をみたりできるので便利です。ドアを二つ設けて、将来的には間仕切り壁を取りつける予定です。

機能的で心地良い理想の家事空間

バルコニーからやわらかな光が差し込む家事室兼サンルームは、Nさんのお気に入りの場所。アイロンがけに適した高さで造作したL字カウンター、室内干し用のポールなど機能性も充実しています。

エコで賢い洗濯動線を取り入れる

お風呂の残り湯を洗濯に使うため、浴室のすぐ横に洗濯機置き場を設けました。旧居で使用していた9kgタイプの洗濯機を新居でも使用できるように、設計段階でスペースを確認。

快眠を誘う高窓効果を取り入れる

朝の日差しが直接顔に当たることなく、プライバシーの確保もできる、横長窓を高い位置に取りつけました。布団がラクに干せるように、バルコニーへ通じるドアも設けています。

Nさんの趣味のマクラメ作りの本や道具が並ぶオープン棚。壁に縞模様のアクセントクロスを張って自分好みの空間に仕上げています。

Case 2

家族の成長に合わせて多目的に使える空間に

DATE

家族構成：Kさん（40代）・夫（40代）・長女（中学生）・二女（幼稚園）
間取り：3LDK
構造規模：木造2階建て
敷地面積：117.85㎡
延床面積：113.65㎡
設計者：秋元幾美
（一級建築士事務所 アトリエ サラ）

今も将来も希望がかなう フレキシブルな家

生まれ育った実家の隣の敷地に新居を構えたKさん。〝家族それぞれに居場所がある家〟をテーマに、1年ほどかけて家作りの準備を進めていきました。間取りはKさん、住宅性能は建材メーカー勤務のご主人が主導のもと、具体的にイメージを固めていったのだそう。

2人姉妹の友だち親子など普段から来客が多いので、ゲスト目線の快適さにもこだわりました。子どもたちが部屋にこもってしまうことなく遊び回れるようオープンにしたLDKには、大人と子どもが安心して過ごせる工夫が凝らしてあります。「家族の未来を想像しながら、家作りのプランを立てました。将来的には1階のワンフロアで夫婦2人の暮らしが完結するようなイメージです。家族の成長に合わせて、住まいを育てていくのが楽しみです」

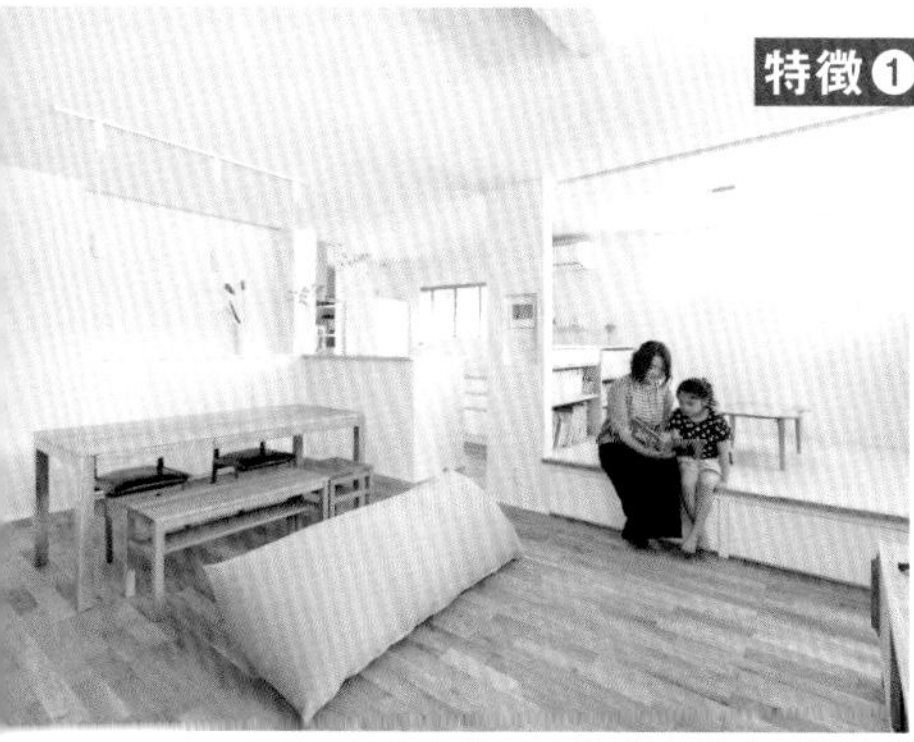

LDKに 畳の小上がりを作る

布団が2枚敷けるサイズでオーダーした小上がりは客間としても活用。リビングともなじみ、ベンチ代わりにしたり、ヨガをしたりするなど家族の憩いの場です。

子ども部屋は ワークスペースを活用

2階のワークスペースは、この家のセカンドリビングのような存在。あえて作り込まずに自由に使えるプランで、現在は子どものスタディコーナーとして二つの机を置いています。

1F／

おもてなしの演出で家族もゲストも居心地良く

ゆとりが感じられる開放的な玄関、間仕切りのないオープンなLDK、来客のコートがかけられるシューズクローゼットや独立型の手洗い場など、おもてなしの配慮が1階のフロアに反映されています。「お客様を招くことを意識した間取りですが、家族にとっても機能的で暮らしやすく、居心地の良さを実感しています」

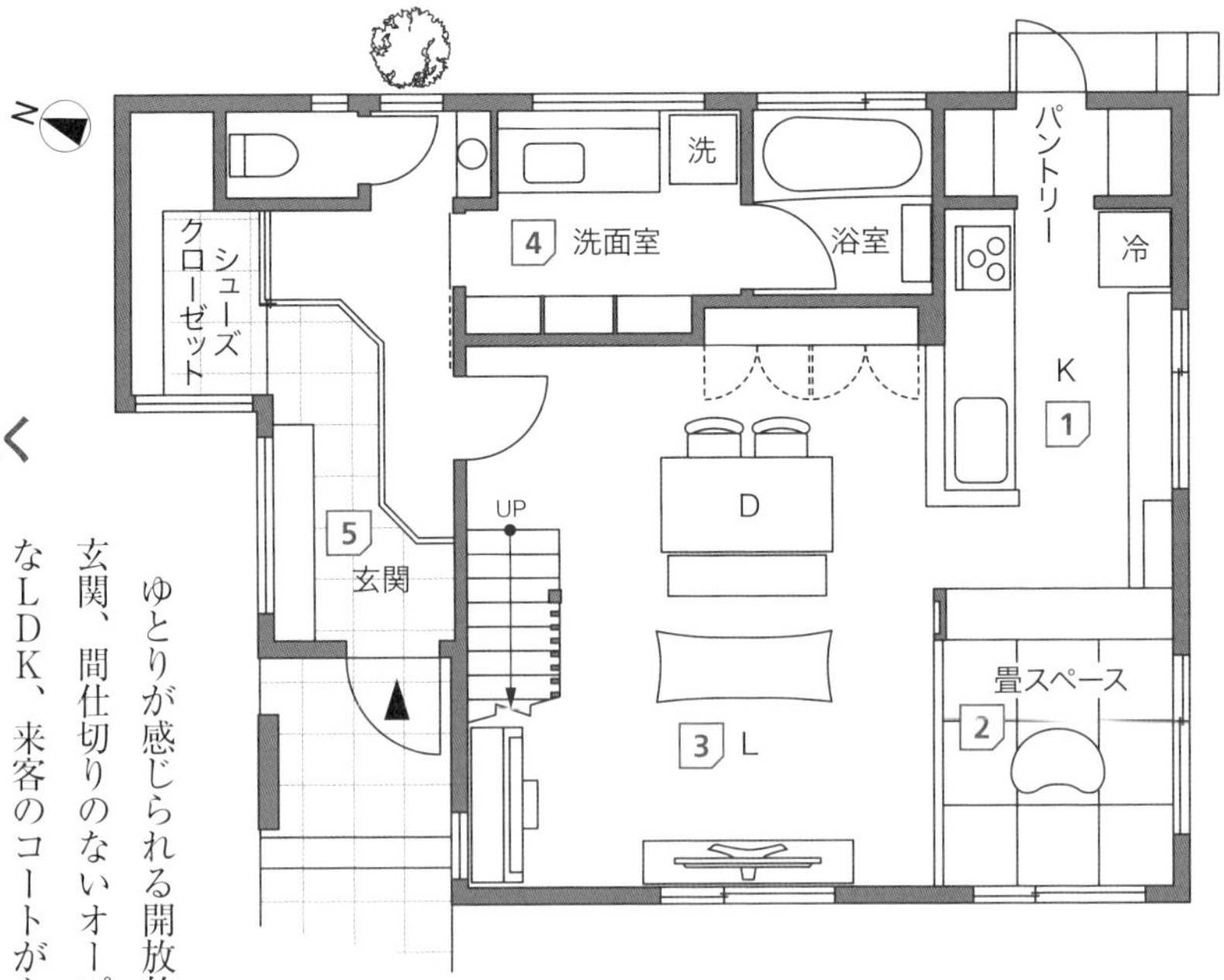

見せない工夫でスマートさをキープ

オープンなLDKの場合、キッチンの見える度合いを適度にすることが快適さの秘訣。シンクの上のカウンターは水栓金具が隠れる高さに。換気扇が隠れるように壁のサイズも大きく設けています。

1 キッチン

2 畳スペース

小上がりの段差を最大限に活用

床から40cmの段差を利用し、造作した引き出しには、日用品や子どものおもちゃなどを収納。ロボット掃除機で掃除する際も、床にある物を一時置きするスペースとして重宝。

3 リビング

温もりが広がる自然素材の床と壁

温かな風合いの無垢材の床、壁にはアレルギー体質のご主人が選んだ100%自然素材のダイアトーマスの塗り壁を施しました。ていねいな建材選びによって、心地良さと安心できる環境をかなえています。

4 洗面室

充実の壁面収納ですっきりを確保

「洗面台の上には物を置かず、いつでもすっきりさせていたい」という希望から、背面に壁面収納を造作。各自の歯ブラシ、コスメ類などをケースに入れ、その都度出し入れして使用します。

帰宅後すぐに手洗い・うがいができる専用コーナーを設置。玄関からは見えないよう配慮し、ゲストも気兼ねなく利用できます。

5 玄関

印象的な玄関がこの家の顔

廊下とつながる上がり框や視線の先の植栽などの効果で、開放感のある空間を演出。気持ち良く来客をお出迎えしたり、ダンボールを解体するなど家事の作業場としても便利です。

2F／

適度な距離感が保てる回遊型の間取り

セカンドリビングでもあるワークスペースを中心にし、通路の役割も果たすウォークインクローゼットで、寝室と子ども部屋をつないでいます。プライバシーを守りながら、ほどよく家族の雰囲気が感じられる回遊型の間取りです。バルコニーで洗濯物や布団を干す→しまうの家事動線を、スムーズにしてくれるメリットもあります。

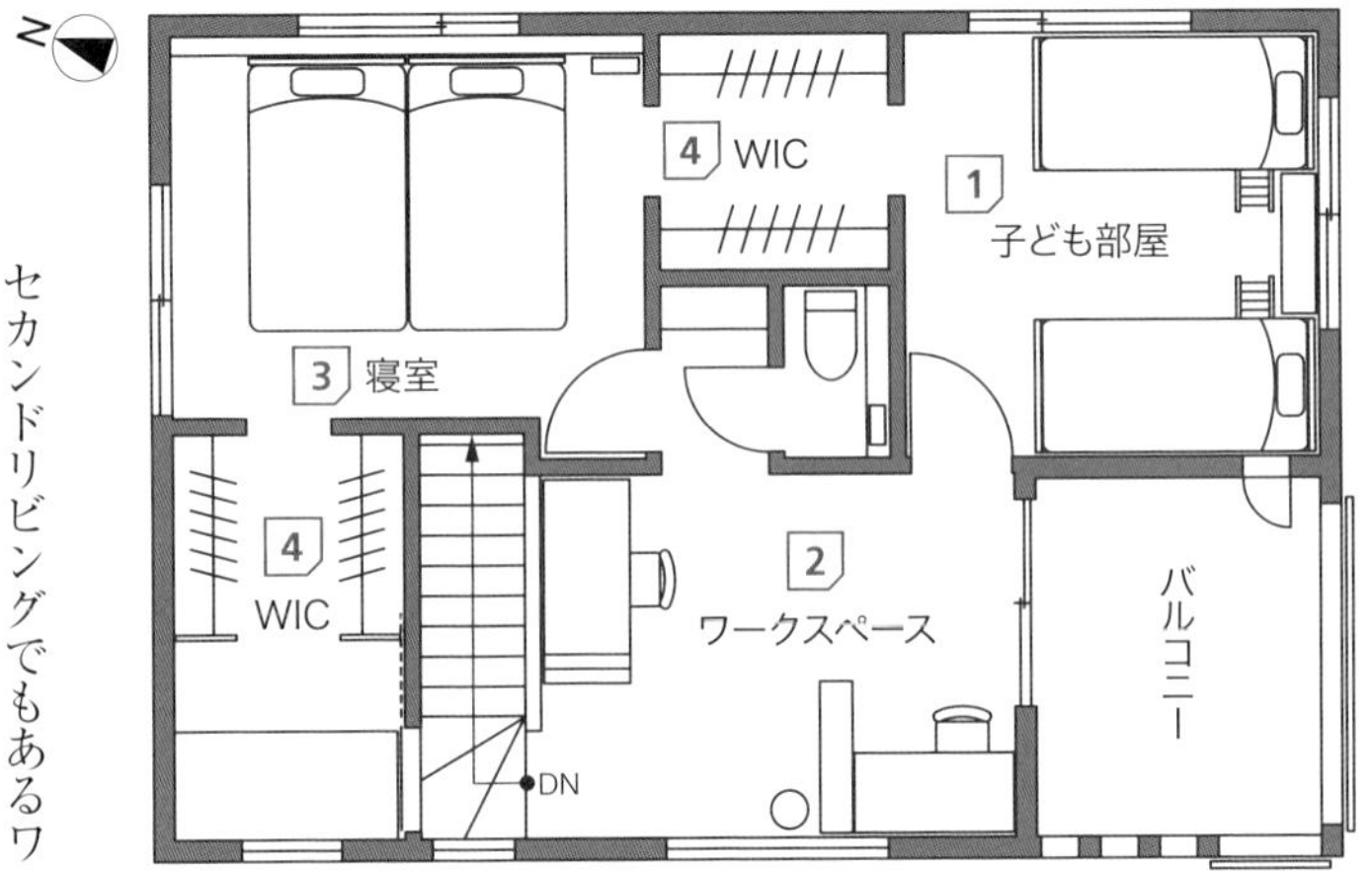

2 ワークスペース

多目的空間を子どもの勉強部屋に

高窓から光が差し込む多目的スペースに姉妹の机を置いて、スタディコーナーに。子どもの成長によって必要な物は変化するので、フレキシブルに可変性を楽しみます。

1 子ども部屋

勾配天井が魅力の子ども部屋

勾配天井を生かした屋根裏部屋のような雰囲気が、子どもたちのお気に入り。年が離れた姉妹にはあえて個室を作らず、寝室とスタディコーナーの二つの部屋を設けました。

3 寝室

快眠空間のための造作をプラス

寝室の壁にベッドヘッドと棚の役割を果たす造作を加えています。10㎝ほど壁をふかす（前に出す）ことで時計や本を置くスペースに。携帯電話を充電するためのコンセントも配置しました。

4 ウォークインクローゼット

親子で管理しやすいウォークスルータイプ

寝室と子ども部屋をつなぐ通路の両サイドを子ども専用のクローゼットに。親子で管理がしやすく、また、このスペースがあることで家族の気配が感じられるメリットも。

クローゼットの奥に階段へつながる、小さな引き戸を取りつけました。布団を干したり、重い荷物を出し入れしたりするときに便利。

明るさと通気のための窓を設置

夫婦専用のクローゼットには衣類や布団類を収納。高窓を設けて、オープンタイプにすることで通気性を高めています。入り口には省スペースに効果的なロールスクリーンを設置。

Case 3

DATA

家族構成：Tさん（30代）・夫（30代）・
長女（６カ月）
間取り：２LDK
構造規模：木造2階建て
敷地面積：100.02㎡
延床面積：93.58㎡
設計者：秋元幾美
（一級建築士事務所 アトリエ サラ）

暖かく、居心地がいい2階リビングのメリット

出産後、フルタイムで職場復帰したTさん。働きながら子どもが自由に育つ環境で子育てしたいという願いから、ご主人の実家の近くに新居を構えました。

希望した2階のリビングは南側の高窓、東側のバルコニーなど全方位に窓を設けているので、1日中さまざまな光が差し込み

特徴①

ママのための家事をしやすい工夫がある

食事の配膳がしやすく、子どもにも目が行き届くフラットなシステムキッチンを採用しました。食器を下げるときもワンアクションでできるので、ご主人もすぐに手伝えます。

特徴②

必要な場所に十分な収納を作る

夫婦の寝室と子ども部屋を隔てる廊下を有効活用して、ファミリークローゼットに。帰宅後の生活動線に添ったスペースにあるので、家じゅうに服や物が散らかりません。

ます。明るく暖かいリビングを、実現しました。さらに、玄関に蓄熱暖房器を設置して、暖かな空気を家全体に行き渡らせる工夫も取り入れました。「冷え性なので、暖かさにとほっとします」

また、2階にオープンなリビングを配置すると、1階は個室という間取りに。下の階に壁が増えて、構造的にも安定するというメリットもあります。リビングを中心とした安心で居心地のいい家が、Tさん夫妻が大事にする家族団欒の時間をますます増やしてくれそうです。

明るい2階リビング、収納が充実した1階で暮らしやすく

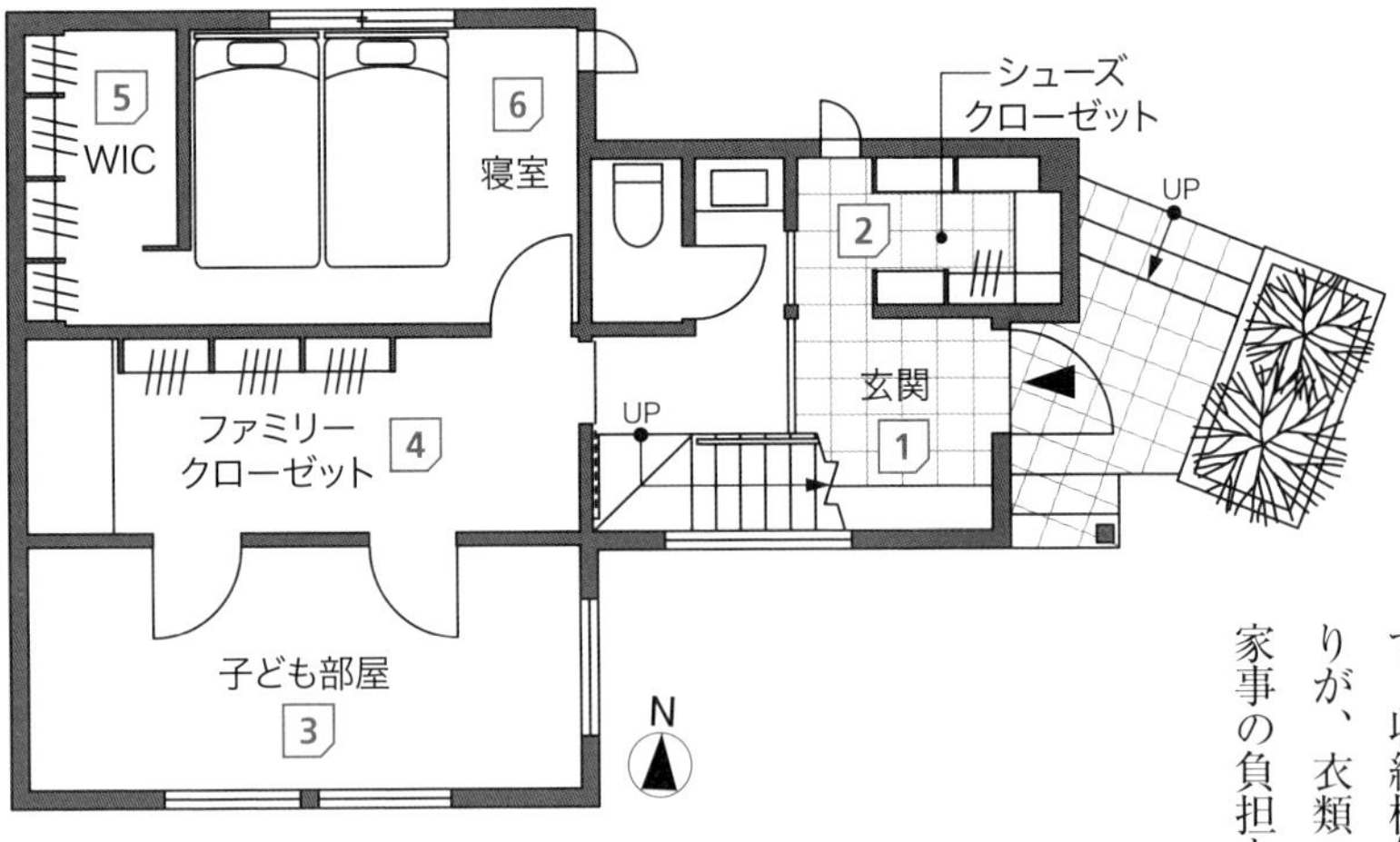

1F／

収納スペースが充実した将来に備えた間取り

一足先に家を建てたというお姉さんからのアドバイスを受けて「部屋は狭くなっても、収納は多めに」という、計画を立てました。将来を見通した上で大容量のファミリー用、寝室の一角には夫婦専用、玄関にもシューズクローゼットを設けています。収納機能を充実させた間取りが、衣類の管理をしやすく、家事の負担を軽減してくれます。

2 シューズクローゼット

**アウターや靴を収納して
すぐに手洗いができる**

家族全員の靴とコート類、ご主人のゴルフ用品など外回りのアイテムは全て大容量のクローゼットへ。玄関からクローゼット、手洗い場の生活動線を回遊できる便利な間取りです。

1 玄関

**下駄箱がない
すっきりしたスペース**

光を遮らず、空気の循環を邪魔しないスケルトン階段によって、圧迫感のない空間をかなえています。下駄箱は置かず、輻射熱で家全体を温めるドイツ製の蓄熱暖房器を設置。

4 ファミリークローゼット

廊下は通路にしないで可変性のあるスペースに

廊下兼フリースペースをファミリークローゼットに活用。家族の成長や暮らしに合わせて変えられるよう、造作は必要最低限に。ゆとりのある空間なので衣類のお手入れをする際も便利。

3 子ども部屋

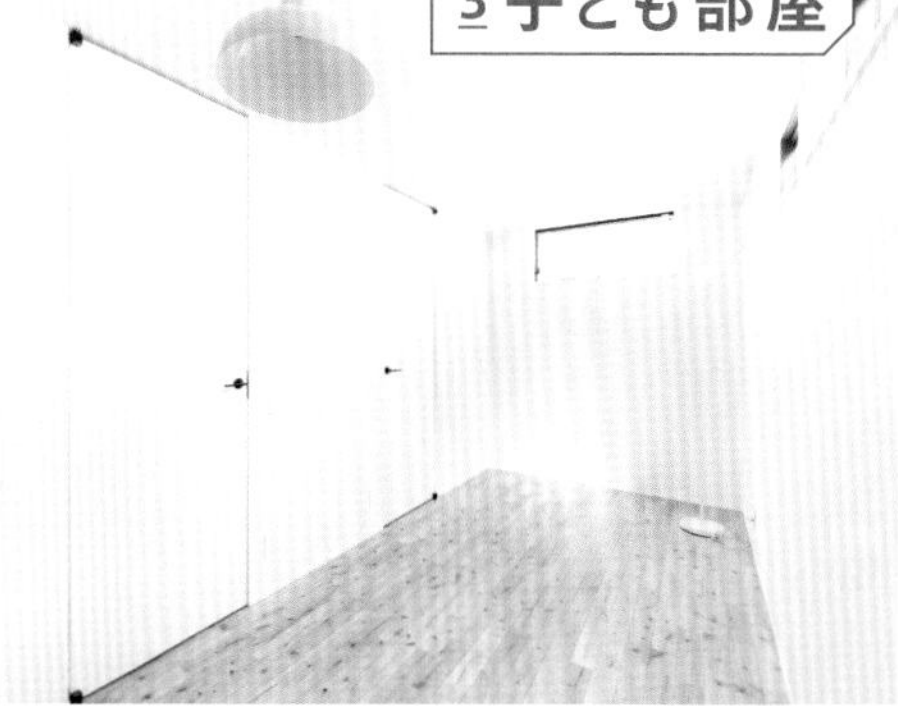

将来個室にするためにドアは二つにしておく

6カ月になる女の子の赤ちゃんともう1人お子さんをご予定のTさん夫婦。子ども部屋は二つのドアを設けて、将来的に個室に分けられるようにしています。

6 寝室

1階寝室に最適な高窓で構造面も強度アップ

安眠に適した高窓を設けて、採光窓にしています。2階リビングのTさん邸は1階の壁量が大きくなる分、構造面としても強度が大きくなります。

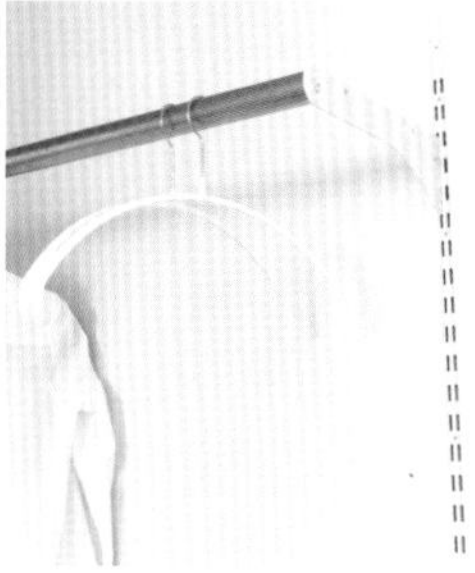

収納量に合わせて部材をアレンジできる収納システムを、壁に施しました。「衣類は全て吊るす収納で管理したい」というTさんに合った収納法です。

5 ウォークインクローゼット

寝室の中に設置して夫婦の洋服を収納する

共働き夫婦の出番が多い衣類を専用クローゼットにまとめ、朝の身支度をスムーズにしています。間仕切りの壁には上部にスペースを設けて通気性を持たせ、圧迫感を軽減。

1 脱衣室

気持ち良く入浴するために あえて洗面室と分ける

家族とはいえ、プライバシーを守るために脱衣室を設けました。下着やタオルなどをしまう収納ケースがぴったり収まるように造作しました。

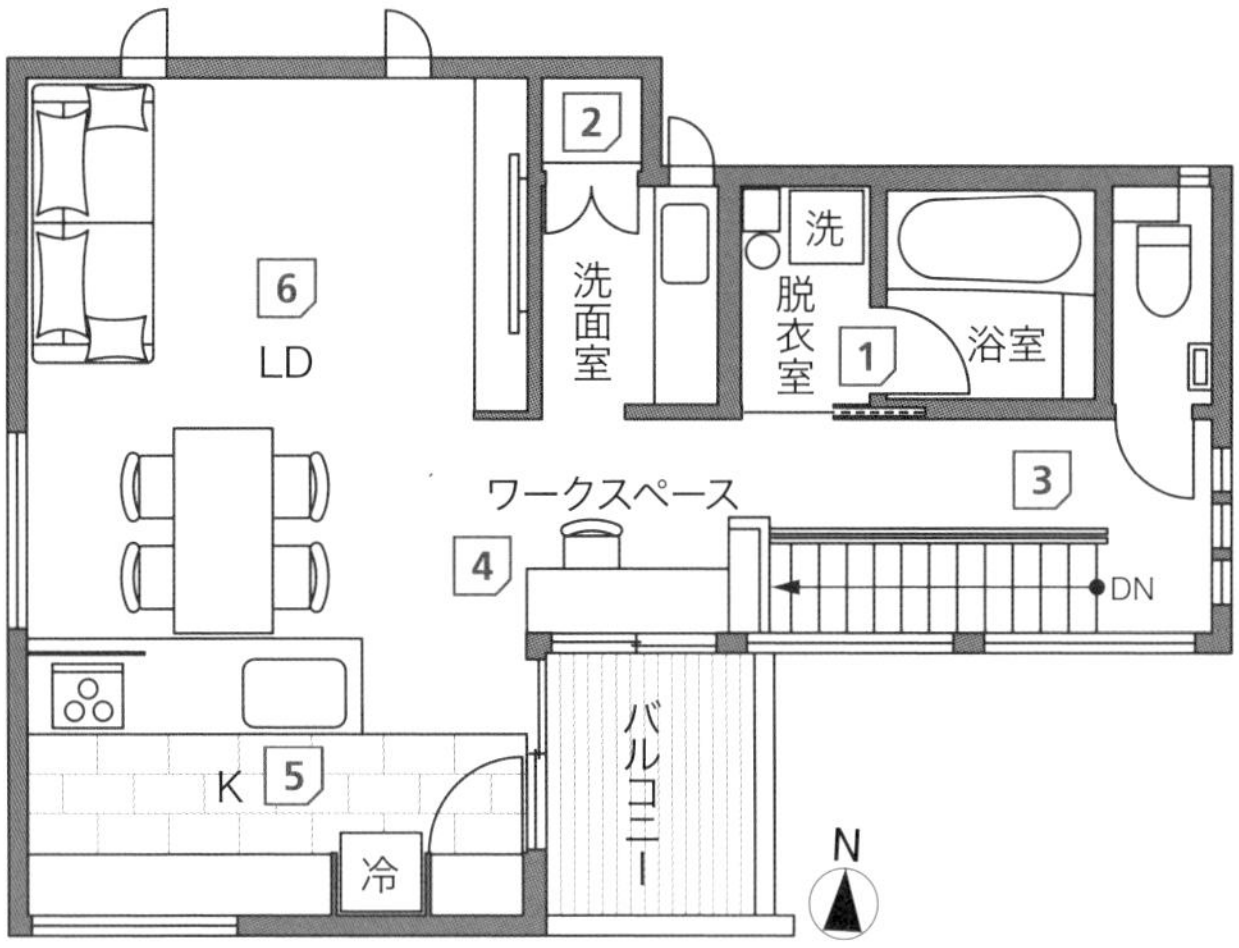

2F／

共働き夫婦が こだわった 機能的な水回りで 暮らしを快適に

朝と夜の生活動線が重なる共働きの夫婦が、スムーズかつ快適さも得られるよう意見を出し合ったのが水回りのプランです。家庭内でもプライバシーを守りたいという希望から、洗面室と脱衣室を分けています。リビングから近い洗面室は出入りのしやすさを優先してオープンに、トイレは音が気にならないように階段側へ設けています。

3 廊下

1階と2階の気配をつなぎ 緩やかな緩衝材の役割を

玄関や1階の子ども部屋の気配が吹き抜け階段を通って感じられる間取りです。また、玄関に設置した蓄熱暖房器の輻射熱をリビングまで届ける通り道の役割も果たしています。

2 洗面室

広々として朝の身支度もスムーズ

忙しい朝に夫婦が並んでもゆとりのある、洗面台の幅にしました。扉つきの大容量の棚には、タオル、洗剤などの日用品も収納。洗面台がいつもすっきりしています。

5 キッチン

白と黒でまとめてスタイリッシュな雰囲気に

夫婦でキッチンに立つことも多いので、広めの通路幅を確保。背面はシンプルでモダンなカウンター、床は手入れしやすい石目調の塩ビタイルを張りました。

4 ワークスペース

子どもの勉強机にしても。使い方は自由自在

廊下を利用したワークスペースは、将来的に子どものスタディコーナーにもなるよう、2人並べるデスクと収納棚を造作。バルコニーから光が差し込む、心地良いスペースです。

6 リビング・ダイニング

高窓から降りそそぐ明るく開放的なスペース

三方を隣家に囲まれた敷地を感じさせない、勾配天井のLDK。効果的に光を採り込める高窓、東と南に面したバルコニーの窓からも明るい光が差し込む、夫婦がお気に入りの空間です。

Case 4

DATA
家族構成：Uさん（40代）・夫（50代）・長女（社会人）・長男（大学生）
間取り：3LDK
構造規模：木造2階建て
敷地面積：100.05㎡
延床面積：97.61㎡
設計者：秋元幾美（一級建築士事務所 アトリエ サラ）

窓と中庭の工夫で光と風を感じる空間

南に面した中庭と吹き抜けの高窓からたっぷりと光が差し込むUさん邸のLDK。日当たりと風通しの良さにこだわったプランは、家全体に窓が多いのが特徴です。敷地は住宅街の一角

特徴❶

中庭と吹き抜けで居心地が良いLDK

南向きの中庭と東向きの吹き抜け階段の高窓からの光が、LDK全体に広がります。窓が多くても高い位置に設けることで、プライバシーを守りながら視線の抜けが感じられます。

特徴❷

洗濯動線がスムーズになるワークスペース

2階の廊下に設けたデスクでバルコニーから取り込んだ洗濯物をたたみ、アイロンをかけて、クローゼットへ収納。ボタンつけなどの繕い物もできる、家事をするスペースです。

で、南側には、集合住宅が建つ立地。そのため、周囲からの視線が届きにくいよう、高窓と中庭を通して、効果的に光と風を取り込んでいます。

1日に2度は洗濯機を回すほど洗濯が大好きなUさんは、洗濯物がたくさん干せる2階のバルコニーも希望した条件でした。バルコニーの床は開放性の高い格子状のグレーチングなので、上下に風を巡らせ、階下の中庭へ光を行き渡らせるメリットもあります。「家のどこにいても居心地が良くて。キッチンで作業しながら中庭を眺めたり、気持ち良く洗濯物が干せたり、毎日の家事も楽しんでいます」

敷地のデメリットを克服し明るく広々としたLDKを実現

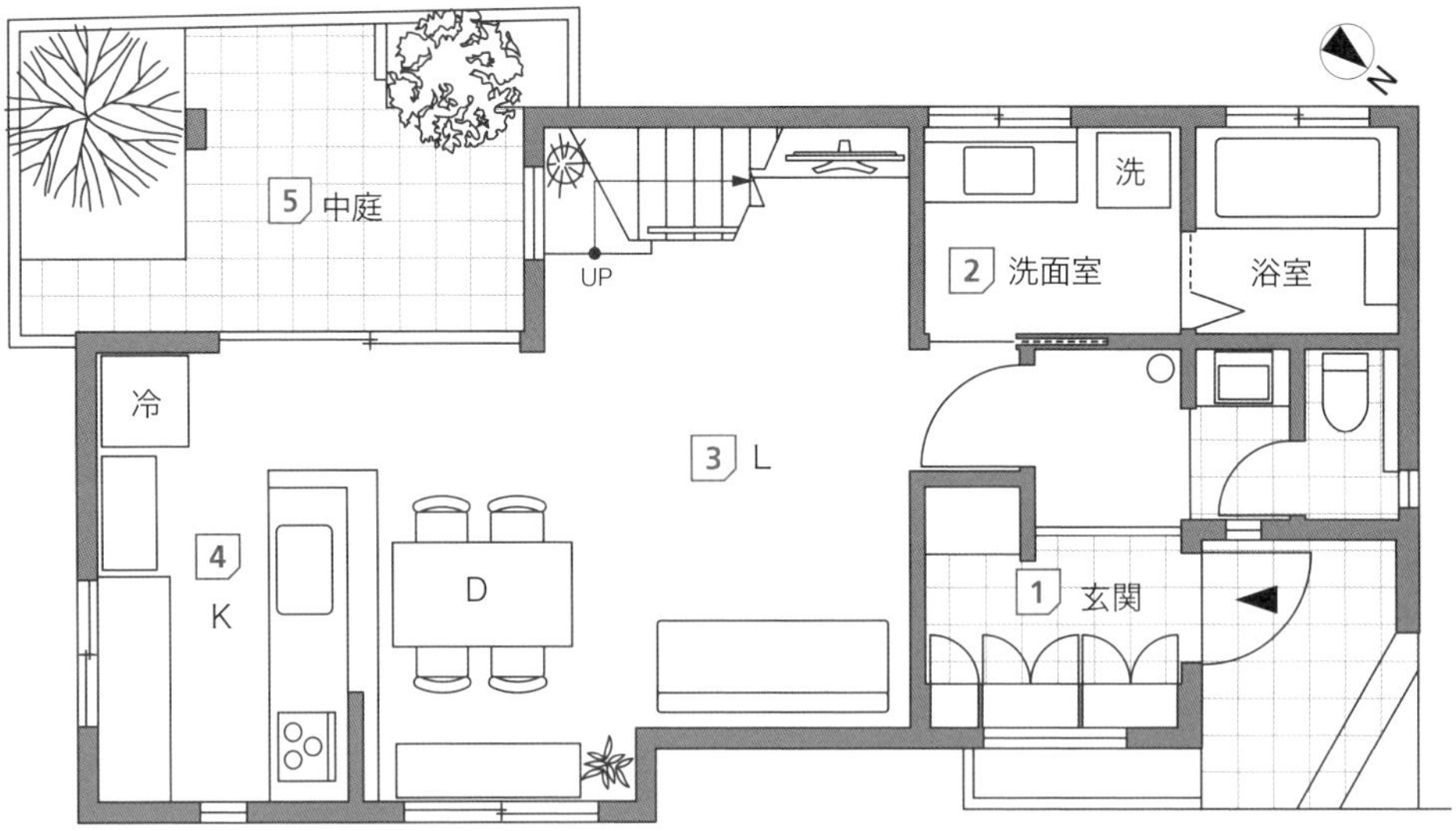

1F ／ 水回りをまとめて 家事ストレスを軽減

洗面台、洗濯機置き場、浴室をワンコーナーにし、玄関の近くにトイレ、手洗い場を設けて水回りを一角にまとめました。掃除道具などの管理がしやすく、家事の時短動線に。また、くつろぎの空間であるＬＤＫと水回りをセパレートすることによって、暮らしの動線がスムーズに。気分的にも落ち着きが感じられる間取りです。

2 洗面室

洗濯効率をアップする機能をプラス

２層式洗濯機を愛用しているUさん。使用する洗濯機のサイズを事前に伝え、間取りに反映しました。洗濯機の上には圧迫感のないオープン棚、壁には室内干し用のポールを設置。

1 玄関

見通せない角度に収納棚を設置

玄関奥に造作したオープンタイプの収納棚にマスクやティッシュのストック、防災用品などを収納。入り口からは死角となる場所なので、すっきりとした快適な空間が保てます。

開放感と絵になる空間をかなえてくれるリビングイン階段。光の通り道でもあるので、室内にいながら陽だまりが味わえます。

3リビング

床材を統一してより広々としたLDKに

同じ床材でLDKを統一することによって、空間全体を広く見せる効果があります。また、中庭を設けたことで、LDKのスペースの中に取り込まれ、広がりが感じられる空間に。

5中庭

心が晴れやかになる家族の拠り所

６畳ほどの中庭は手入れが行き届くよう、床にタイルを施して、土の面積はほどよいバランスで配置しました。視線を遮る高さで設けた壁は、隣家との関係を心地良くする役割も。

4キッチン

ゆったり料理できる通路幅を吟味

娘さんが自分でお弁当を作るなど、Uさんと2人でキッチンに並ぶことも多いので通路幅は広めに。システムキッチンに合わせてシンクが隠れる高さのカウンターも造作しました。

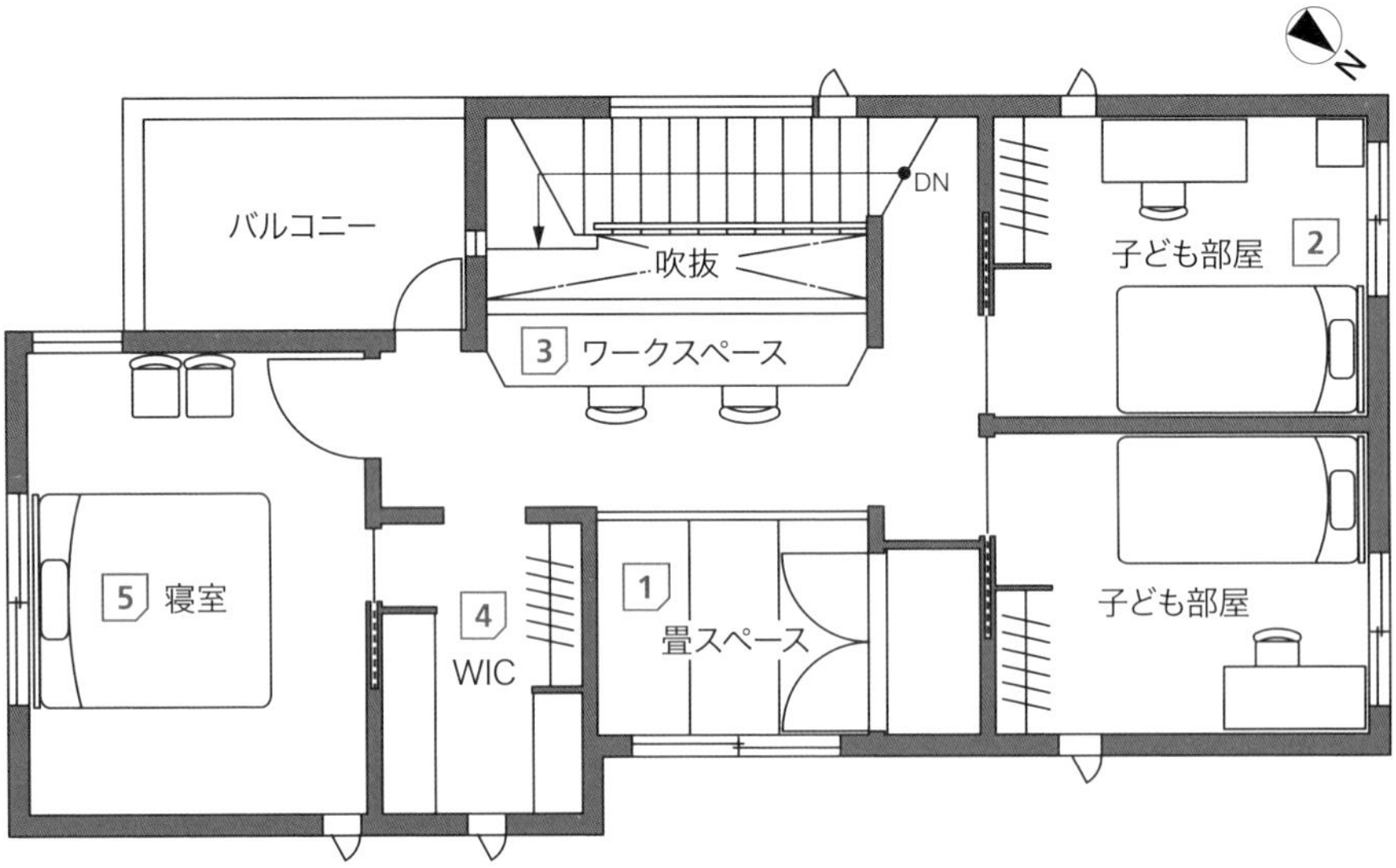

2F／

思うままに過ごし、心のゆとりを生む共有スペース

家族みんなで意見を出し合い、家作りを進めたというUさん一家。それぞれの気配が感じられる子ども部屋、家族が思いのまま過ごすワークスペースや畳スペースなど、共有エリアが多いプランにも家族の仲の良さが表れています。「家作りはとても楽しかったです。どこにいても居心地が良くて、老後もこの家で楽しく過ごせそうです」

暮らしを彩る
フリースペース

五月人形を飾ったり、暑い夏は寝室代わりにしたり、横になって向かいの高窓から夜空を眺めるなど、季節や自然を感じるこの家のくつろぎの場。洗濯物を一時置きするのにも便利です。

1 畳スペース

2 子ども部屋

間仕切りを
有効活用して、
快適な子ども部屋に

一つの空間に間仕切りの壁を設けて、長男と長女の部屋にしました。壁の上部に30cmほどの隙間を作ることで通気性を高め、布団が干せるメリットも。お互いの気配も感じられます。

4 ウォークインクローゼット

二つの出入り口で動線がスムーズ

バルコニーから取り込んだ物をしまう際は廊下側、着替えをする際は寝室側からアプローチできるよう、二つの出入り口を設けた夫妻専用のクローゼット。布団やリネン類も収納。

3 ワークスペース

動線上のコーナーで洗濯家事の負担を軽減

洗濯動線である通路に作業スペースを設けて、一連の流れをスムーズに。以前はお子さんのスタディコーナー、現在はご主人のデスクとして利用するなど、家族のフリースペースの役割も。

5 寝室

安眠を妨げない高窓で快適空間に

朝、明るくなりすぎてしまわないように、寝室に適した高窓を取りつけました。南側にも中庭が望める窓を設けているので、日中も十分な明るさが採り込めます。

Case 5

お教室のある家で仕事とプライベートを両立させる

DATA

家族構成：Iさん（40代）・夫（40代）・長男（中学生）
間取り：3LDK＋ロフト
構造規模：木造2階建て
敷地面積：115.37㎡
延床面積：91.24㎡
設計者：秋元幾美（一級建築士事務所 アトリエ サラ）

オン・オフをつなげる開放感あふれる間取り

ピアノ教室を自宅で開いているIさんは、「ピアノ室とリビングにつながりが感じられる空間にしたい」という希望がありました。生徒さんにとっても心地良く、家族も思いのままに過ごせるようにと、取り入れたのがガラス扉を間仕切りにするプランです。壁のような圧迫感がなく、LDKとピアノ室に一体感が生まれ、開放的で見通しの良いスペースが生まれました。

また、大の仲良しのIさんファミリーがテーマに設けたのが、「どこにいても家族の気配が感じられる家」。吹き抜け階段を通して、2階にいてもお互いの気配を感じられます。吹き抜けの上のフリースペースは、ご主人もお子さんもお気に入りの場所です。「以前は家にいるのが得意ではなかったのですが、今は家で過ごす時間が大好きになりました」

特徴❶

リビングとつながりを持たせたピアノ室がある

リビングの延長に、生徒さんが出入りする教室があります。レッスン中は仕切って、普段はオープンに。同じ床材にして一体感を出し、オンとオフを上手につなげています。

特徴❷

玄関とキッチンの動線上に収納を設置する

玄関とキッチンをつなぐ空間をパントリーにしました。サイドに食材を収める収納棚とともに、バッグや鍵などをかけるラックを取りつけて、日常の暮らしやすさを高める役割も(P37参照)。

1F／家族が集まる吹き抜け天井のLDK

吹き抜けの窓から差し込む光が印象的なリビングは家族が大好きな場所。「朝の時間の光のまわり方が特にお気に入り」とIさん。開放感あふれる空間なので、ピアノ室のグランドピアノも圧迫感を感じることなく、インテリアのように楽しめます。リビングとピアノ室をつなげて、サロンコンサートを開くことも可能な空間になっています。

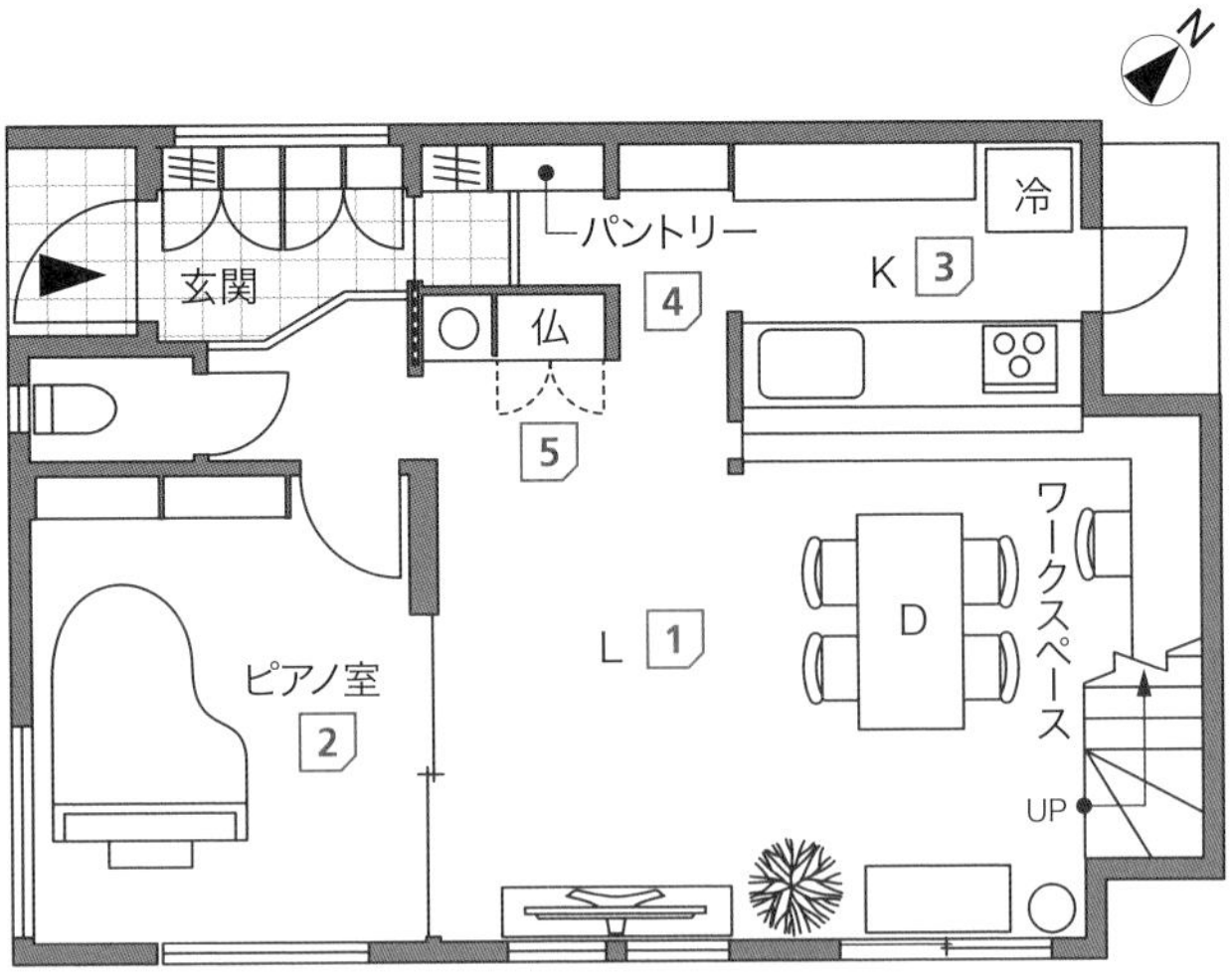

1 リビング・ダイニング

吹き抜けと階段で2階からの光を採り込む

1階リビングに効果的な吹き抜けの間取りは、高窓から安定的な光が届くので、季節を問わず明るい空間が味わえます。ウォルナットの床の色を基調に、落ち着いた雰囲気に。

吹き抜けの窓には天井の高さを強調するバーチカルブラインドを。午前中の光を浴びながらのんびり過ごすのが、お気に入りの時間。

2 ピアノ室

ガラスの扉とロールスクリーンをリビングとの緩衝材に

教室とプライベート空間をフレキシブルに仕切れるよう、防音効果の高いガラスの引き戸とロールスクリーンを設置。家族と生徒さんに気を使わせないための配慮がなされています。

4 パントリー

玄関からキッチンに直行できて買い物動線がスムーズ

玄関とキッチンを直接つなぐ場所をパントリーにして、買い物動線をスムーズにしています。玄関から直行できるので、重い荷物を運び込んだり、ゴミ出しなどにも便利です。

3 キッチン

リビングと同様にダークブラウンで統一感を

「片づけは苦手」というIさんは、収納性の高いシステムキッチンと背面カウンターを選びました。キッチンもダークブラウン系の色でそろえて、LDK全体に統一感を持たせています。

5 仏壇のコーナー

リビングにあっても自然になじむように

リビングの入り口に造作した収納棚の上に、仏壇を置くスペースを設置。ウォルナットの床と同色の建材で棚を造作しているので、シックなリビングにも溶け込んでいます。

2F／ゆとりを設けた間取りが豊かな暮らしの礎

子どもの勉強机にもなるフリースペースは、吹き抜けの開放感が感じられる2階の特等席。横にはご主人が希望した本棚を造作しました。4.4畳ほどあるゆったりしたバルコニーではIさんがお茶を飲んだり家族でミニバーベキューを楽しんでいます。「個室をコンパクトにしても、家族が豊かな時間を過ごせる場所を設けたことは正解でした」

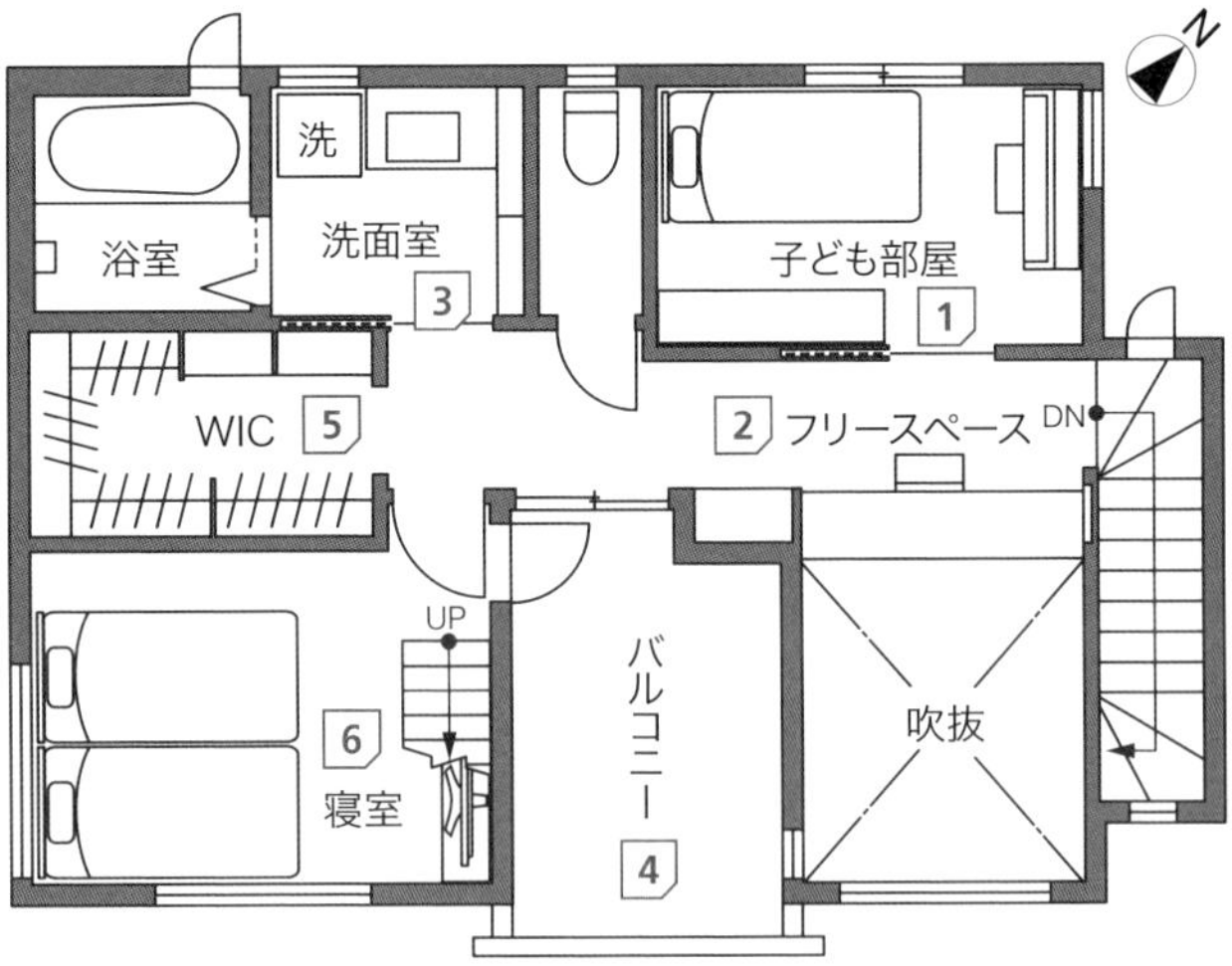

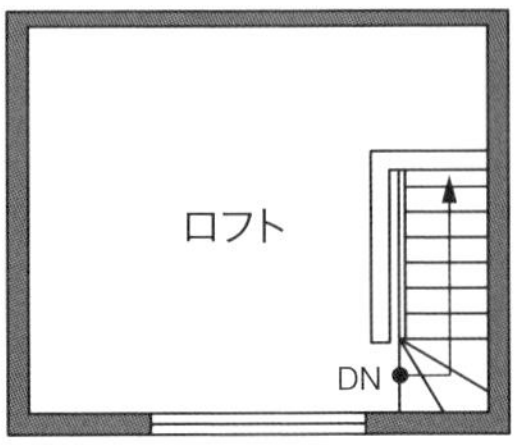

1 子ども部屋

コンパクトにし、個室に閉じこもらないように

「子どもと過ごす時間を多く持ちたい」というIさんご夫婦の願いから、あえてコンパクトにしました。子ども部屋に閉じこもることなく、リビングで過ごす時間が増えました。

2 フリースペース

吹き抜けの上で居心地良く

窓の景色を眺めながら作業ができるフリースペースは、デスクのサイドに本棚も造作。現在はご主人がリモートワークの際に使用していますが、将来は子どものスタディコーナーにする予定です。

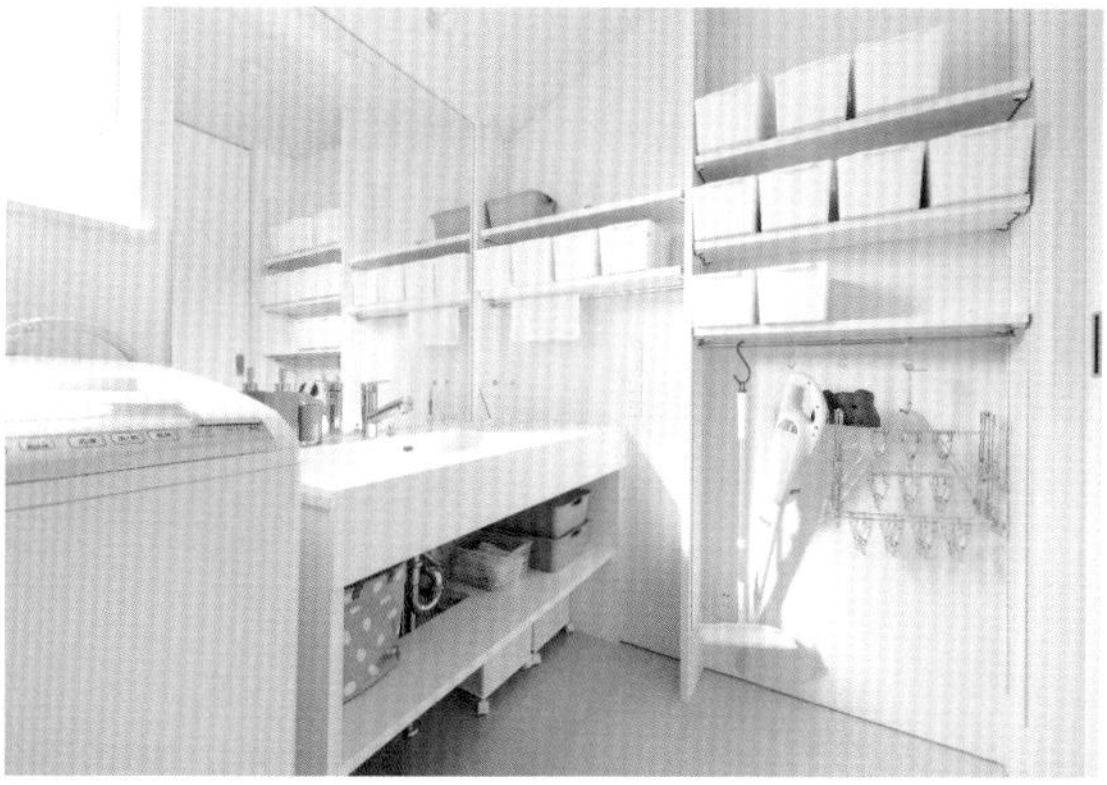

3 洗面室

洗濯動線を考えた機能的な配置に

洗濯物を干すバルコニーの向かいに洗面室を配し、家事動線のスムーズさをかなえた間取りです。壁面は機能的な造作収納にして、コンパクトながら最大限に空間を活用しています。

4 バルコニー

周囲の視線を感じないので洗濯にもリラックスにも最適

4.4畳ほどの広さのバルコニーは落ち着くスペース感で、Iさんにとっての憩いの場。「朝、洗濯物を干すとき周囲を気にしないように」という希望から170cmほどの高さの壁を設けました。

5 ウォークインクローゼット

家族で気を使わないよう寝室と出入り口を分けて

コの字型に造作棚とポールを取りつけた夫婦専用のウォークインクローゼット。寝室とは出入り口をセパレートすると、朝が早いIさんがご主人に気を使わずに済みます。

ロフトを作り、収納場所に活用

寝室の上にロフトを設置。階段を上ると、季節外の布団、スーツケース、アルバムなどあまり使わない物を収納しています。ロフトがあることで、各部屋の収納は最小限にしました。

6 寝室

Case 6

どこにいても庭の緑と家族が感じられるフルオープンな家

DATA

家族構成：Sさん（40代）・夫（40代）・長男（小学生）・長女（幼稚園）
間取り：2LDK
構造規模：木造2階建て
敷地面積：352.65㎡
延床面積：149㎡
設計者：geograph Co., Ltd.

豊かな緑と自然の光が暮らしの中心

自然とサーフィンをこよなく愛するSさんご夫妻が家作りに選んだのは、葉山の海が望める高台の敷地。庭と家の境界線をなくして緑に囲まれた家にしたい――これが新居に対するテーマでした。ご主人が知り合いの園芸家と相談しながら造った庭には、さまざまな種類の植物が植えられていて、まるで小さな森のよう。その庭を家じゅうで楽しむための工夫が間取りにも反映されています。

安心感のある〝平屋〟に憧れがあったというSさん。LDKとホビールームを1階に配置して、2階には寝室だけを設けるプランにしました。1階は子どもが走り回れるよう、部屋を仕切らず、フロア全体が大きな空間になるようにしています。また、どの部屋の窓にもあえてカーテンは取りつけずに、大好きな庭の景色がいつでもどこにいても感じられる家をかなえました。

部屋を区切らない開放的な間取り

子どもが伸び伸びと遊べるように部屋を区切らず、オープンな間取りにしました。子ども部屋もあえて設けず寝室も共有にして、家じゅうを親子で心地良く過ごせるスペースにしています。

全面ガラスで庭との一体感を実現

壁の面積は最低限にして、ガラス窓を多く設けることで、家のどこにいても庭とのつながりが感じられます。明るい自然光が部屋の奥まで届き、風通しが良くなるというメリットも。

1F／

家事動線重視でゆとりの間取りを可能に

自宅でリモートワークで働くSさん。家事動線を考慮した適所収納、家のどこからでも子どもの様子がわかるオープンな空間など子育てしながら暮らしを快適にしたいというSさんの想いが間取りにも反映されています。「細部にまでオリジナルの設計を突き詰めて、デザイン性も妥協しなかった結果、家族みんなが満足のいく家になりました」

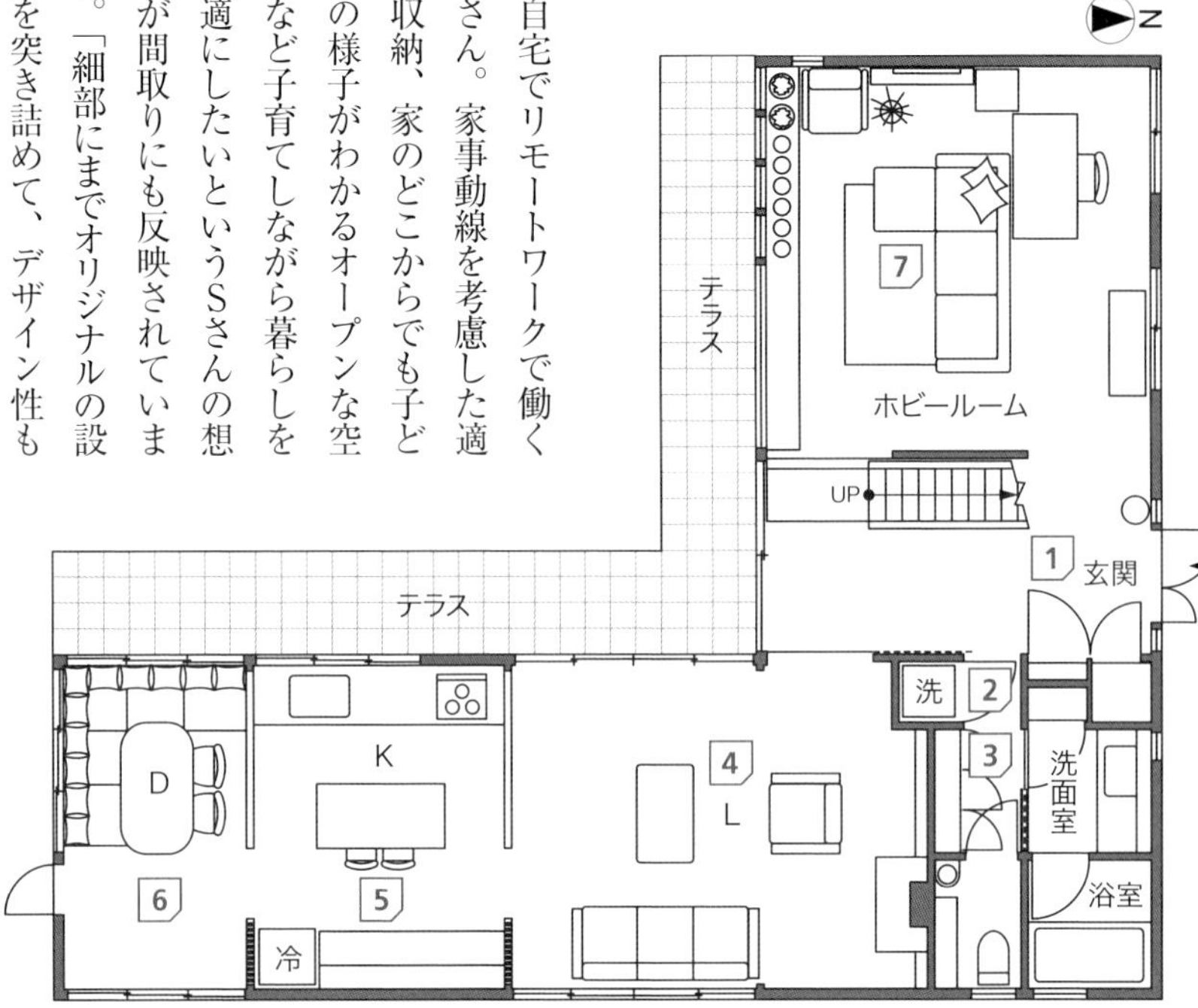

1 玄関

開放感あふれるフルフラット

吹き抜け天井の広々とした玄関は、段差のないフラットなプランにすることで“家”という構えをなくして、内と外をつないでいます。下駄箱の役割も備えた大容量の収納を設置。

2 洗濯スペース

水回りをまとめて家事効率アップ

洗面室、浴室、トイレをまとめた水回りコーナーの通路に、洗濯コーナーの棚を造作。上段に乾燥機、下段にドラム式洗濯機を置いて、普段は扉を閉じて目隠ししています。

3 洗面室

機能的な適所収納で毎日の快適さをキープ

洗面室に設けた収納棚にはタオル、子どもの下着やパジャマ、ランドリーボックスを収納。洗い物を洗濯機へスムーズに運べるよう、動線が短くなる配置にして毎日の家事をラクに。

4リビング

家全体を見渡せるくつろぎの空間

リビングからはL字に広がる、この家の全体像と庭のグリーンが見渡せます。広々とした開放感が心地良く、子どもたちにとっても大好きな遊び場で、自然と人が集まるスペースです。

5キッチン

使い勝手にこだわった造作家具&収納

機能性とインテリア性を備えたキッチン収納を造作。ストック食材や書類などの日用品を収める収納棚、アイランドカウンターには、普段使いのカトラリーやマグを収納。

6ダイニング

南側に面したこの家の特等席

南向きの窓から明るい光が差し込むダイニングには、コーナーを利用してL字型のベンチを造作しました。季節によって移り変わる景色を楽しみながら、家族団欒の時間を過ごします。

7 ホビールーム

家族が思うままに過ごすフリースペース

週1回オフィスへ出勤する以外、この部屋がSさんの仕事場。ご夫婦のセンスあふれるギャラリーのような空間に将来は間仕切りして、子ども部屋を設ける予定。

お気に入りの家具を空間に取り入れる

以前インテリアブランドに勤めていたSさん。「収納家具も全て造作では淋しいので、好きな家具も楽しみます」。サイドボードの上には絵本や素敵なディスプレイを並べて。

2F／ 寝室の窓から大好きな海を眺めて朝と夜を迎える

玄関ホールからスケルトン階段でつながる2階は、寝室と隣接するウォークインクローゼットを設けたシンプルな間取りです。大きなロフトのような空間にキングサイズとシングルサイズの二つのベッドを置いています。「窓から朝の光が差し込み、夜は月が海に反射する様子を眺めます。家族と寝室で過ごす穏やかな時間がお気に入りです」

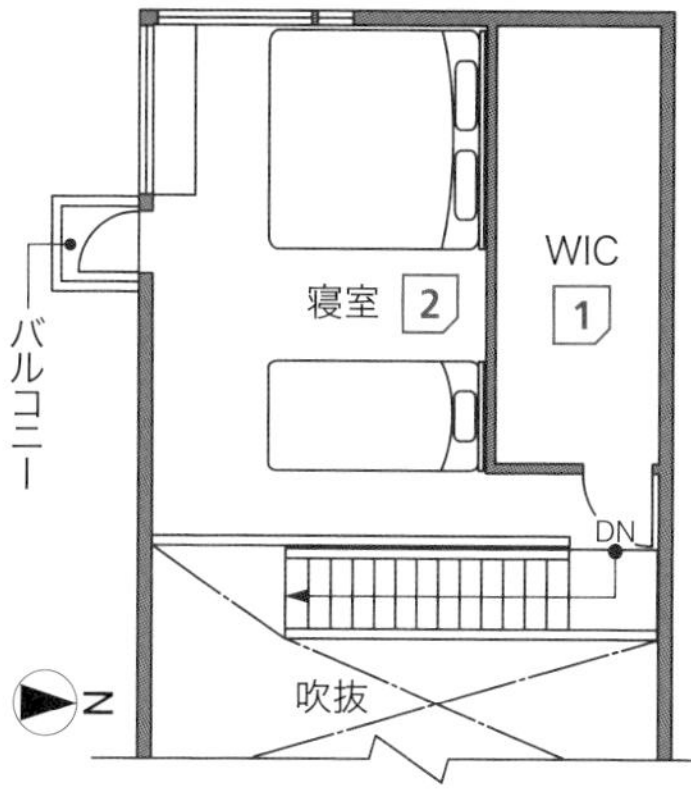

1 ウォークインクローゼット

踊り場を有効利用したウォークインクローゼット

吹き抜け階段を上がった踊り場に入り口を設けたウォークインクローゼット。朝や帰宅後の動線上に配置することで、暮らしの流れをスムーズにして、散らかりづらくしています。

2 寝室

自然のサイクルがもたらす快適空間

大好きな海の景色が広がる寝室の窓からの眺め。朝も夜も自然光が感じられるよう、あえてカーテンは取りつけていません。画集や絵本を収めるための本棚を造作しました。

働くママが暮らしやすい、家事と子育てがラクにできる間取り

Case 7

DATA

家族構成：Iさん（30代）・夫（30代）・長女（小学生）・二女（保育園）
間取り：2LDK
構造規模：RCマンション
専有床面積：56.28㎡
設計者：水越美枝子・秋元幾美（一級建築士事務所 アトリエ サラ）

特徴❶

3DK→2LDKに変更して使いやすく

子育てしながら仕事をするために、家の間取りを使いやすくしました。ダイニングの隣の和室を洋室にし、広々したLDKに。明るく開放的な家族のお気に入りの場所になりました。

特徴❷

造作して必要な収納を確保する

共働きのＩさん夫婦は、家事効率化のための収納計画を綿密に練りました。使い勝手を反映したキッチンの背面カウンター、クローゼット、玄関収納などが生活の屋台骨になっています。

共働き夫婦に最適な家事ストレスのない家

中古のマンションを購入後、4年ほど住んだタイミングでリノベーションをしたIさん邸。共働きの夫婦が新しい家に希望したのが〝家事の効率化〟です。家事を分担するご主人とプランを練って取り入れたのが、家事のための新三種の神器、食洗機、洗濯乾燥機、ロボット掃除機。それらをフルに活用するための工夫が間取りにも反映されています。大容量の食洗機をキッチンにビルトインし、洗濯機のサイズにジャストフィットする収納棚を洗面室に造作しました。また、ロボット掃除機が家全体を回遊できるように、扉はなるべく引き戸にして床の段差をなくしています。「在宅勤務が増えて、家で過ごす時間も長くなりましたが、家事の負担は以前と比べ格段と減りました。子どもと過ごす気持ちのゆとりも生まれて、毎日が快適です」

コンパクトでも開放的なLDKと子ども部屋を確保

子どもたちの気配が感じられるよう、子ども部屋をリビングの近くに設けたいという希望のため、水回りを北側へ移動してスペースを確保しました。家全体の空間を有効に使うための工夫はLDKにも反映されました。バルコニーに添って空間を配したことで、視線の先が外に向くため開放感があります。ダイニングに設置したワークスペースは、日中はIさん、夜はご主人が利用することが多いのだそう。「夜遅くまで仕事に集中できて、お腹が減ったらテーブルで食事がとれるので便利です」

Before

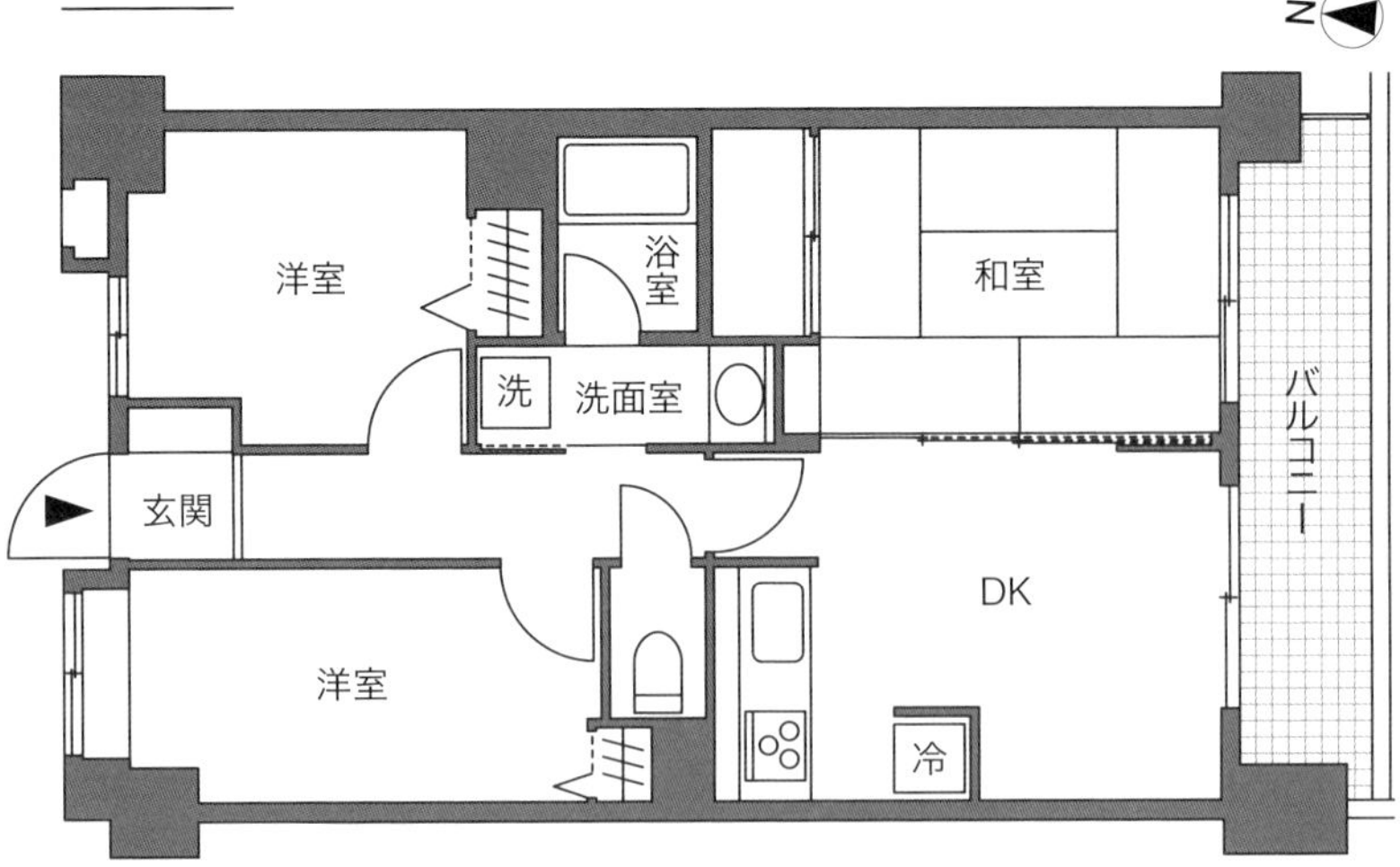

⇓

After

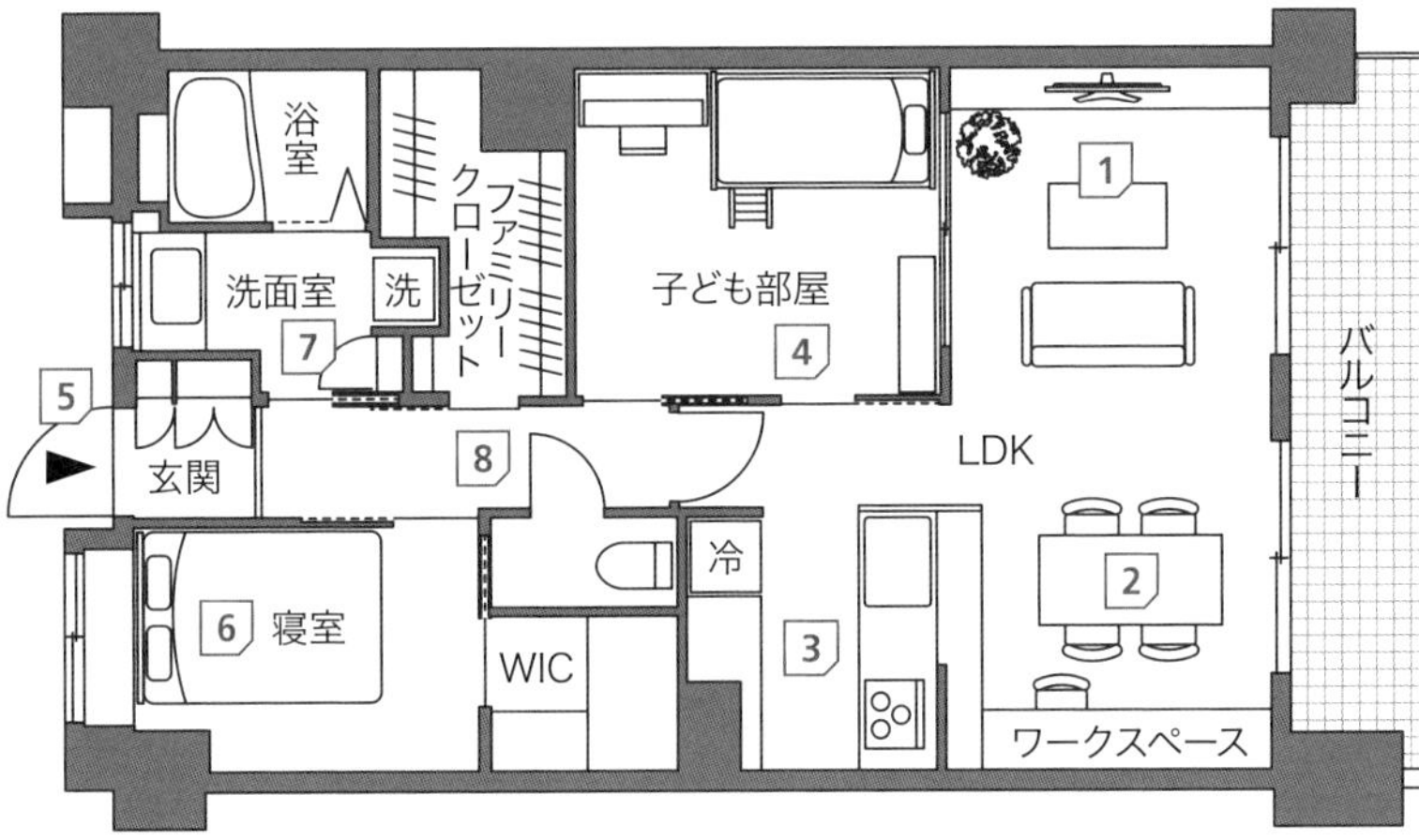

快適さの演出で充実の家時間を

家族が集まるリビングには居心地を良くする工夫を凝らしました。収納性の高いテレビ台、タイルの壁をアクセントにするなど、すっきりした安らぎの空間をかなえています。

1 リビング

扉つきのテレビ台はDVDデッキやゲーム機などを隠す収納に最適。床面から浮く造作家具は圧迫感がなく、掃除がしやすいメリットも。

地震対策もあり、背の高い棚ではなく収納性のあるカウンターに。カトラリー、絵本、文房具などダイニングで使用する物を収納。

2 ダイニング

ワークスペースで仕事も勉強もできる

ダイニングテーブルの奥に設けたワークスペースは、在宅勤務で働くIさんの仕事場。振り返って、子どもたちのケアをすることも可能。子どもの勉強場所でもあります。

3 キッチン

調味料を収納する専用の吊り戸棚を背面に造作しました。「扉もつけたのでほこりにならず、油っぽくもならないので掃除がラクです」

対面式なら子どもを見ながら料理ができる

２歳と６歳の女の子の子育てをしながら、家事もこなすIさん。対面式なので、家事をしながらリビングやダイニングで過ごす子どもたちの様子を確認できて、安心です。

4子ども部屋

リビングの隣に作り子どもの気配を感じる

窓を取りつけられないため、壁に室内窓を設けてリビングの光を採光しています。開放的で、家族同士の気配が感じられます。

6寝室

内側に窓をつけて快適に

リノベーション前も寝室にしていた北側のこの部屋は、窓の結露を解消するべく、室内にも窓をつけました。断熱性と防音性の高い窓によって、夏の暑さと冬の寒さも解消。

天井から床までの大容量の下駄箱を作る

空間を存分に生かして十分な収納量を得るため、玄関にトール収納を設けました。家族全員分の靴、傘立てコーナー、出番の多い日用品なども、これだけの容量があれば収まります。

5玄関

7洗面室

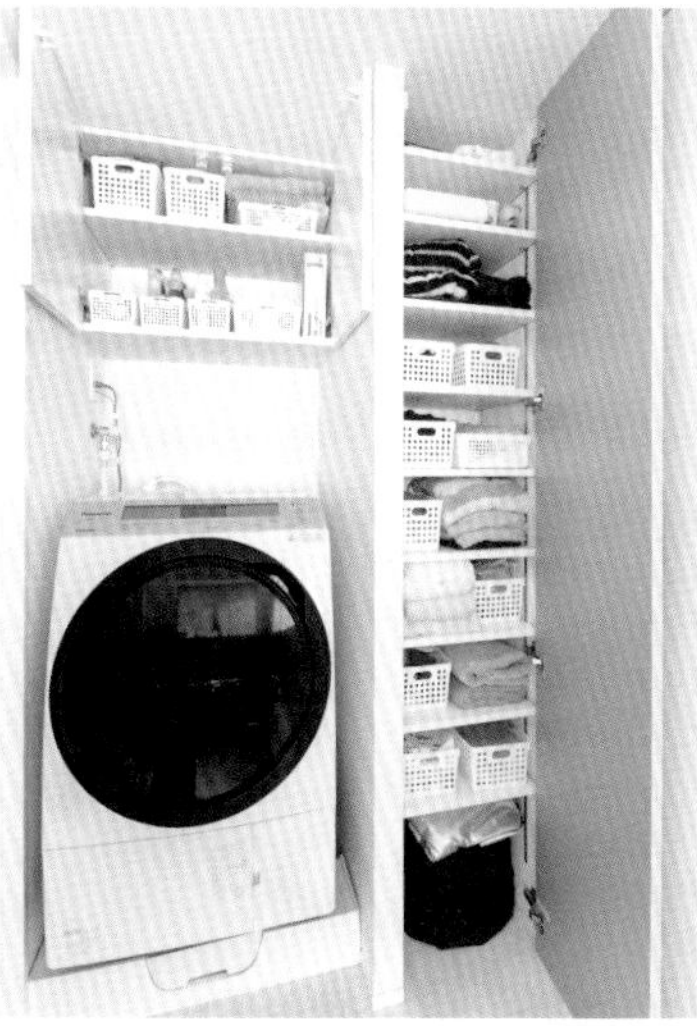

収納の造作で洗濯をスムーズに

洗面室の一角に設けた洗濯コーナー。限られたスペースのため造作収納で、機能性をアップ。洗濯機の上には洗剤類、サイド棚にはタオルや家族のパジャマを収納しています。

窓を生かして明るく機能的に

マンションの通路側に面したスペースに洗面室と浴室を配しました。窓から最大限光が採り込めるよう、鏡はサイドの壁に設置。また、内側に窓をつけて、結露対策もしています。

8ファミリークローゼット

あえて独立させて家族のストレスを減らす

ご主人の帰宅が遅くなる日も多いので、寝室ではなく玄関の近くに設置。寝ている子どもを起こさない配慮です。家族の衣類を一元管理できて、洗濯機との動線もスムーズになって、家事が効率的に。

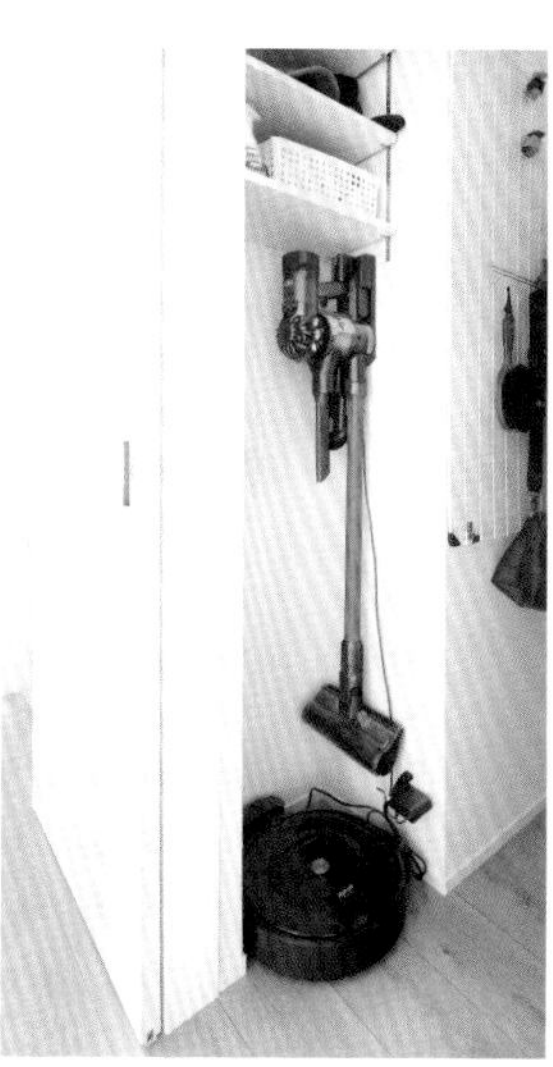

クローゼット内に造作棚を取りつけて、限られたスペースを有効利用しています。掃除機２台を充電できるよう、計画的にコンセントも配置。

Case 8

DATA

家族構成：Sさん（30代）・夫（30代）・長男（5歳）・長女（2歳）
間取り：2LDK
構造規模：RC地下+木造2階建て
敷地面積：74㎡
延床面積：76㎡
設計者：原田将史・谷口真依子（ニジアーキテクツ 一級建築士事務所）

狭小敷地で広々暮らす半地下のある2階建ての家

旗竿敷地でも明るく広い空間に

「実家に近く、職場に通いやすい場所に家を建てたかった」とSさん。東京23区内のコンパクトな旗竿敷地を購入しました。旗竿敷地とは、道路に接する部分が小さく、その奥に竿のついた旗のような形で広がっている土地のこと。家に囲まれ暗くなり、周囲の視線も気になります。「保育園のママ友だった建築家さんに、とにかく明るく広々した家にしたいと設計をお願いしました」。広さを優先して3階建てにすると、北側斜線の制限があって3階が窮屈な空間になるので、半地下を作って2階を広々したリビングに。周囲のお宅と半階ズレているので、視線も気にならなくなりました。明るさ確保のために、2階の屋根は可能な限り高くして南側にトップライト（天窓）を設置。さらに、リビングと一体になったバルコニーによって、より広さを感じられる空間になりました。

特徴❶

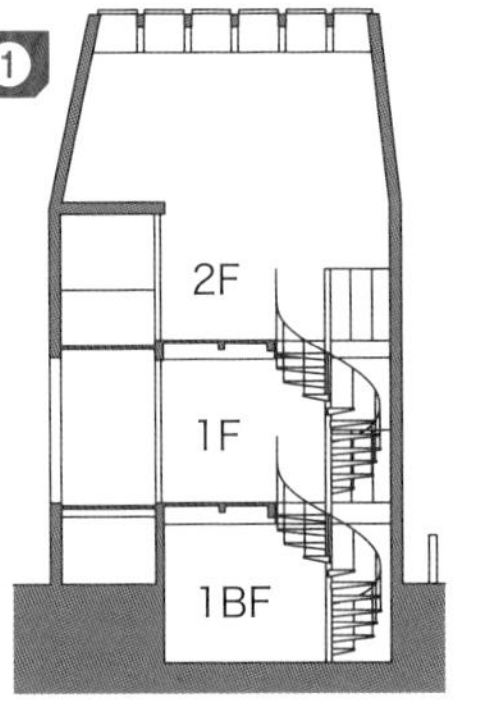

半地下を作り、スペースを有効に活用

地下は容積率の緩和により、延床面積に入れなくていい場所。ただし、完全に地下にすると予算がかかる、光や風が入りにくいので、半地下という選択をしました。

特徴❷

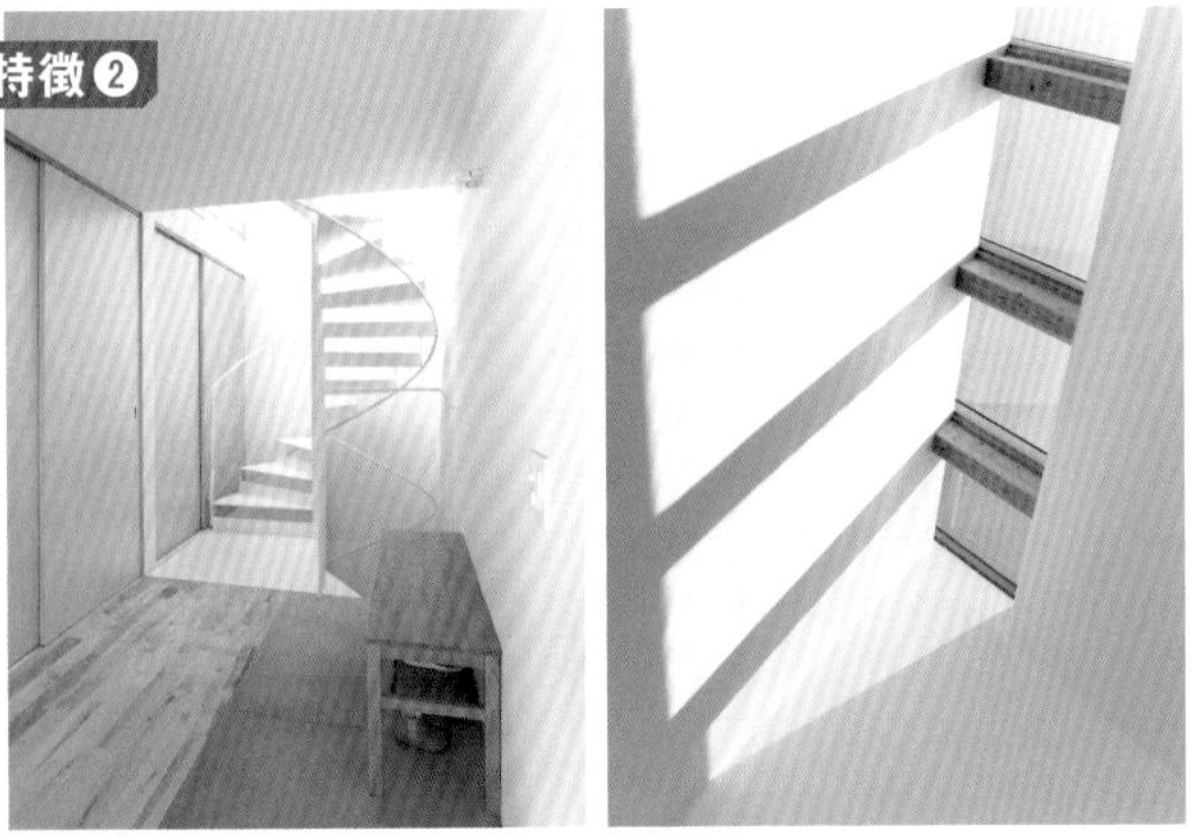

トップライトと螺旋階段で半地下まで明るく

半地下から2階は螺旋階段がつないでいます。2階の屋根のトップライトの光が螺旋階段を通って下まで降り注ぎ、1階はもちろん、半地下でも昼間は電気を点けなくても大丈夫です。

1F／生活するスペースは まとめて暮らしやすく

寝室や洗面室、浴室、トイレは1階にまとめました。子育てをしながらフルタイムで働いているSさんにとって、家事や暮らしの効率アップは大切。寝室の近くに洗面室があると、朝の支度がラク。また、洗面室が玄関の近くなので、子どもがどろんこで帰ってきても、すぐ洗えます。「浴室は防水仕上げにし、汚れにくく掃除しやすいです」

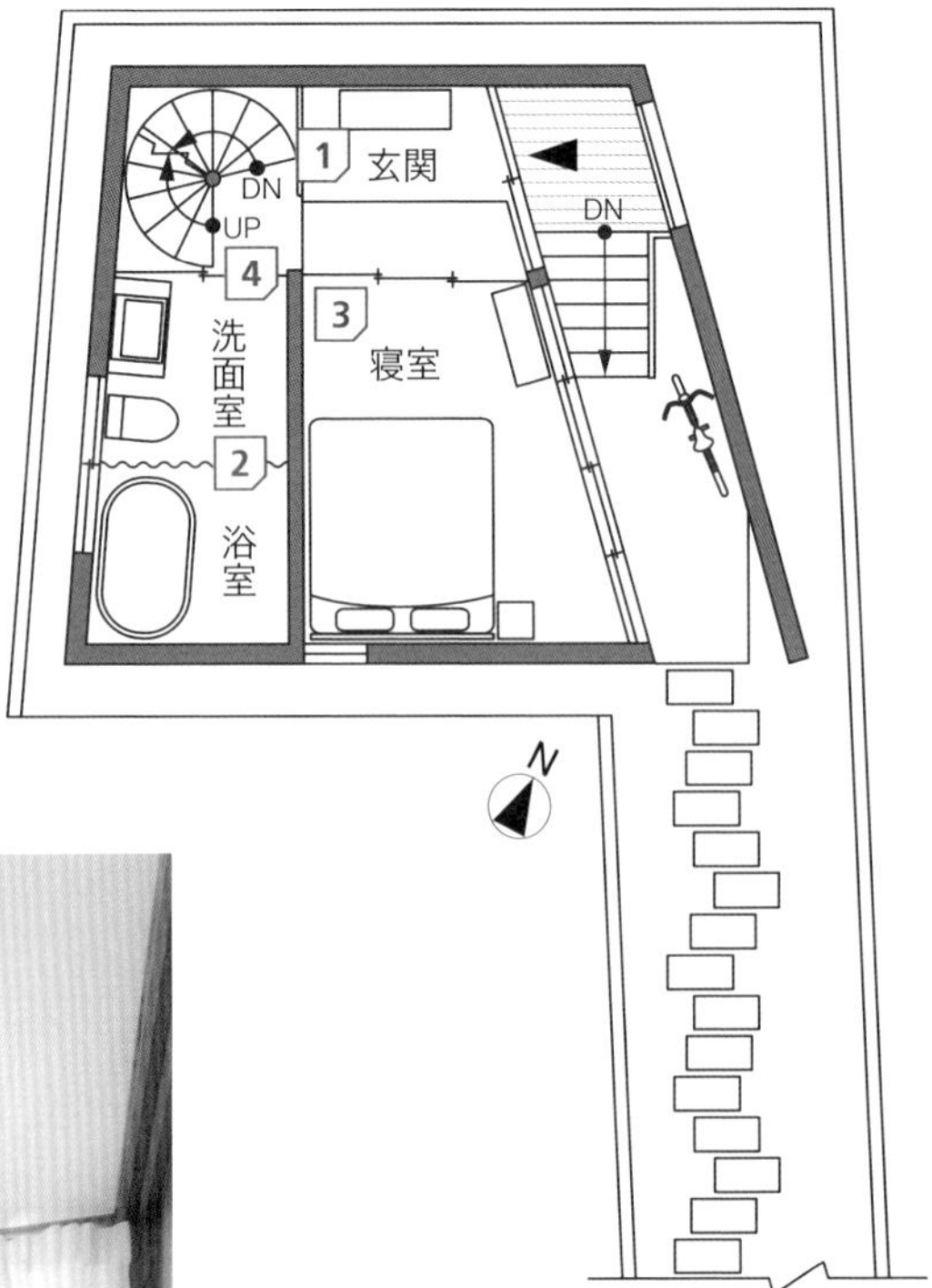

小ぶりなベンチを置いて、子どもが靴を履くときに活用。向き合って子どもとおしゃべりする楽しい時間です。

1 玄関

段差をなくして 外と内の素材を変える

床の段差はなくし、素材を変えて土間と家の中を分けました。掃除もしやすく、広く見えます。ドアは、窓にして省スペース＆外の風景が見えて開放的に。

3 寝室

**クイーンサイズのベッドで
家族４人で寝る**

クイーンサイズのベッドを考えて、寝室の広さを確保。子どもが成長して狭くなってきたら、80㎝のセミシングルなら追加可能です。成長したら、子どもたちは子ども部屋に。

4 階段

**省スペースで光を通す
螺旋階段の効果を生かす**

省スペースで見かけがおしゃれなだけでなく、吹き抜けの役割を担い、２階から下へ光を届けます。子どもがどこにいても、螺旋階段から聞こえてくる音で、気配を感じることができます。

2 洗面室・浴室

**１カ所にまとめて
壁やドアをなくす**

コンパクトにするために、壁は作らずオープンに。天井にレールがあるので、それぞれカーテンで仕切ることは可能です。高窓からの光がたっぷり差し込む、気持ち良い空間に。

1 キッチン・ダイニング

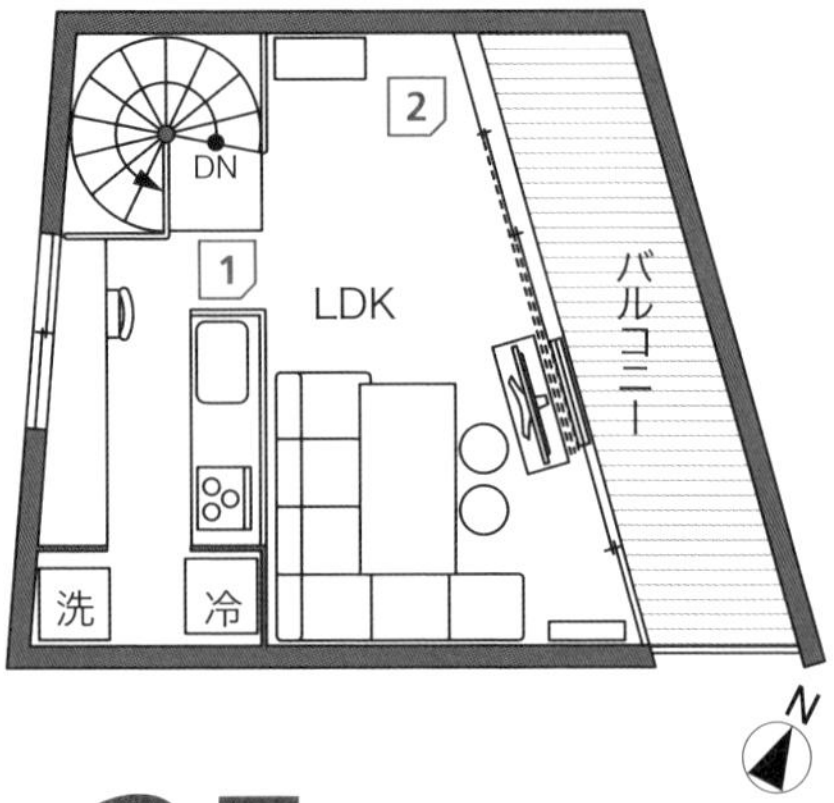

2F／

トップライトから光が入る明るいLDK

２階はＬＤＫのワンフロア。高い天井とトップライトからの光で、明るく開放感があってスペース以上の広さを感じます。また、バルコニーに設置して斜めに開いた白い袖壁が、南からの光を反射させ、室内を明るくしてくれます。さらに、プライバシーを守ってくれ、カーテンなしで窓を開け放していても大丈夫です。

子どもたちは、２階全体を使って伸び伸びと遊んでいます。「キッチンで料理をしていても、子どもたちの姿を確認できるので安心です」

圧迫感のない壁で ゆるく仕切って使いやすく

ダイニングに座っている人からは、キッチンの手元が見えない高さの壁で仕切りました。奥には洗濯機を置き、夜ごはんの準備の合間に洗濯を。働くママのための配置です。

2リビング・バルコニー

地下／

光が入り風も感じる 子ども部屋予定の半地下

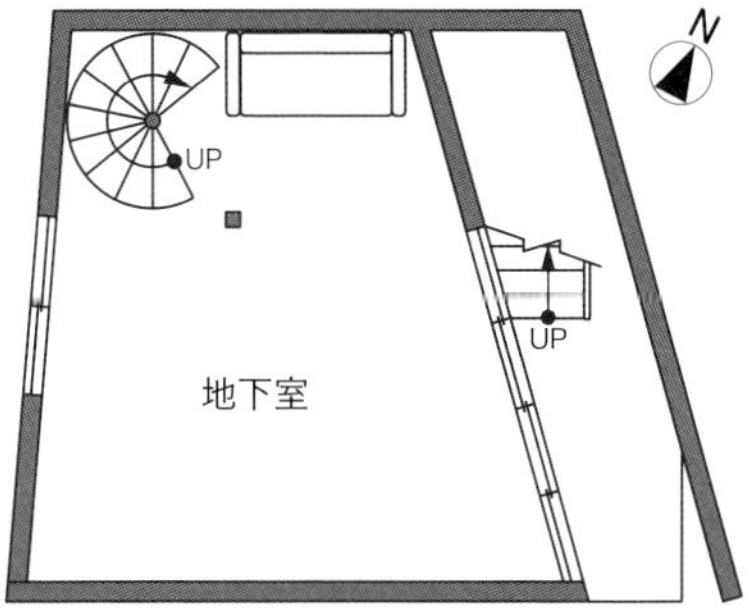

将来を考えて フレキシブルな空間に

将来は子ども部屋にする予定で、二つに分けられるように電気のスイッチは二つに。壁には棚がつけられるように、穴とネジを準備。使い方は、将来の子どもたちに任せます。

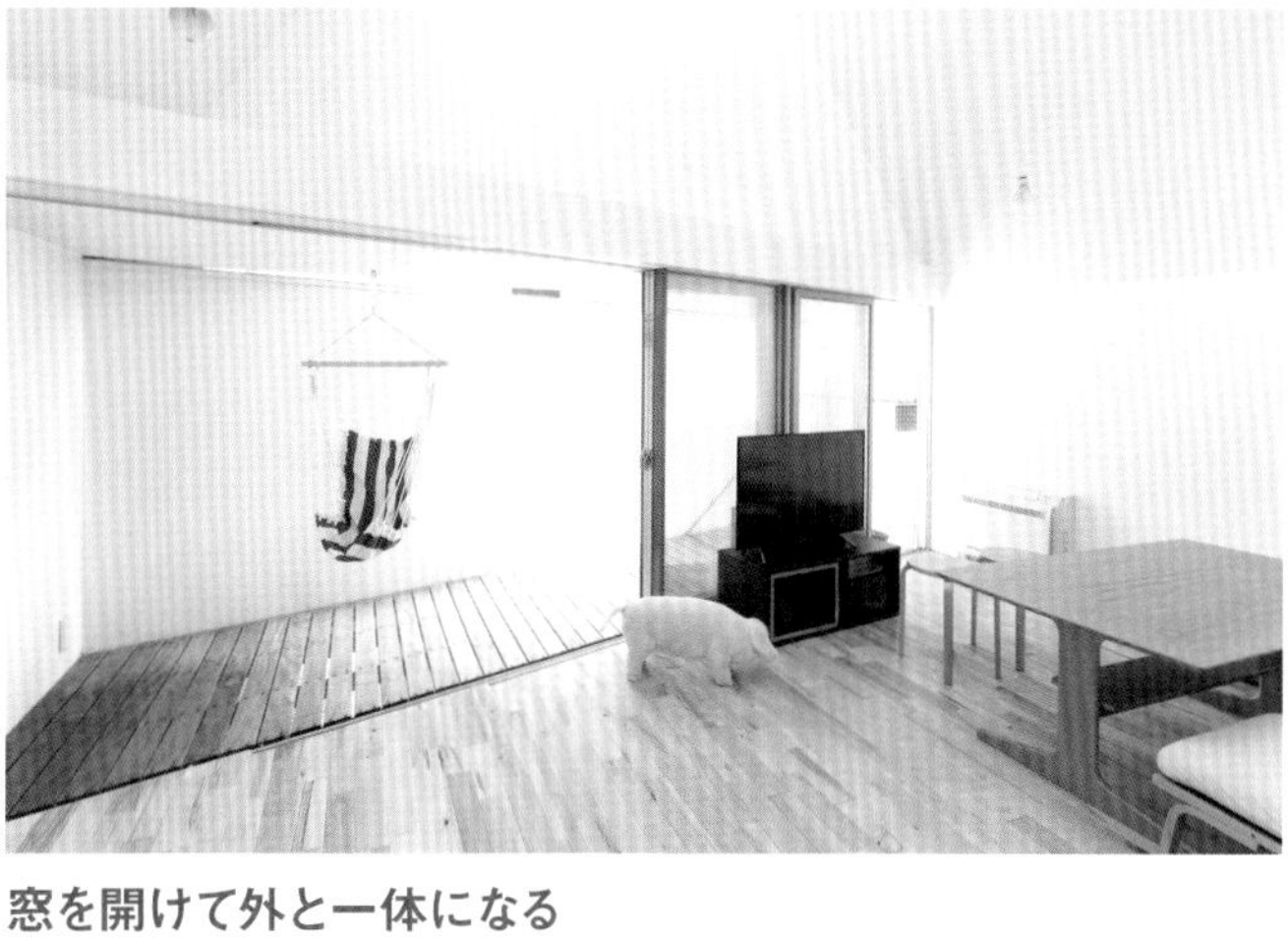

窓を開けて外と一体になる 開放感のあるリビング

バルコニーにハンモックをつけたら、子どもたちは大喜び。休日には友達を呼ぶこともありますが、窓を開けていても袖壁のおかげで周囲の視線が気になりません。

Case 9

家族それぞれの希望をかなえた上下違う間取りの二世帯住宅

DATA

家族構成：２階・伊藤美佳代さん（40代）・夫（40代）
１階・父（60代）・母（60代）

間取り：２階・ワンルーム＋ロフト
１階・３LDK

構造規模：木造2階建

敷地面積：169.27㎡

延床面積：135.11㎡

設計者：フリーダムアーキテクツデザイン株式会社

お互いに気を使わない完全分離型に

整理収納アドバイザー・住宅収納スペシャリストとして活躍する伊藤さんは、自身のご両親と一緒に実家があった場所に二世帯住宅を建てました。離れていた親子が再び同じ家に暮らすにあたり、「どんな家に住みたいのか」をよく話し合いました。完成してから4年が経ちますが、それぞれが満足しています。

「元々両親が住んでいた場所なので、できるだけ両親の希望を優先に。1階の間取りを考えると2階はそれほど広さが取れないと思い、家事がしやすいコンパクトなワンルームにしました」。

生活時間が違うことを考えて、玄関を二つにし、内階段も設けませんでした。普通の一戸建てよりも予算はアップしましたが、それぞれの世帯が気を使わずに暮らせることを優先に。将来、どちらかを賃貸にする可能性も考えた完全分離型です。

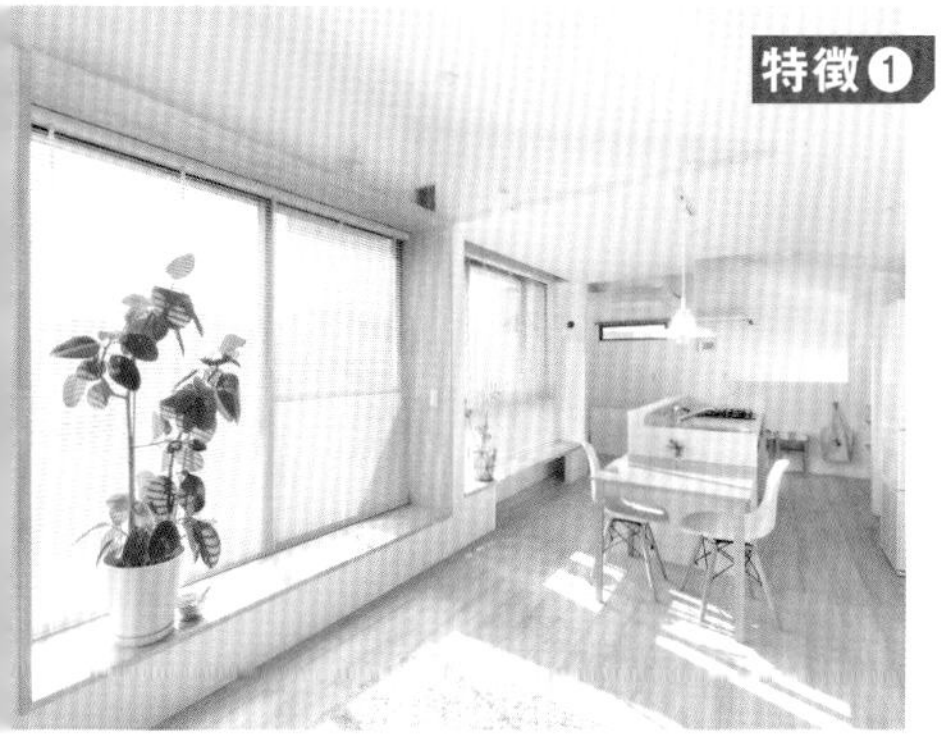

子ども世帯の2階はワンルーム。仕事と家事を効率よく

夫婦で家で仕事をすることも多いので、それぞれのワークスペースを確保しました。家事も効率よくできる工夫をし、仕事と家事が無理なく両立できるような住まいになりました。

親世帯の1階は人が集まるLDKと個室を作る

孫が遊びに来たときに、みんなで集まれる広めのLDKと趣味に没頭できる個室がご両親の希望。ときどき、伊藤さんが1階に来て、お茶を飲むこともあるそう。

2F／

コンパクトでも暮らしやすい工夫を

LDKをメインにしたオープンな間取りは、開放感があって気持ち良い空間です。壁やドアがないから、掃除もラク。一方で、家で仕事をするために、伊藤さんはダイニング、ご主人はロフトをワークスペースとしています。

また、洗面室、クローゼット、トイレなど生活に必要なスペースは仕切ったことで、洗濯や身支度がスムーズ。要不要を見極めて暮らしやすくという、収納の考え方は住まいにも通じます。

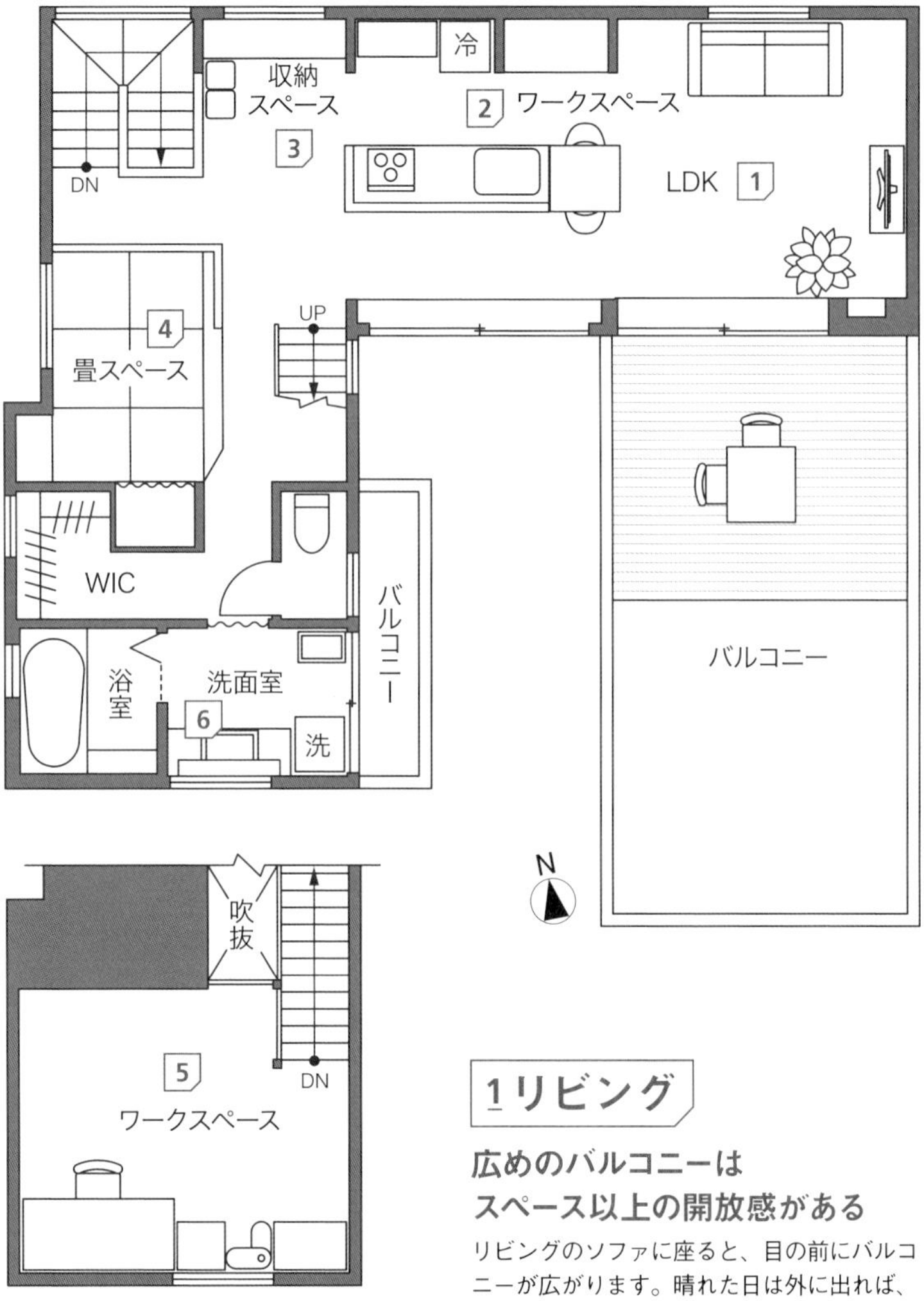

1リビング

広めのバルコニーはスペース以上の開放感がある

リビングのソファに座ると、目の前にバルコニーが広がります。晴れた日は外に出れば、セカンドリビングの役割も。条件によって延床面積に含まれないなどのメリットも。

ダイニングテーブルをワークスペースにする

伊藤さんのワークスペースは、キッチンに隣接したここに。仕事と家事を並行できる利点も。背面の棚に、電子レンジと仕事の道具が収納されているのも伊藤流です。

2キッチン・ダイニング

4 畳スペース

畳スペースの上からリビングまで、飼っている猫のキャットウォークに。家を建てるとき、猫が楽しめる工夫も考えました。

ベッドは置かずに畳の小上がりを寝室に

寝室は個室にしないで、ワンフロアの中に畳スペースを作り、布団を敷いています。壁はありませんが、ロールスクリーンで仕切ることは可能。落ち着いて眠れます。

3 収納スペース

棚だけ作って収納は自分で考える

家の物、仕事の物などを収納しているスペース。収納は棚だけを作り、入れる物を考えながら、カゴやケースをプラスしました。

6 洗面室

洗濯動線をスムーズにし、家事を効率的に

洗面室の横にバルコニーがあるので、洗濯して干すことが、ほぼ動かずにできます。広めのスペースを確保したので、家事はもちろん、身支度もスムーズ。収納は作り込みすぎず、あとでカゴを追加しました。

5 ワークスペース（ロフト）

夫の仕事＆趣味部屋は個室になるように確保

コンパクトな家はロフトを活用すると、スペースが広がります。高さなど条件はありますが、延床面積に含まれない場所です。仕事や趣味などをするご主人のプライベート空間に。

1F／

リタイア後の暮らしを充実させる

1階に住むご両親の希望は、孫たちが遊びに来たときに集まれる広めのLDK。宿泊もできるように、畳の小上がりを作りました。ダイニングテーブルを囲んだとき、座る場所としても活用できて便利です。

一方、日々の暮らしでは、趣味をマイペースで楽しみたいので、個室を確保したいとも。「父は書斎を、母は寝室の一角をそれぞれのスペースにしました」と伊藤さん。リタイア後の暮らしを考えた住まいです。

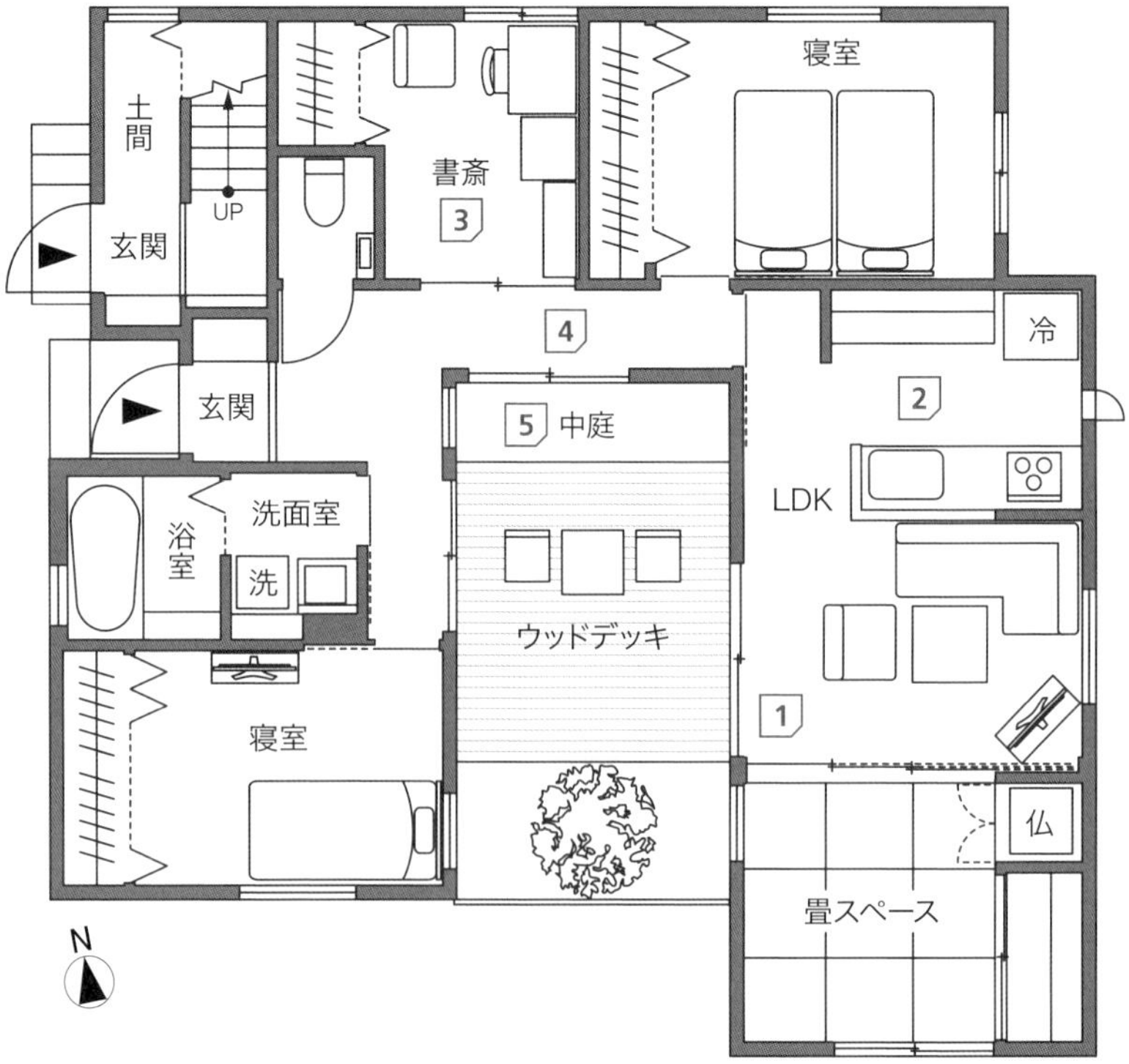

1 リビング・ダイニング

集まる人数によって畳の小上がりを柔軟に活用

小上がりはいつもオープンにしていますが、引き戸で仕切ることも可能。人数や状況によって、フレキシブルに。テーブルとソファは、ごはんも食べられる高さの物を選びました。

2 キッチン

収納は予算も考えて、ぴったりの既製品を購入

予算オーバーを避けるために、キッチンの収納は造作ではなく既製品に。サイズがぴったりな上に、床の色に合わせて選んだので違和感がありません。

3 書斎

リタイアしたお父さんのため、個室を確保する

リタイアして家にいる時間が増えたお父さんの書斎は、前の家と同じ広さにしました。本や趣味の物を収納でき、パソコン作業をするスペースもあるので、個室での時間を楽しんでいるそうです。

外からの視線が気にならない緩衝スペースに

家の真ん中に中庭があり、外からの視線を受け止めてくれます。ときどき、ここでお茶を飲むことも。リビングや書斎から眺めると、広さ以上の開放感があります。

5 中庭

4 廊下

中庭の回りをグルッと囲む、気持ち良い空間

中庭に日差しが差し込んで明るい廊下は、キッチンやリビングへの通路です。それぞれ個室で過ごす時間も長いので、通路があると家族間で気を使いません。

Case 10

老後も視野に入れて居心地の良さを優先に

お子さんが独立されたAさんは、夫婦2人の生活になった機会に、誰も住んでいなかったご主人の実家をリノベーションす

DATA

家族構成：Aさん（50代）・夫（40代）
間取り：3LDK
構造規模：地下＋木造2階建て
敷地面積：82.6㎡
延床面積：112.3㎡
設計者：水越美枝子・秋元幾美
（一級建築士事務所 アトリエ サラ）

特徴❶

明るいLDKでは それぞれが好きなことをする

飼っている猫と一緒にリラックス。ご主人がパソコンをできるスペースも作り、それぞれが気配を感じながらも好きなことができます。

特徴❷

LDK以外を1階にまとめ、家事しやすく

洗面室と寝室が隣接していると、朝は身支度が素早くでき、夜は入浴後にベッドに直行できます。生活のやるべきことをワンフロアに集約しました。

ることになりました。敷地の三方を家に囲まれ、1階のリビングは暗いなと思っていたそうですが、当初は設備を新しくするなど小規模なリノベーションを考えていました。しかし、日差しがたくさん入る明るい2階を見ていたら、「リビングは2階にしようと決心しました」とAさん。フロアの構成を変えるのは期間もお金もかかりますが、将来の老後の暮らしを見据え、居心地の良さを選択しました。

設計者さんより「オープンなリビングを2階、間仕切り壁のある個室を1階にしたほうが耐震性も強くなります」と言われたことも後押しに。明るく開放感のある、リビングが実現しました。

LDKを1階から2階へ 子どもの独立後の夫婦の暮らし

1F／家事の効率化は今後ますます大切に

2階をリビングにすると決めたら、それ以外の場所は1階に配置しました。子どもが独立したとはいえ、仕事はまだまだ忙しいAさん。「2階ではリラックスし、1階では効率よく家事ができるようになりました」。中でも、洗濯する↓しまうが、近くでできるようにしたら、洗濯が驚くほどラクに。今後、年齢を重ねるにつれ、家事の効率化は必須だと実感しています。

After

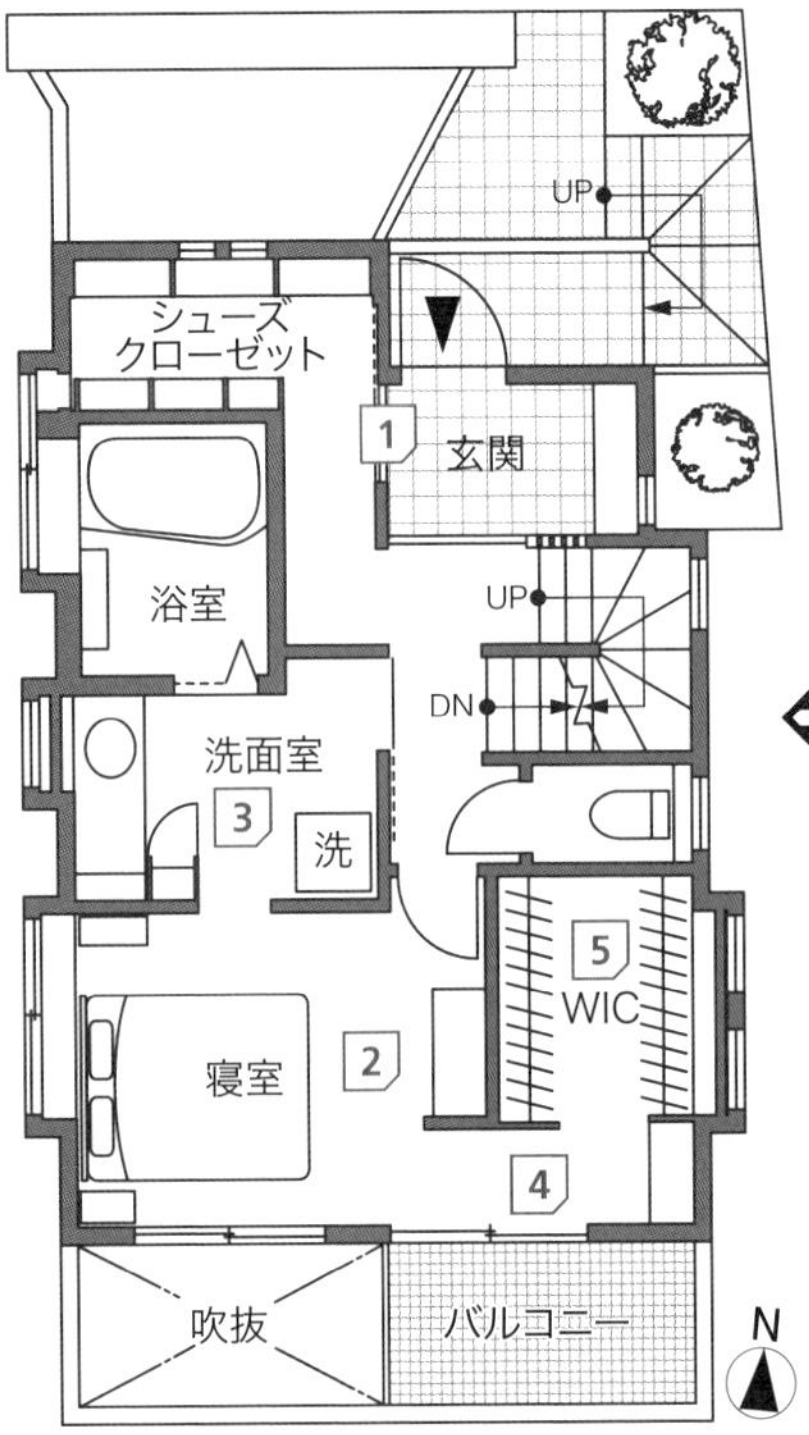

Before

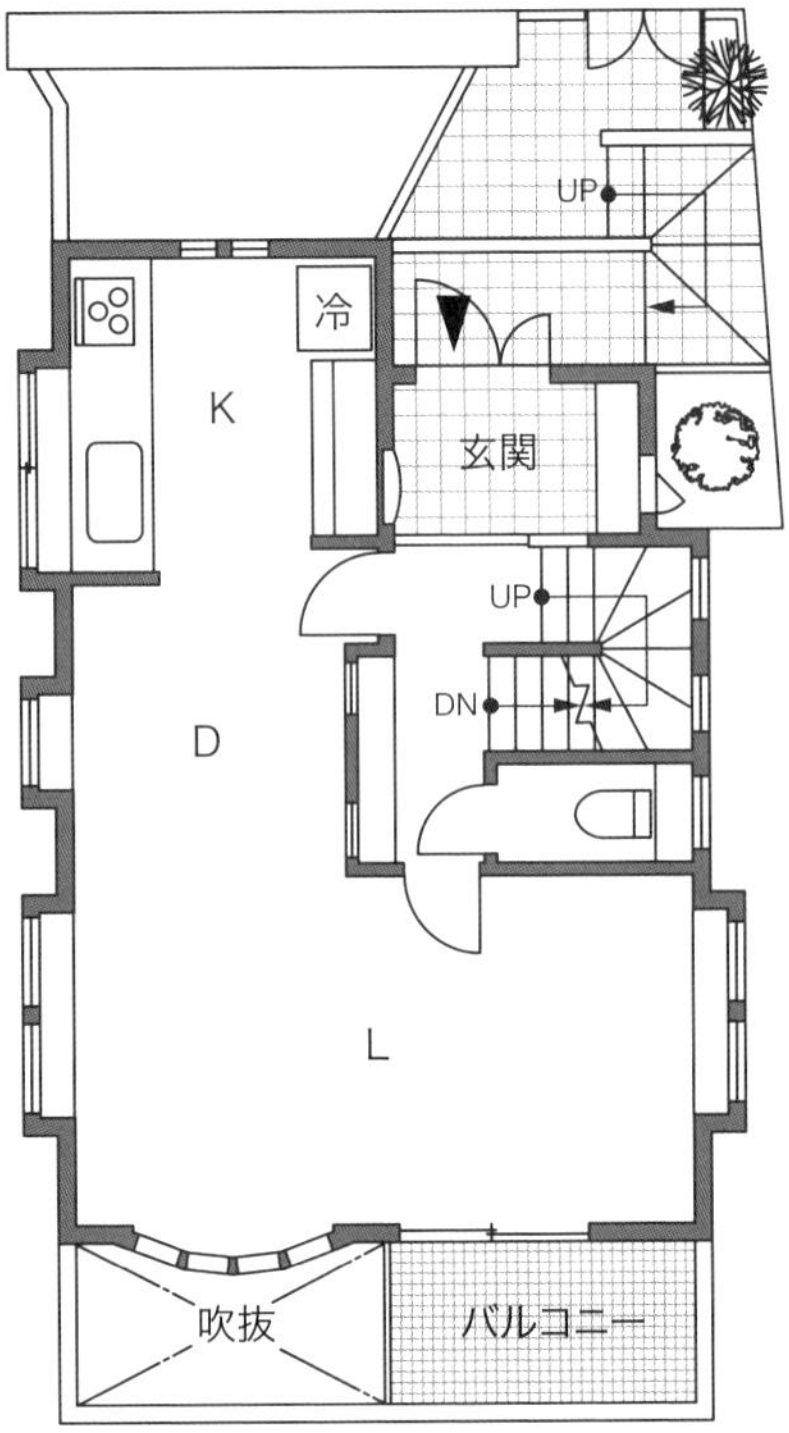

2 寝室

洗面室とウォークスルーで身支度が時短に

引き戸の向こうは、洗面室と浴室です。寝室からサッと入れるので、朝の支度や夜の寝る支度がスムーズ。さらに、ウォークインクローゼットも近いので、着替えも手早く。

1 玄関

シューズクローゼットで玄関がすっきり

シューズクローゼットを作り、下駄箱はなくしました。靴やバッグ、帽子、アウトドア用品など、外出に必要な物を収納。引き戸にすれば、靴をしまうときの開け閉めもラク。

5 ウォークインクローゼット

しまうときがラクな洋服の一元管理

バルコニーから取り込んだ洗濯物はたたんで、すぐにウォークインクローゼットにしまいます。夫婦の洋服を一元管理すると、しまうときの効率がアップ。

4 物干しスペース

洗濯グッズの収納や雨の日対策にも

バルコニーとセットになったスペースで、洗濯物が干しやすくなりました。ハンガーやピンチなどを収納する棚も設置。雨の日に干せるポールもつけました。

3 洗面室

家事しやすい広めが正解

洗面室は広めにし、身支度、脱衣、洗濯などの動作がスムーズにできるように。扉がついた天井までの大容量の収納には生活感が出る物をしまい、すっきりさせます。

地下／

1 趣味室

湿気対策をして夫の秘密基地に

日差しが入りにくいけれど、あえてこもり感を生かして、ご主人の趣味部屋に。気になる湿気は、24時間換気と床下の防湿効果を高めて対応。

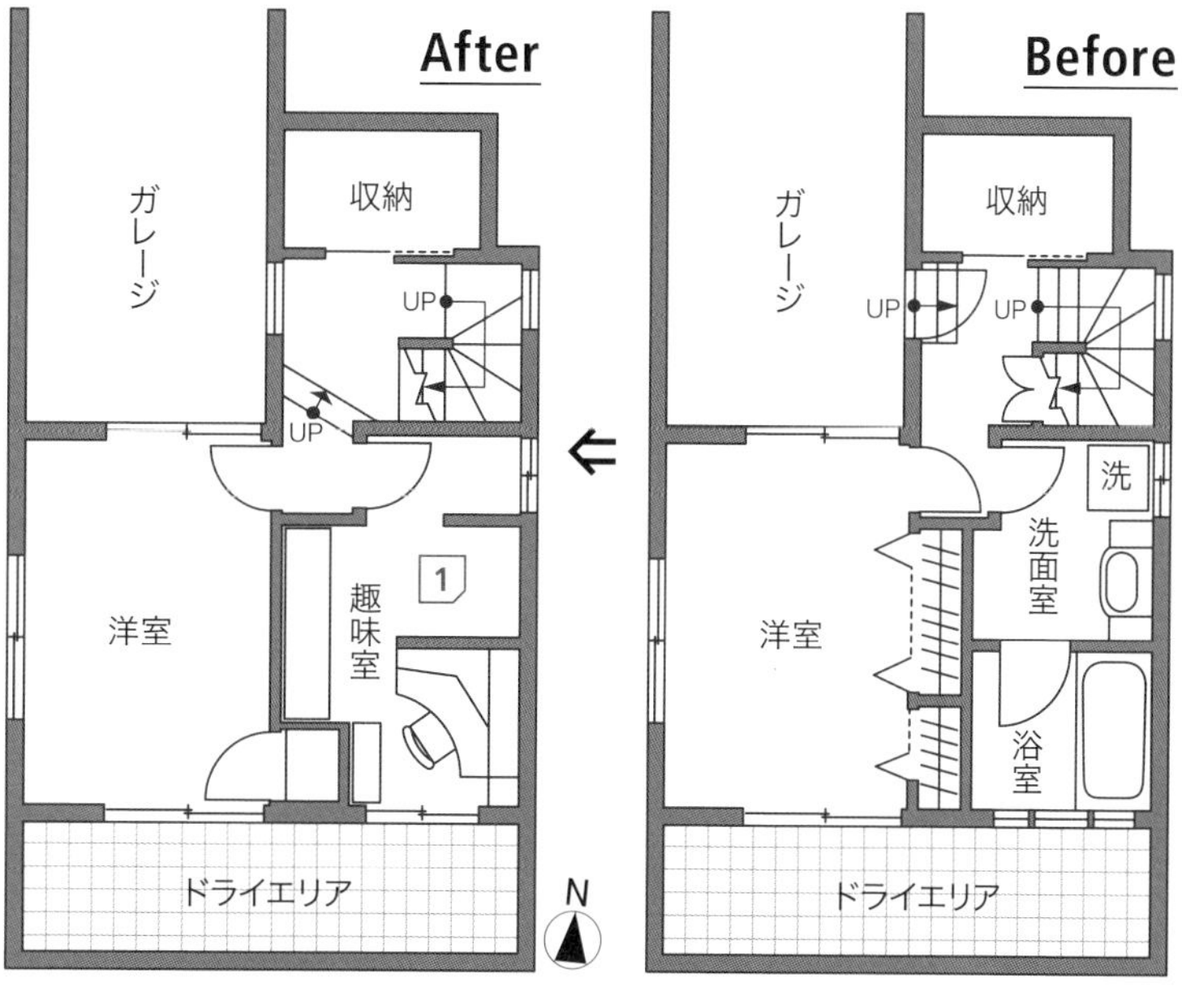

リビングはもちろん、キッチンやダイニングが明るく居心地が良いことは、家作りの大切な要素です。料理が好きなAさんのキッチンは、家電から自家製梅酒の瓶まで何をしまうかを考えた造作収納ですっきり。「物の居場所が決まっているので、出しっぱなしがありません」。ダイニングとリビングはエリア分けして、おいしく食べる時間を大切にしています。

2F／効率よく料理できて おいしく食べられるように

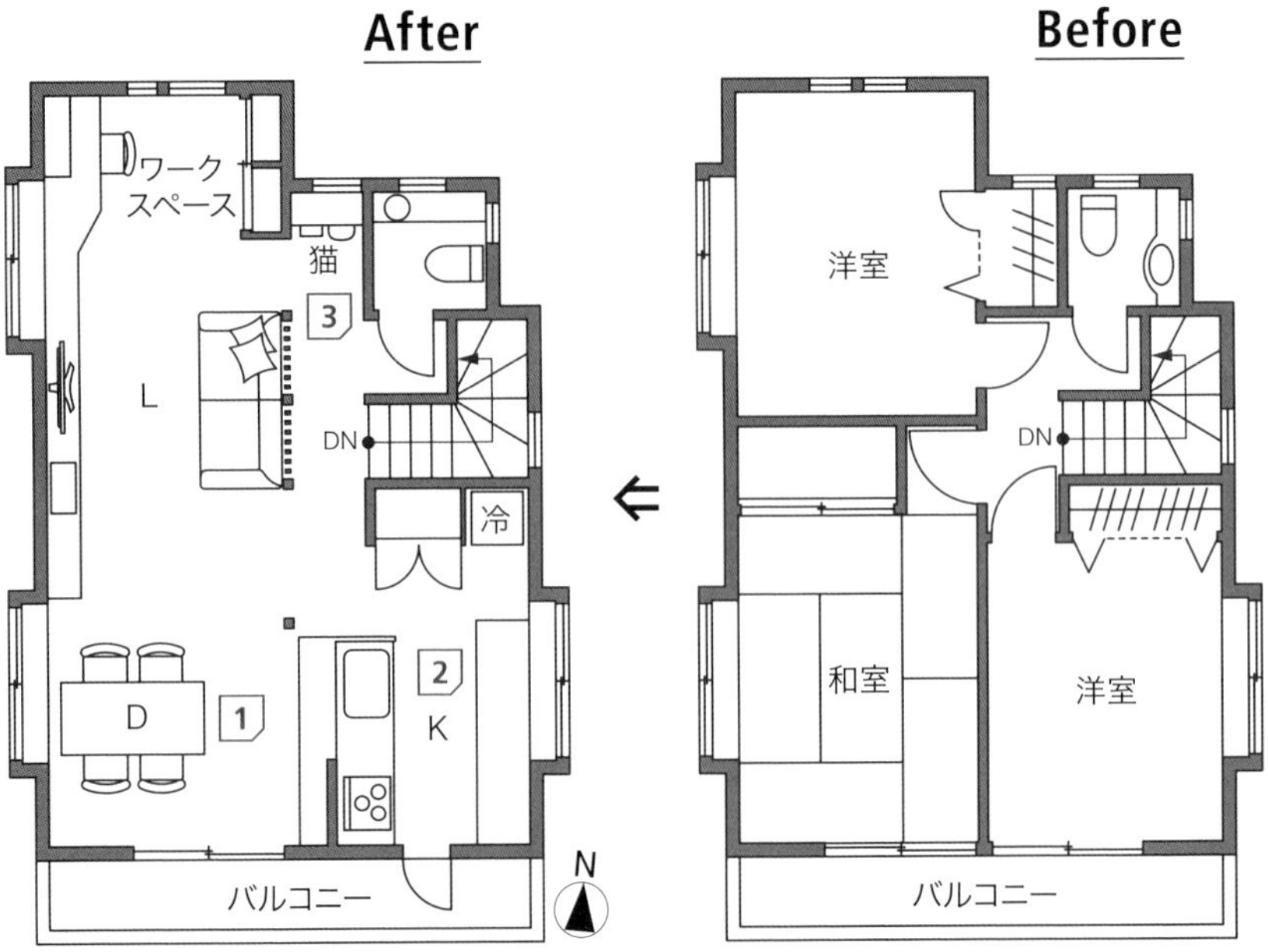

リビングとダイニングを エリア分けして役割分担

縦に長いフロアをオープンなワンルームにし、リビングとダイニングは左右でエリア分けしています。ダイニングでは食事に集中し、食後は、リビングで音楽を聞いたり、テレビを見たりゆっくりくつろぎます。

1 リビング・ダイニング

収納が充実した
料理しやすいキッチンに

背面カウンターと吊り戸棚で収納を充実。常に物が出ていない状態をキープ。引き出し収納は、奥まで無駄なく使え、上から見渡すこともできて便利です。

2 キッチン

猫のトイレの上につけた換気ガラリ。壁の向こう側のトイレの換気扇により臭気が排気されます。

3 猫のスペース

ニオイを解消できる対策をして

飼っている猫のトイレはリビングの一角に。気になるニオイを解消するために、人のトイレの近くにして換気ガラリを設置。上は飾り棚にして、猫グッズや陶器を飾っています。

写真左は天井までの大容量のパントリー。その隣の目立たない位置に冷蔵庫を設置し存在感をなくしました。雰囲気良いインテリアに。

外に出しておきたくない、炊飯器などの家電は、サイズを考えて収納する場所を決めました。引き出し式が取り出しやすいです。

Case 11

上下ほぼ同じ間取りの完全分離の二世帯住宅

DATA

家族構成：1階・Hさん（50代）・夫（50代）
2階・二女（20代）・夫（20代）
間取り：1階・2LDK 2階・1LDK
構造規模：木造2階建て
敷地面積：436.70㎡
延床面積：181.85㎡
設計者：秋元幾美
（一級建築士事務所 アトリエ サラ）

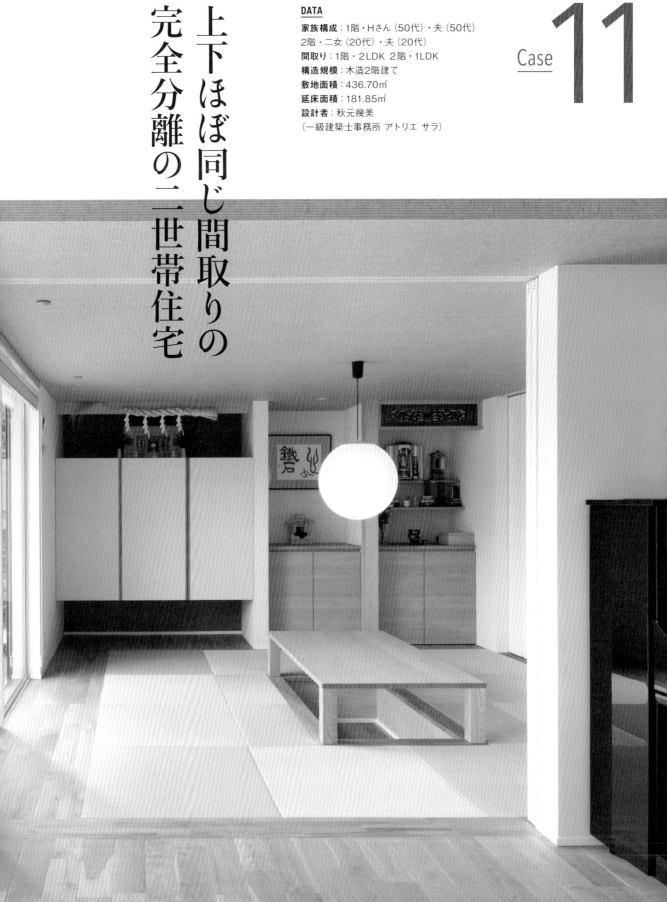

広めのLDと和室で オープンな客間に

二世帯住宅を建てたHさんは、それぞれの世帯の生活時間が違うので玄関を二つ作り、無理なく暮らせる完全分離型に。2階へは外階段を設け、さらに室内の階段でもつながっています。お互いに気を使わないように、水回りを中心にできるだけ同じ間取りにしました。

そして、1階のもう一つの特徴は人がたくさん集うこと。広めの和室を客間にしました。リビング・ダイニングとスムーズに行き来できるようにし、つながりのある空間になっています。来客の人数に合わせて、和室だけを使ったり、リビング・ダイニングをプラスしたりと、フレキシブルに対応。引き戸で仕切ることも可能です。

また、寝室や洗面室などプライベートな空間はまとめてクローズドにし、オープンなスペースとメリハリをつけました。

水回りは上下同じ場所にする

上下に暮らしたときに、1階で特に気になるのは水回りの音。2階でも気兼ねなく使えるように、キッチン、浴室、洗面室、トイレは同じ位置にしました。

1階は人が集まりやすい開放感がある

来客は幅広い年齢層なので、客間は和室に。引き戸を開けると、和室、リビング・ダイニング、廊下と回遊できて、行き来がしやすいのがポイントです。

1F／

親世帯の1階は、お客様仕様にすっきりと

子育てが終わり、夫婦2人の生活の親世帯の1階は、物を厳選してすっきりと暮らしています。来客をいつでも迎えられるように、居心地良い空間作りを心がけているそうです。

「LDKや和室には必要な場所に収納を作ったので、いつも片づいた状態に。お客様仕様ですが、自分たちにとっても快適です。外出から帰ってきて部屋がすっきりしていると、ほっとします」。適所収納なら、物が出しっぱなしになりません。

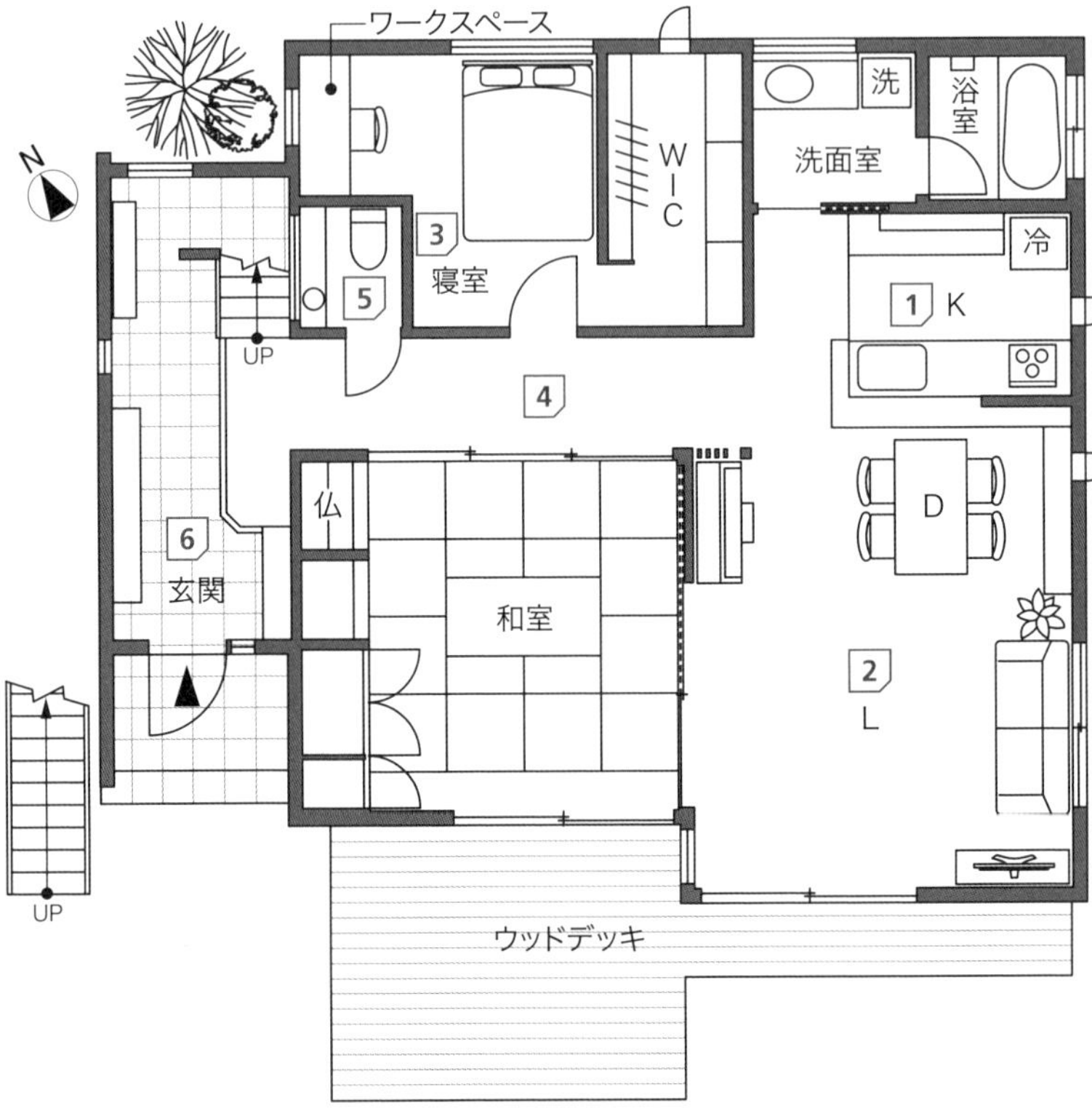

1 キッチン

すっきりしたキッチン

キッチンも来客の目に触れる場所なので、外の物が出ていない片づいた状態に。背面の引き出し式の造作収納で、必要な物を収納しています。

2 リビング・ダイニング

生活のスペースが客間になることも

毎日の生活はこちらのスペースで。来客の人数によっては、客間として開放します。1階全体のフローリングの素材は耐久性が強いオークにして、統一感を。

3 寝室

寝室はクローズドなプライベート空間に

リビングや和室はオープンにしている一方、寝室はウォークインクローゼットとワークスペースを併設し、クローズドな空間。生活感が外に出ない、メリハリのある暮らしです。

4 廊下

廊下を広くして より開放感を演出

通常の廊下は幅78cmですが、あえて45cmプラスして広々と。和室の引き戸を開けると、和室と一体空間になり、より開放感を味わえます。先に広がる庭の眺めも、素敵です。

6 玄関

来客を迎える余裕のあるインテリア

靴の着脱がスムーズにできるように、玄関は広めにしました。階段は、2階の子ども世帯へ続いています。最初に家の印象を決める場所なので、ドラマチックなインテリアに。

5 トイレ

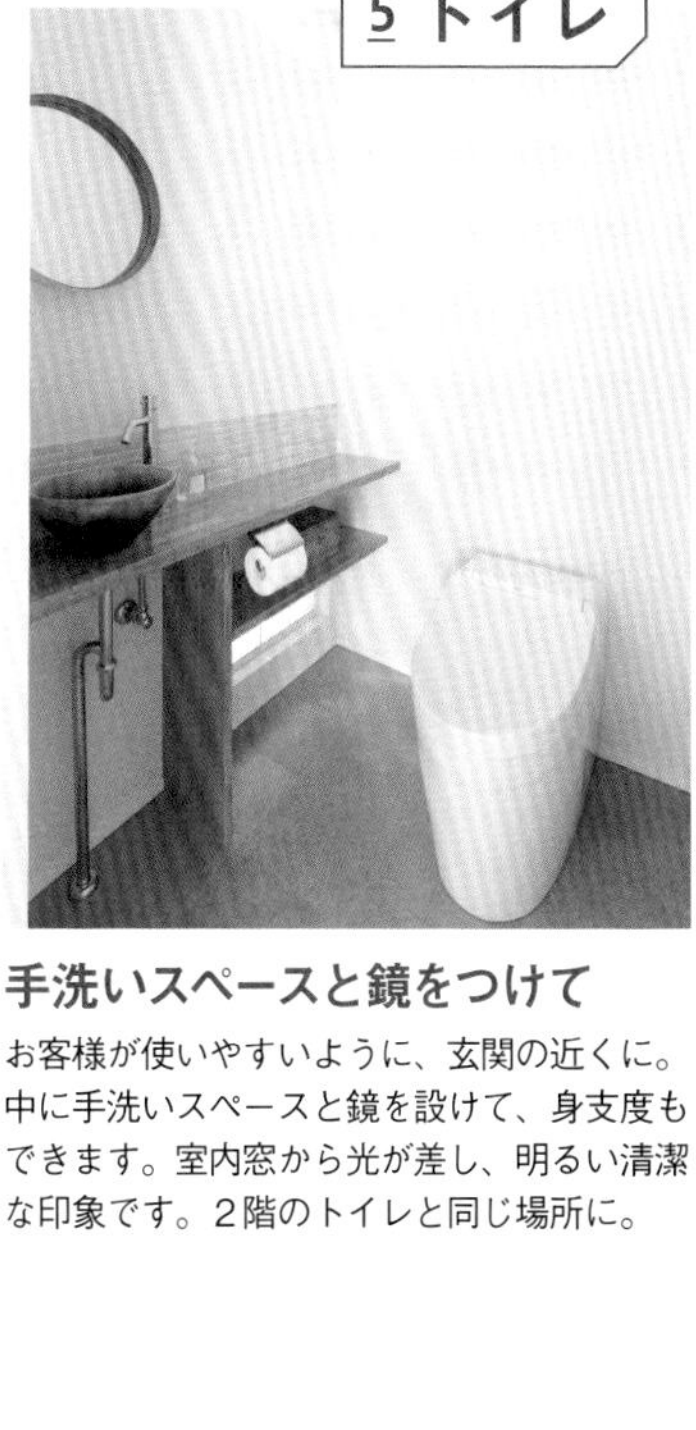

手洗いスペースと鏡をつけて

お客様が使いやすいように、玄関の近くに。中に手洗いスペースと鏡を設けて、身支度もできます。室内窓から光が差し、明るい清潔な印象です。2階のトイレと同じ場所に。

2F／

子ども世帯の2階はライフスタイルに対応を

子ども世帯は、まだ不確定なことが多いので、フレキシブルな作りになっています。特徴の一つは、リビングの隣りの畳スペース。フローリングと並んでいても違和感がなく、ワークスペースに使ったり、布団を敷いて寝室にしたりもしています。

将来、仕切りをつければ、個室にすることも可能です。

また、廊下は通路としてだけではなく、棚を設置して本を収納。ライフスタイルが変わったら、別の物を収納してもいいし、椅子をおいてワークスペースとしても使えます。

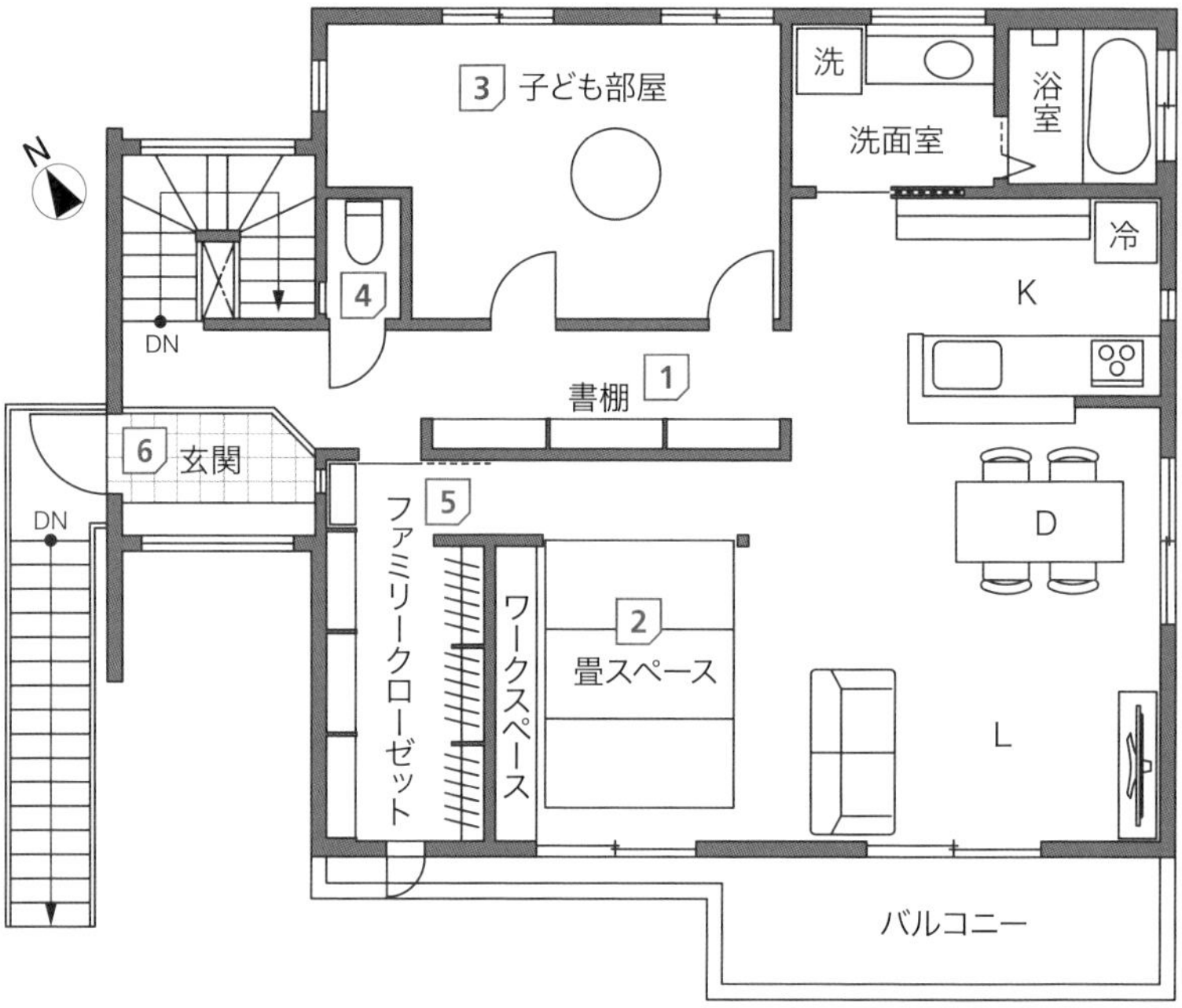

1 廊下

通路だけでなく機能的な役割がある

廊下は書籍閲覧コーナーに。1階同様、2階の廊下も幅を45cm広くし、機能的に使います。上部には高窓を設け、光が差して明るい空間です。

2 畳スペース

インテリアになじみ、多目的で重宝

畳スペースの一角は掘り込み床にし、カウンターを設けてワークスペースに。他にも、くつろいだり、子どもと遊んだり多目的に使用可能。今の暮らしに合う、モダンな雰囲気も魅力です。

4 トイレ

気を使わない 1階と同じ間取り

水音が気にならないように1階と同じ場所に設置。こちらは家族専用なので、シンプルなインテリアです。ドアは子ども部屋と同デザインで、ブルーにペイントしました。

3 子ども部屋

将来個室にすることを考えて、ドアは二つに

子どもは2人を想定して、スペースを確保。真ん中に仕切りを作り、個室に分けることも可能。ドアは木目のままにして、将来好きな色でペイントする楽しみも残しました。

6 玄関

2階の玄関を作って完全分離に

帰宅時間が遅くなっても1階の親世帯が気にならないように、外階段から入れる玄関を作りました。収納は上下2段と大きめにし、物が増えても対応できるように。

5 ファミリークローゼット

アレンジ自在な大容量の収納

家族の洋服を収納するために玄関の側に、ファミリークローゼットを作りました。ライフスタイルに合わせて、可動棚を増設することや既製の引き出しを追加することも可能。

DATA

家族構成：Yさん（40代）・夫（50代）
間取り：4LDK
構造規模：鉄骨造3階建て
敷地面積：91.59㎡
延床面積：146.50㎡
設計者：（株）難波和彦＋界工作舎

Case 12

快適さと機能性を備えたオン・オフが共存する家

2軒目の家だからこそベストなプランを実現

都心でありながら閑静な住宅街の一角に、自宅兼スタジオを構えたフォトグラファーのYさん。〝南向きの窓から採光できるスタジオを併設すること〟が新しい家作りのテーマでした。

家を建てるのが2軒目ということもあって、住まいへのこだわりや条件が明確だったそう。「スタジオの広さを最大限確保することが最優先課題。そのあとに居住スペース、夫婦それぞれのワークスペースをはめ込んでいって、具体的な間取りをプランニングしました」

ガーデニング歴20年というYさんのもう一つのこだわりが、屋上に設けた菜園。家が完成してから夫婦で土を入れるなど、自分たちの手で、ていねいに庭作りをしていきました。「スタジオを優先した間取りですが、プライベートも楽しめて、毎日とても充実しています」

特徴❶

自然光が差し込むスタジオを併設

南側に面した大きな窓から光が燦々と差し込むスタジオは、新しい家作りで最もこだわったスペースです。仕事場であり、ヨガ教室のレッスンの場としても活用しています。

特徴❷

屋上菜園で都心でも緑豊かな暮らし

10種類ほどの野菜やさまざまなハーブを育てている屋上菜園。1階の庭はユーカリやミモザなど常緑樹をメインに、のらぼう菜、スナップえんどうなどの豆類が実る畑も設けています。

1F／日常の心地良さを生む ミニマムな間取り

玄関からスタジオにつながる階段とは別にプライベート専用の階段を設け、オン・オフの動線を分けています。ソファが苦手なご主人の要望もあって、リビングにはクッション性の高いジョイントマットを敷いた小上がりを設けました。居場所が増えて、自由にゴロンとリラックスできて、キッチンに立つ人と目線も合います。

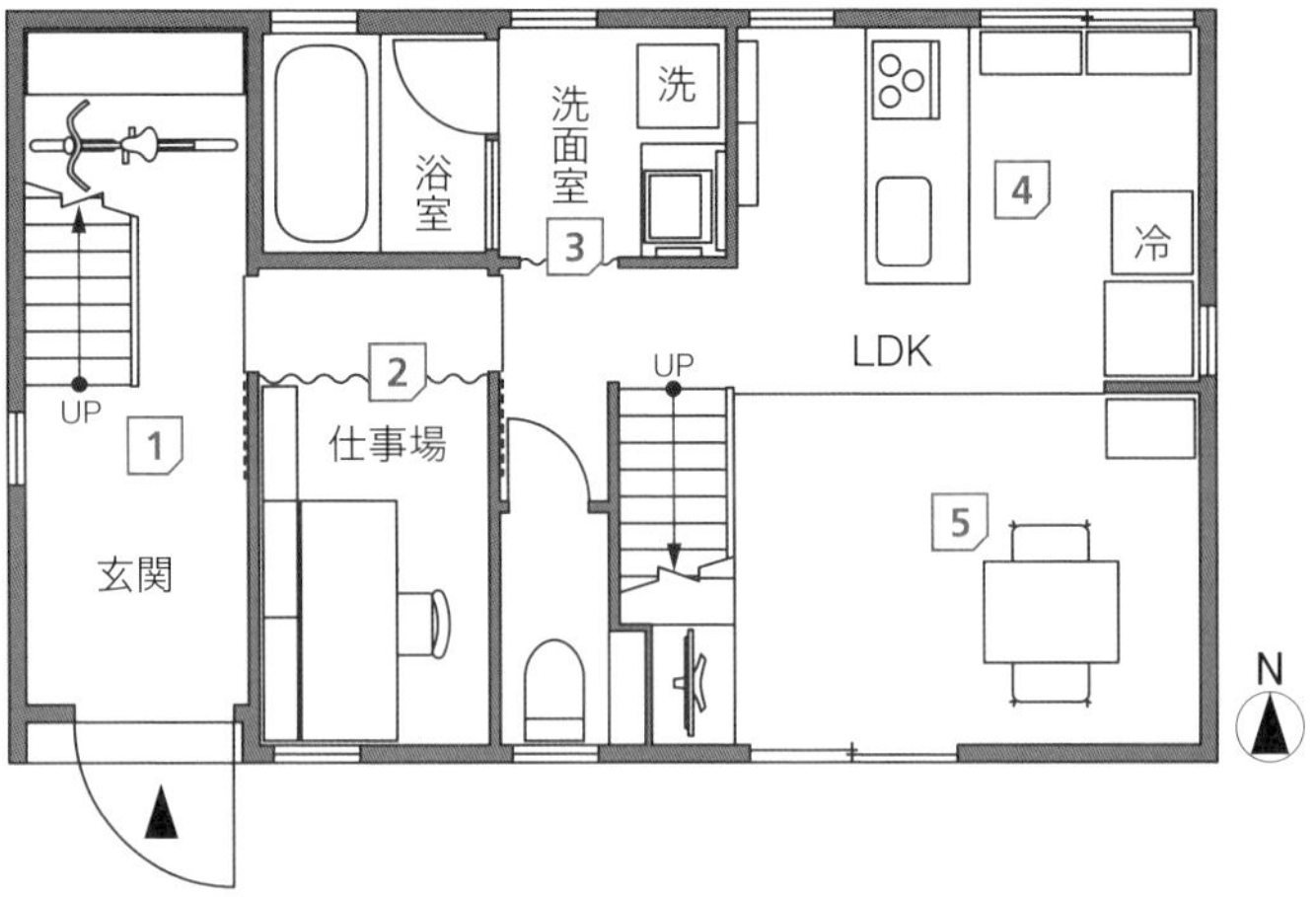

2 仕事場

空間を賢く活用して仕事部屋に

グラフィックデザイナーのご主人の仕事部屋を1階の玄関脇に設けました。玄関ホールとつなげてギャラリースペースとしても楽しめるよう、デスク前の壁は取り外しできる設計です。

3 洗面室

デスクを再利用した洗面台

1軒目の住まいで使用していたデスクを再利用した集成材の洗面台。壁づけにした収納棚はご主人がワイン箱でDIYしたもので、我が家に合ったテイストの洗面室に仕上げました。

1 玄関

スケルトン階段が光と風の通り道

玄関ホールから3階へ連なるのは、グレーチングのスケルトン階段。光が差し込み、風も通る心地良い空間です。奥のシューズラックには、キャスターをつけて移動しやすくしています。

4キッチン

2人で作業できる工夫をプラス

料理担当のご主人をYさんが手伝いやすいように手前からも使えるキッチンを選びました。壁のスパイス棚は海産物を入れるトロ箱、右の収納はリンゴ箱をDIYしたもの。

5リビング

階段下にリビング収納を造作

階段下の空間をテレビ台を兼ねたリビング収納に。階段下は仕切り板のみでしたが、後にDIYでボックスを取りつけました。たっぷりの収納量で、さまざまな日用品を収納できます。

小上がりのリビング下にはストック食材などを収納するための引き出しを設けました。Yさん愛用の和だんすがリビングのアクセント。

2F／吹き抜けの効果で安眠を誘う寝室空間に

1階のLDKと2階の寝室が大きな吹き抜けでつながっている間取りです。1階の床下に設置しているエアコンシステムの涼風、温風が2階にも行き渡るので、オープンな空間でも夏は涼しく、冬は温かく過ごせます。布団の出し入れがしやすいよう寝室の収納はシンプルに。布団用とクローゼット用の2つの収納を設置しました。

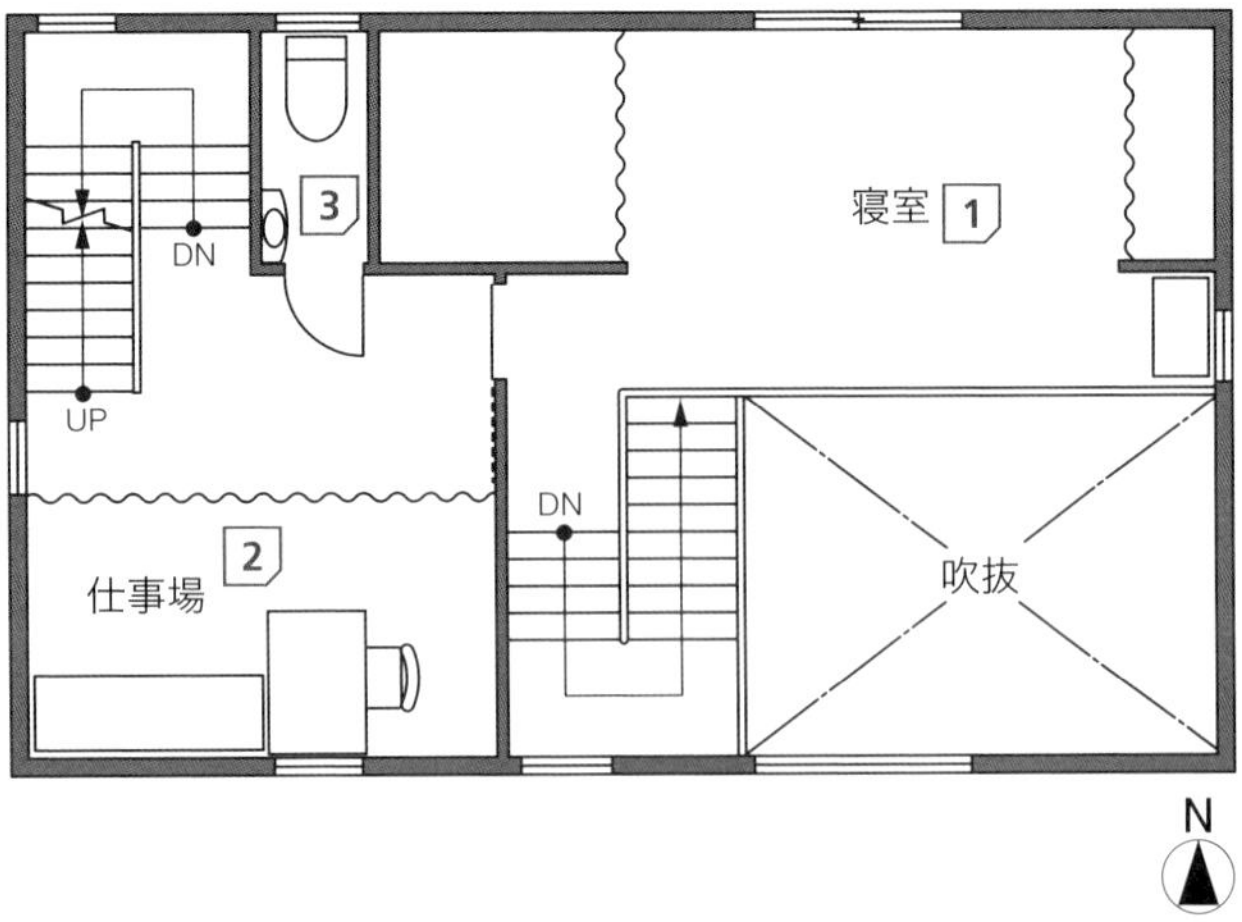

1 寝室

布団派の安眠を誘うオープンな寝室

「毎日掃き掃除をして、ほこりが溜まらないようにしたい」という布団派のご夫婦が寝室に選んだのはロフトのようなオープンな空間。壁を造作して、布を取りつけたスペースに布団を収納。

来客専用のトイレには大きめの洗面台を

スタジオへ訪れる来客をすぐご案内できるようトイレを階段脇に。コンパクトなスペースながら、使いやすくて大きな洗面台を選択。ゲストへの配慮から鏡も取りつけました。

3 トイレ

2 仕事場

ワークスペースは2階ホールの側に

Yさん専用のワークスペースは3階のスタジオへカメラ機材を運ぶのにスムーズな階段ホールの横に設置。布カーテンの仕切りで圧迫感なくゾーン分けしました。

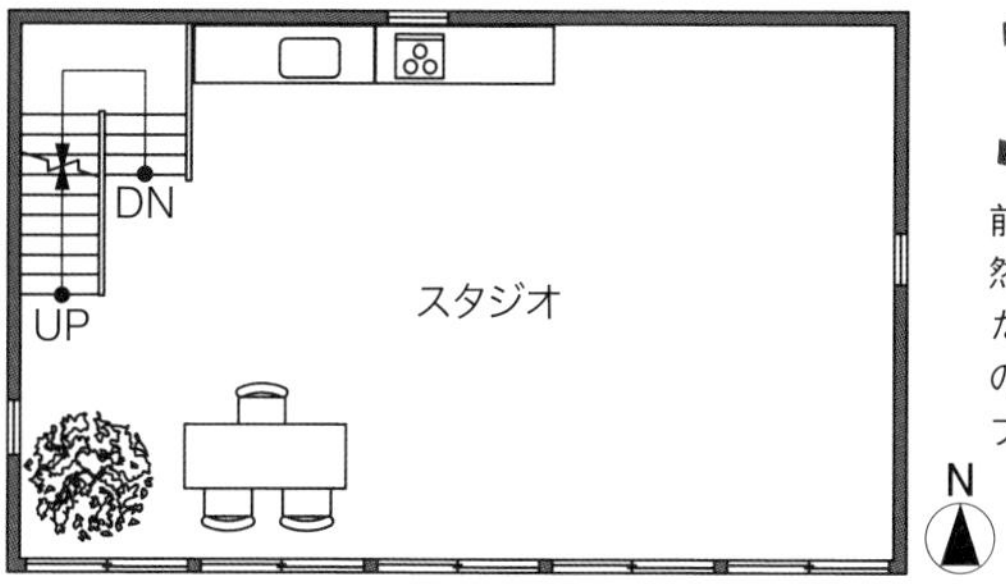

3F／自然光が差し込む撮影スタジオ

前の家ではスタジオを地下に設けていたこともあって、自然光が採り込めることは、新しいスタジオの必須条件でした。３階のワンフロアを使用した開放的な白い空間は、窓の向こうに公園の緑が広がり、ヨガの先生を呼んでグループレッスンを行うなど、フリースペースとしても活用中。

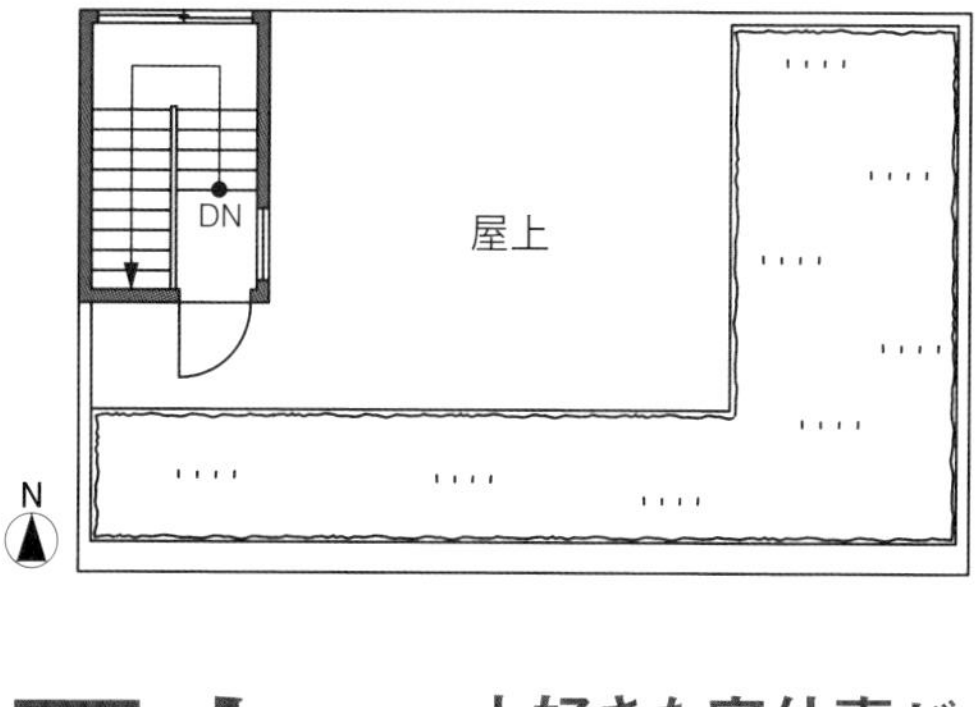

屋上／大好きな庭仕事が楽しめる屋上菜園

庭仕事は生活の一部になっているというYさんは、以前暮らした家でも屋上菜園を楽しんでいました。新居でも行政の「緑化助成制度」を利用して屋上に庭を設けて、観賞用のネイティブプランツ、ハーブ、野菜などを育てています。

Pick up! 1

家の外観

新築の場合、家の外観は気になる部分です。
周囲の街並みから浮かず、さりげなく品がいい外観を希望される方が多いようです。
家族が帰ってきたときにホッとできるような、素敵な外観をご紹介します。

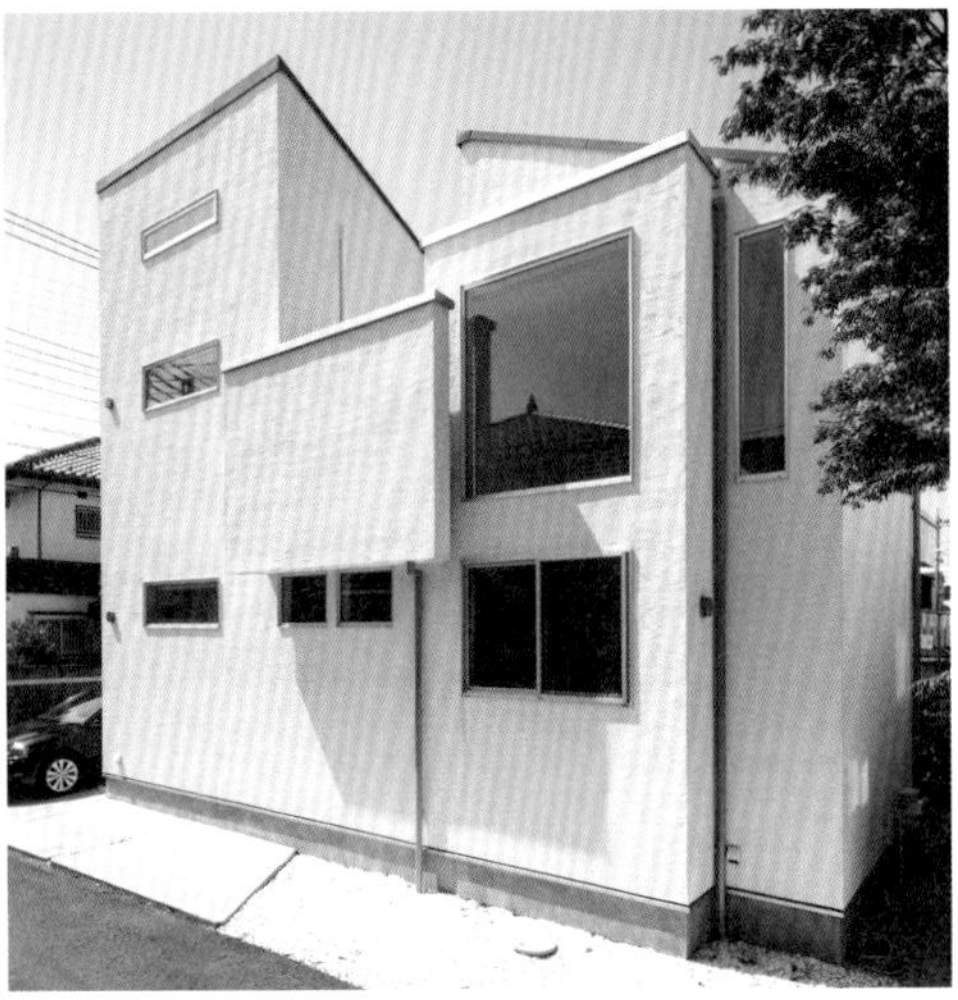

どちらも角地に建てられたお宅です。角地は周囲から二面が見えることになるので、特に街並みとの調和を考えます。建物のボリュームが出すぎないように、外壁は白にしました。植栽が映えるので、ナチュラルな印象になります。

ウッドデッキがポイントの外観です。ウッドデッキや玄関の植栽などは、住みながら家族で手作りしました。外観がだんだん完成していくように、家も住み心地良く育っていきます。

両側に家があるときは、周囲から見えるのは正面だけになります。周囲との調和を考えつつ、異素材をバランス良く組み合わせました。玄関へのアプローチ、植栽なども含めて、印象的な外観です。

Part 2

動線・収納を考えた

暮らしやすい場所別の間取り

基本編

快適に暮らすための間取りのルール

どんな間取りの家に暮らしたいですか？
快適な住まいの間取りを考えるための、基本のルールを紹介します。

Rule 1 家に関しての家族の希望をたくさん書き出してみる

間取りを考えるとき、まず何から始めたらいいのか迷っている人も多いはず。そんなときにおすすめなのが、家族の希望を書き出してみることです。「リビングは広くしたい」「おしゃれなインテリアにしたい」「収納をたくさん作りたい」「友達を呼びたい」など、まずは思いついたことでOK。それから、部屋別、家族別、項目別（収納、インテリア、設備など）に、自由にまとめます。**大切なのは、手書きでもパソコンを使ってでもいいので、言葉にして書き出すこと。頭の中が整理されてイメージがわき、家族の共通認識が生まれます。**雑誌やネットで希望に近い写真を探して貼りつけておくと、さらにわかりやすくなります。

家作りは、素敵な家を完成させることが目標ですが、一番大切なのはそこに住んでいる人です。家作りをきっかけにしっかり話し合うことで、家族の絆もさらに深まるはずです。

Column

希望を集めた「家作りノート」を作成する

P28のUさんのお宅では、家族の希望を書き出したノートを作成。このノートを元に、設計者と話したら、意思疎通がスムーズだったそう。家が完成した後も処分できず、思い出として大切に保管しています。

Rule 2 暮らしやすい 家事動線・生活動線を考える

家事しやすい動線や生活しやすい動線を考えることは大切です。例えば、こんな動線を考えてみましょう。

●洗濯動線
洗濯機置き場、バルコニー、クローゼットへの移動をスムーズにする。

●料理動線
シンク、ガス台、収納への移動を少なくする。

●身支度動線
寝室、洗面室、クローゼットへの移動をスムーズにする。

●帰宅動線
手洗い場所、靴、バッグ、コートなどをしまう収納への移動をスムーズにする。

家事のやり方、生活の仕方は人それぞれです。**まずは、家族がどんな生活をしているか、1日のタイムスケジュールを作ってみましょう。**そうすると、「朝の身支度の時間がみんなで重なるので、洗面所は広くしよう」など、我が家にあった間取りがわかります。

洗濯動線を考えた間取り例

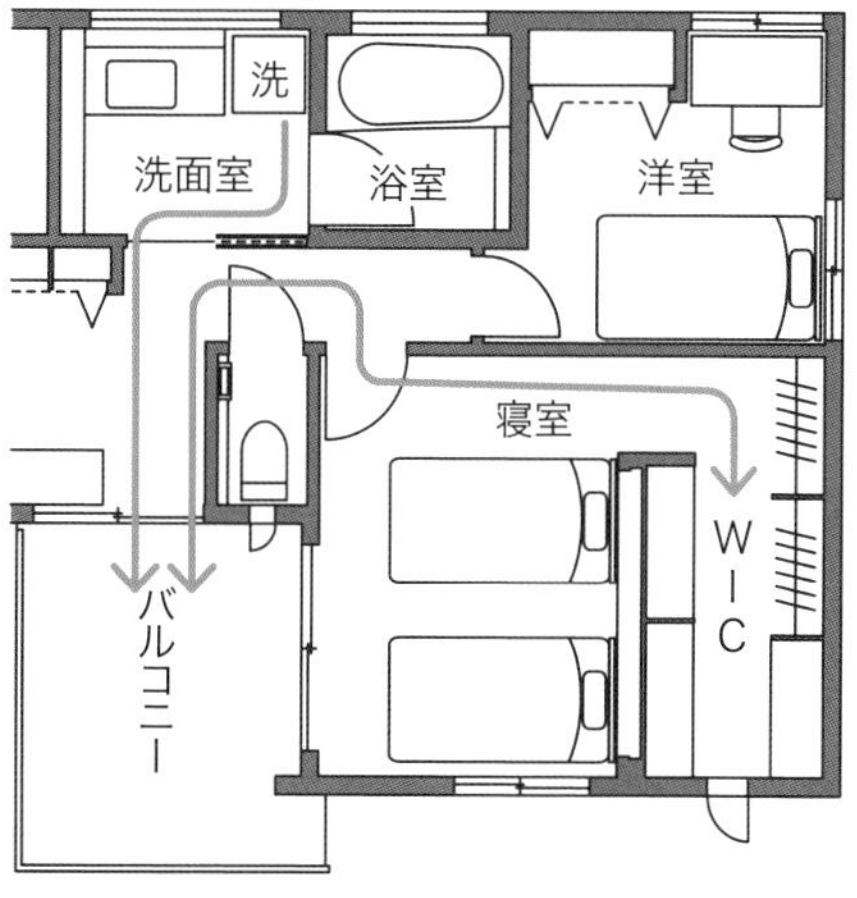

洗濯機、バルコニー、ウォークインクローゼットがワンフロアにまとまった間取り。洗濯動線がスムーズで、家事の効率アップ。

Rule 3 持っている物の種類・量を把握し、収納場所を決める

「収納はとにかくたっぷり欲しい」と考える人は多いと思います。でも、それだけでは、快適な間取りにはなりません。そこで、考えたいのは「適所収納」です。動線に合った場所に、必要な量がしまえる収納があることが大切。物の居場所が決まっているので、出したらすぐにしまえて、部屋は常にすっきりしています。

「適所収納」を実現するためには、今持っている物の種類と量を把握します。例えば、クローゼットなら、スーツ、コート、セーターなどを吊るす物、たたむ物に分類してそれぞれの量を調べます。

他の場所の全ての持ち物も同様に、分類して量を調べます。その後、使いやすい場所を考えて、間取りの中で収納場所を決めていきます。物と向き合う作業は大変ですが、一度だけ頑張って、適切な分類と配置をすれば、ずっと散らからない状態をキープできます。

Rule 4 将来、変わる可能性がある場所は決めすぎない

「子どもがまだ小さいので、子ども部屋の使い方は未定」「今は1人だけど、もう1人子どもが欲しい」など、将来変わる可能性がある場所はフレキシブルに考えましょう。特に、子ども部屋は、将来個室に分けられるようにドアや窓を左右対称に配置しておく間取りは多いです。広く使いたいから個室にはしないなど、将来子ども自身が選択をすることもあるので、親が決めすぎないほうがいいですね。

他にも、「親と同居するかもしれない」「自宅で教室を開くかもしれない」など、未定だけど可能性のあることは考慮しておいても。**将来、壁を作って仕切るより、壁を取るのは構造上の検討も必要になり、難しいものです。最初から個室にせず、オープンなスペースを仕切る可能性を残しておきます。**例えば、リビングに畳スペースを設置し、必要になったら壁を作って個室にするなど、柔軟に対応しましょう。

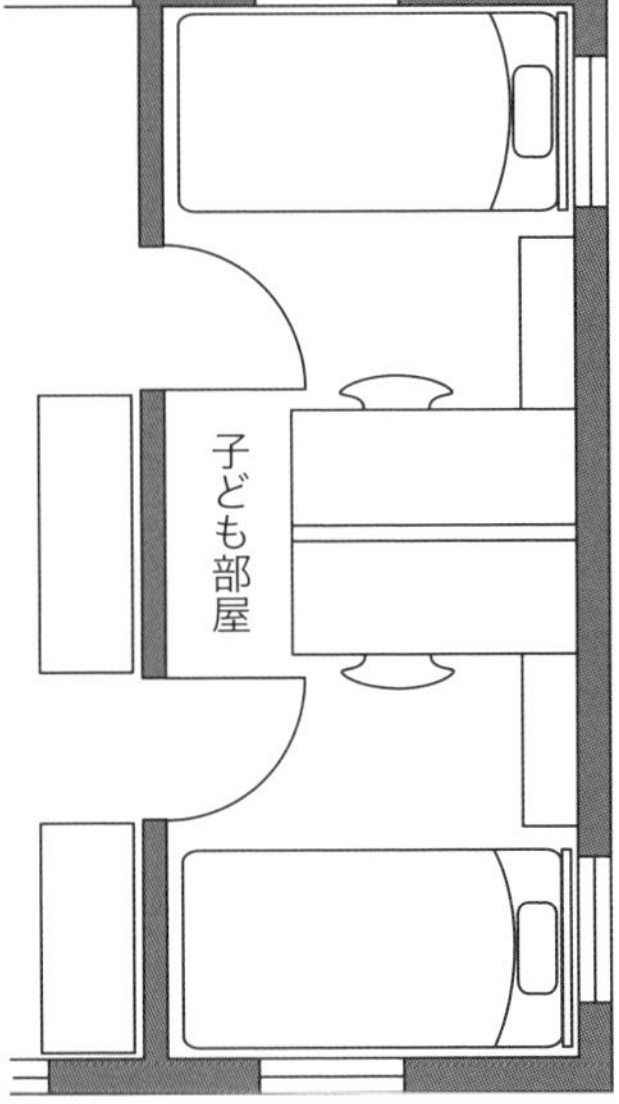

ドアと窓を二つ作って、真ん中で分けた子ども部屋。今は、机でゆるく仕切っていますが、将来壁を作って個室にすることもできます。

Rule 5 家族が無理せずに暮らせるようにする

「どんな間取りの家に住みたいか」を家族で相談するとき、無理をしないことが大切です。新しい家を建てるとなると、「どんな間取りでも必ず片づける」「掃除は小まめにする」などと目標を高く持ってしまいがち。でも、頑張りすぎると長続きしません。

「片づけが苦手でリビングが散らかりがちだから、収納は充実させたい」「掃除はロボット掃除機に任せたいから、床は段差を作らない」など、無理せず暮らせる本来の姿から、間取りを考えます。

ハウスメーカーや建築家など設計の依頼先と打ち合わせをするときも、ありのままの状況を伝えるようにしましょう。**苦手なことや今の状況を克服できる間取りのほうが、暮らしやすい家になるからです。**設計者には、今の家を実際に見せる、それが無理なら写真に撮って見せるなどし、いつもの暮らしを見てもらいましょう。

Column

住宅性能の向上でオープンな間取りに

壁が少なく広々したLDKが人気ですが、暑さ寒さ対策が気になります。しかし、建材の技術の向上などにより、断熱性能もアップ。オープンな間取りも可能になりました。また、最近、明るい2階をLDKにする人も増えてきましたが、壁のないオープンなLDKが2階、壁のある個室が1階という構成は耐震性アップになります。希望の間取りに合った住宅性能を、しっかり確認しましょう。

Rule 6

予算を確定して要不要の優先順位をつける

希望の間取りを考えていると、あれもこれもと夢が膨らみます。でも、そうなるとあっという間に予算オーバーに。お金を払うのは自分たちなので、無理は禁物です。**なるべく早い時期に、家にかけられる予算を算出しましょう。**土地と建物本体だけでなく、家具やカーテン、外構や植栽などもあります。他にも、住宅ローンを借りるときの諸費用、住宅を取得したときの税金、登記料など。これら全部の予算配分をしっかりした上で、建物本体にかけられる予算を算出しましょう。建てられる家が現実的になって、優先順位をつけやすくなります。

「キッチンにはこだわりたいけど、洗面室や浴室はシンプルに」「家事をしやすいように、家事室は必要だけど、収納は手持ちの家具を使ってコストダウン」など、予算のかけどころ抑えどころがわかります。無理しない予算を出し、その中で理想の間取りを実現しましょう。

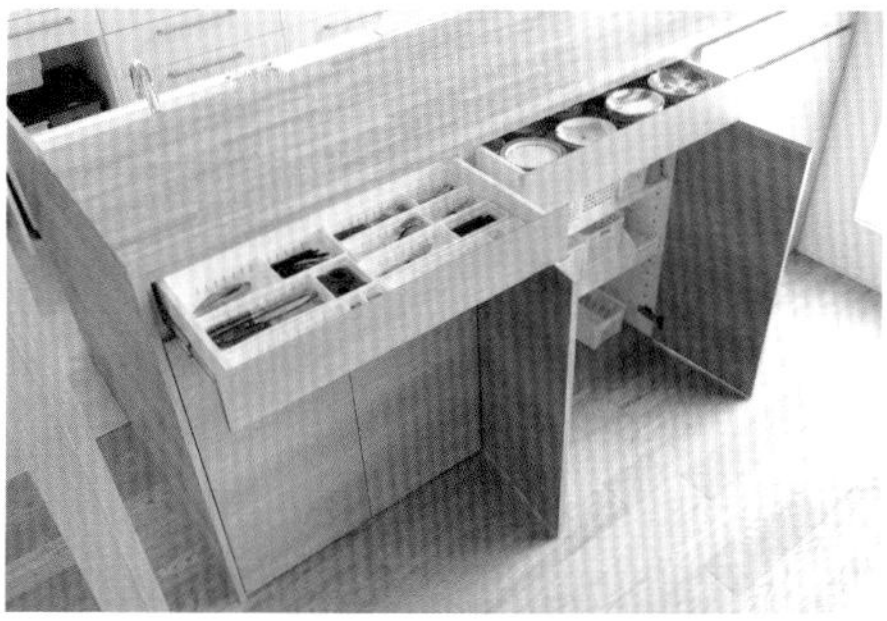

優先順位のヒント

しまう物に合わせて必要な場所に設置する、造作収納（写真上）は使いやすいのですが、コストアップに。一方、棚だけ作って、中は既製品を活用すると（写真下）、コストダウンに。収納にはコストアップ＆ダウンの要素がたくさんあるので、下の図を参考に考えましょう。

造作収納にかかるお金

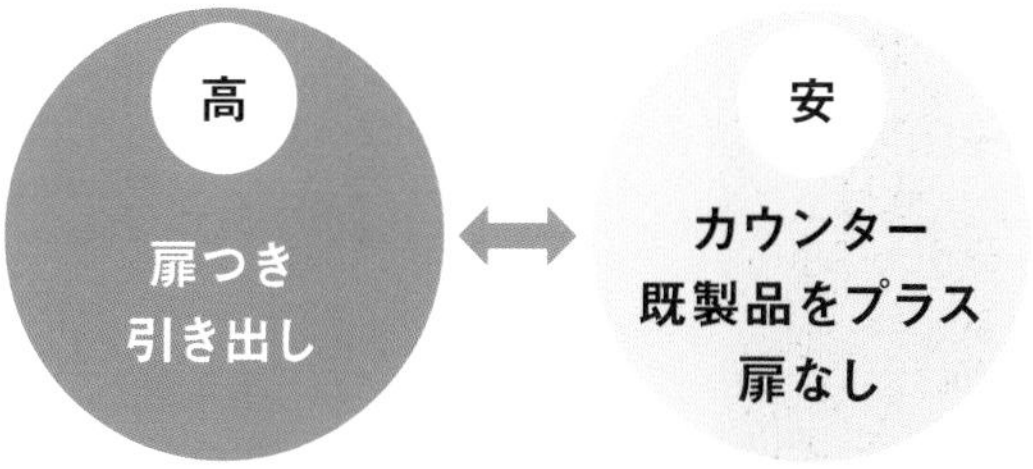

作るのに手間がかかる収納は、お金もかかります（左）。だからこそ、「扉をつけたけど開け閉めが面倒」などと無駄にならないように、必要な造作収納かを見極めます。

Column

土地や建物の価格の他こんなお金もかかる

土地と建物だけではなく、諸費用や税金もあります。人によってかかるお金が違うので、しっかり調べましょう。

諸費用

住宅ローンを借りるときかかる事務手数料、契約の印紙代、団体信用保険料、火災保険などがあります。他にも、地鎮祭や上棟式を行う場合はその費用、引っ越し代なども忘れないで。

税金

不動産取得税、登記免許税など土地や家を取得するときにかかる税金、さらに、固定資産税、都市計画税など毎年納める税金があります。また、親から資金援助を受けたときは、贈与税がかかることがあります。

応用編

住む人が主役の場所別間取りのポイント

家に合わせるのではなく、住む人の暮らしに合った家が理想です。そんな家の間取りを場所別に紹介します。

リビング・ダイニング

居心地良く家族が集まる空間に

家族が集まるリビング・ダイニングは、仕切りのない一つの空間にしたオープンな間取りが、最近のスタンダードです。**広々とした大空間の中で、家族がお互いの気配を感じながら、好きなことをして過ごせる。それぞれの「居場所」があることが、居心地の良さのポイントです。**

例えば、子どもが個室にこもらないようにと希望が多いのは、子どもの勉強、大人の仕事に使えるワークスペース。また、リビングの一角に畳スペースを作り、子どもの遊び場所、ごろ寝ができる場所、布団を敷いて宿泊場所にするなど、多目的に使用する場合もあります。オープンな空間に、色々なコーナーを作ると、それぞれの「居場所」ができます。

物があふれてしまいがちなリビング・ダイニングをすっきりさせる収納プランも、忘れずに考えたいことです。使う物をそれぞれの場所で分けて、適所収納を設けるようにしましょう。

Point

1 家族に居場所があって多目的に使える

オープンで広いスペースの中に、家族各々が好きなことができるコーナーを作ります。リビングの居心地がいいと、家族が自然に集まるようになります。

パパの趣味の水槽コーナー

リビングインの階段の一角は、パパの趣味のコーナー。水槽の下は、エサやケアグッズをしまえる収納に。

子どものスタディコーナー

大人は仕事、子どもは勉強ができるようにワークスペースを作ります。ダイニングテーブルではなく、専用のスペースがあると、子どもの勉強もはかどります。

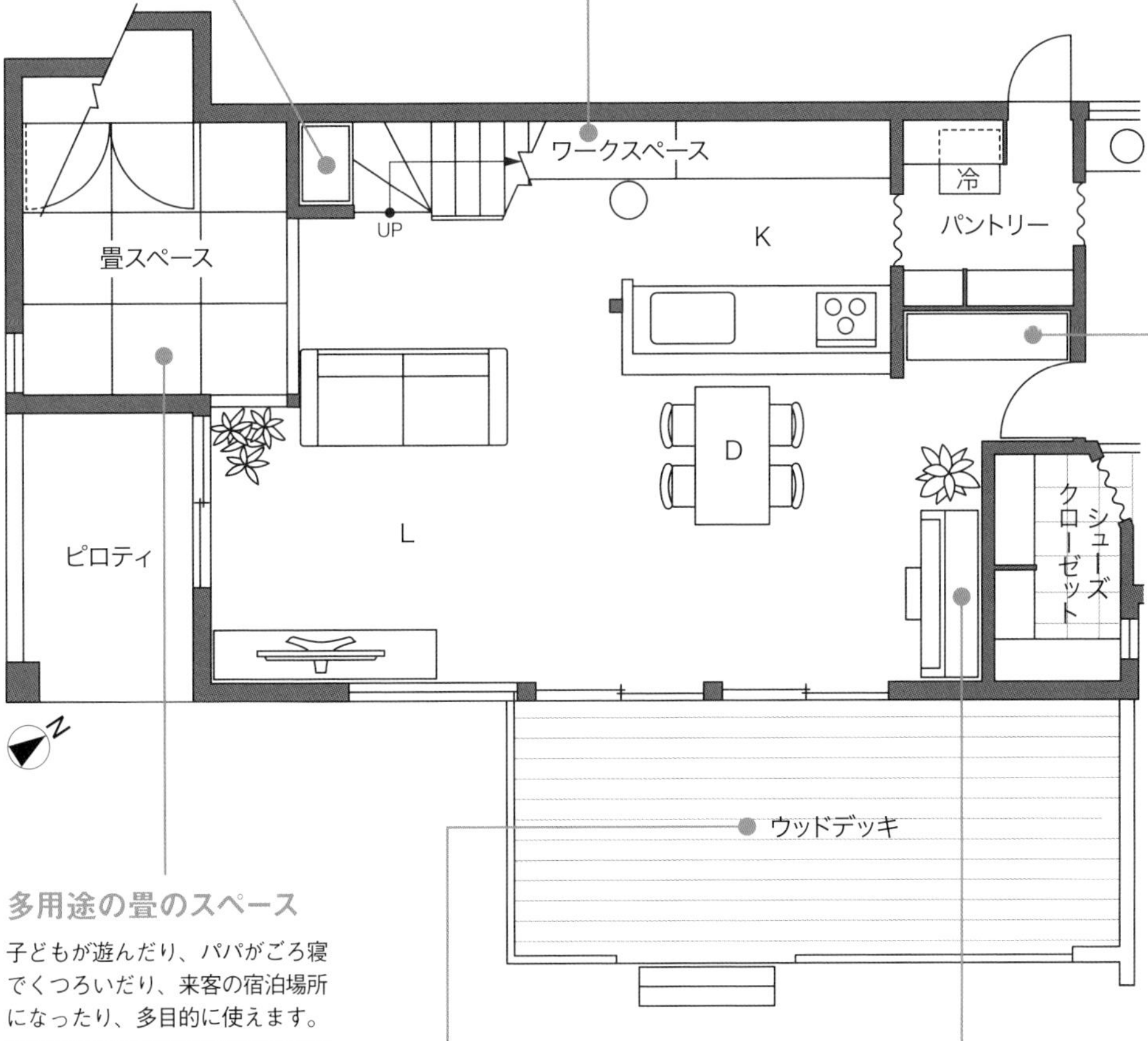

多用途の畳のスペース

子どもが遊んだり、パパがごろ寝でくつろいだり、来客の宿泊場所になったり、多目的に使えます。

玄関近くに身支度コーナー

玄関寄りのコーナーに、ハンカチなど外出に必要な物を収納したチェストを配置。置く場所が決まっている物は、設計者に伝えておきます。

子どもの楽器コーナー

大好きな楽器があれば、子どももリビングに集合。ママが練習をチェックできます。

リビングと一体になるウッドデッキ

リビングとつながっているように見えるウッドデッキで、より開放感を。子どもが遊んだり、家族でバーベキューをしたりと、セカンドリビングに。

Point

2 明るく開放感がある2階リビングを選択しても

2階のほうが、1階に比べて日差しが入りやすく明るいので、リビングを2階に配置しても。道路などからの視線も、気にならなくなります。メリットとデメリットを考え、検討します。

2階リビングのメリットとデメリット

メリット

日当たり&眺めが良い

1階よりも採光が取りやすいので、日当たりの良い明るいリビングが実現できます。窓からの視線が高くなるので、開放感もあります。1階には昼間使うことが少ない寝室などを配置しても。

周囲の視線が気にならない

道路からの視線が気にならず、プライバシーが守られやすくなります。バルコニーを設けるときは、目線より高めの壁を設置して、隣家からの目隠しにします。

耐震性が良くなる

壁や柱のないオープンなLDKが2階、寝室、子ども部屋などの個室が1階に配置されることで、構造が安定。1階に壁や柱が多くなり、耐震性が良くなります。

天井を高く取ることができる

1階よりも天井を高く取ることができ、実際の広さ以上に開放感があるスペースに。屋根の形状を生かした勾配天井にすれば、インテリアとしても素敵です。ロフトを設置することも可能。

デメリット

階段の上り下りが面倒

キッチンも2階に配置されるので、ゴミ出しや買い物の荷物の運搬が大変と感じる人も。玄関までが遠いので、来客の対応や宅配便の受け取りのときに、手間になることも。

夏場が暑くなりやすい

日当たりが良く、冬は暖かい反面、夏は暑くなりやすいことも。風通しを意識した窓の設置や屋根断熱の性能を上げるなど、間取りや建材で暑さ対策を行うことになります。

子どもの帰宅や外出が気づきにくい

1階が子ども部屋になると、子どもの帰宅や外出が把握しにくくなります。勉強スペースを設けるなど、子どもがリビングに来やすくなる工夫も同時に必要です。

大きな家具・家電の搬入が大変

ソファやダイニングテーブル、冷蔵庫など大きな物が、階段を通過できるか事前に確認が必要。階段の手すりを外して対応したり、バルコニーや窓から入れることにもなります。

Column

\2階リビングの人に聞いた!/

使い心地はどう?

予想通り!明るく開放的なLDKに

日当たりとプライバシーの確保を考えて、2階リビングに。本当に、明るく開放感があります。両親や友達が遊びに来たときも、「明るくて居心地がいいね」と褒めてくれました。(Tさん　30代)

階段の上り下りはすぐに慣れました

買い物の荷物の運搬が面倒かなと思っていましたが、慣れれば大丈夫。玄関にインターフォンをつけ、LDKのモニターで来訪者を確認できるので、不要な階段の上り下りはしません。(Yさん　40代)

Point 3 階段はリビングの中に。子どもの気配が感じられる

1階がリビング、2階が子ども部屋の間取りでは、階段が玄関にあると、子どもがリビングを通らずに個室に行く可能性が。階段をリビングに設ければ、必ず通ることになります。

リビングインにして、いつも顔を合わせる

子どもが成長して会話が少なくなっても、顔を見ることができれば安心。階段をリビングインにすれば、毎日子どもの気配は感じられます。

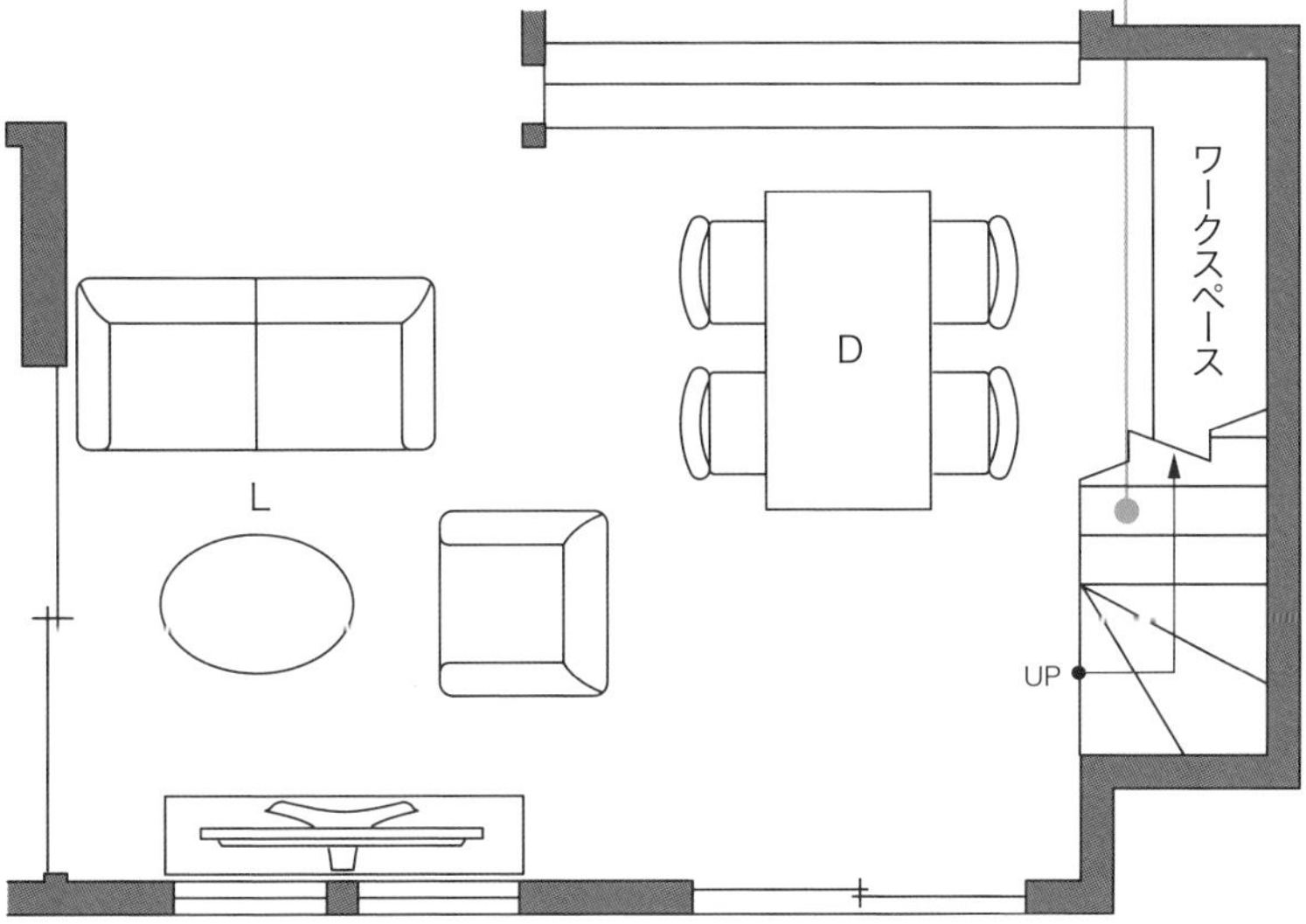

Column

階段下の使い方バリエ

家族のコミュニケーションのために重要なリビングインの階段ですが、インテリアのポイントにもなります。意外にスペースが広いので、大きい物を置く場所にも最適です。

グリーンや家具を置く

お気に入りのグリーンや家具を置いて、リビングのインテリアのポイントにしても。階段のラインの美しさを生かし、絵になるコーナーになりました。

楽器を置く

階段の吹き抜け効果で、ピアノの音が家の中に広がります。練習にも熱が入りそうです。

テレビを置く

存在感を出したくないテレビを階段下に。階段と組み合わせて、インテリアの一部にしました。

Point

4 「適所収納」にすれば物が散らかることはない

家族が集まるリビング・ダイニングは、どうしても物があふれがちです。そこで、エリアに分けて、どこで何を使うかを考えて、「適所収納」を作ります。

リビングで使う物はテレビ台に収納

ゲーム機、リモコン、本や雑誌、子どものおもちゃなど、リビングで使う物をピックアップ。テレビ台に収まるくらいに物を減らすと、すっきり暮らせます。

ダイニングで使う物はカウンターに収納

ごはんを食べるときに使うカトラリーや箸、書類を書くときに使う文房具など、ダイニングで使う物をテーブル近くに収納。すぐに片づけることを習慣にすれば、テーブルの上はいつもきれいに保てます。

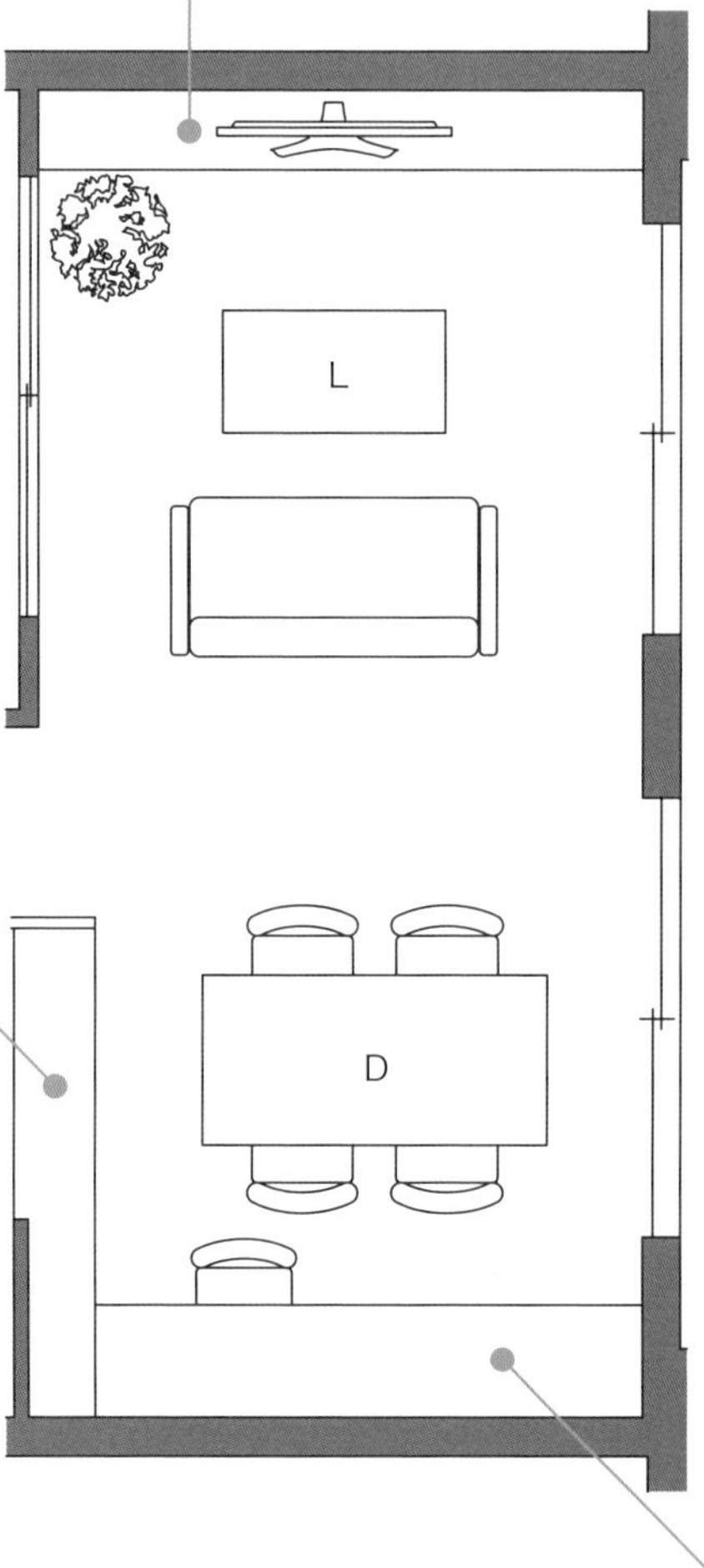

ワークスペースには仕事の物を収納

コンパクトでもワークスペースがあると、家で仕事をするときに便利。仕事で使う物は、まとめて収納しておくと仕事もスムーズです。

Column

お気に入りの家具を生かすのもおすすめ

置きたい家具があるときは、リビング・ダイニングの中での配置場所を、あらかじめ考えておきます。収納を兼ねることができるなら、収納プランに組み込みます。

Point 5

リビングとダイニングを分けて用途をハッキリさせる

リビングとダイニングが一体になっている間取りが人気ですが、あえて分けることも可能です。用途をハッキリさせると、暮らしにメリハリがつきます。

リビングはくつろぐ場所に

色々なことができるリビングですが、ダイニングと分けることで、リラックスできる空間に。ソファとテレビのシンプルなインテリアにして、ゆっくり過ごします。

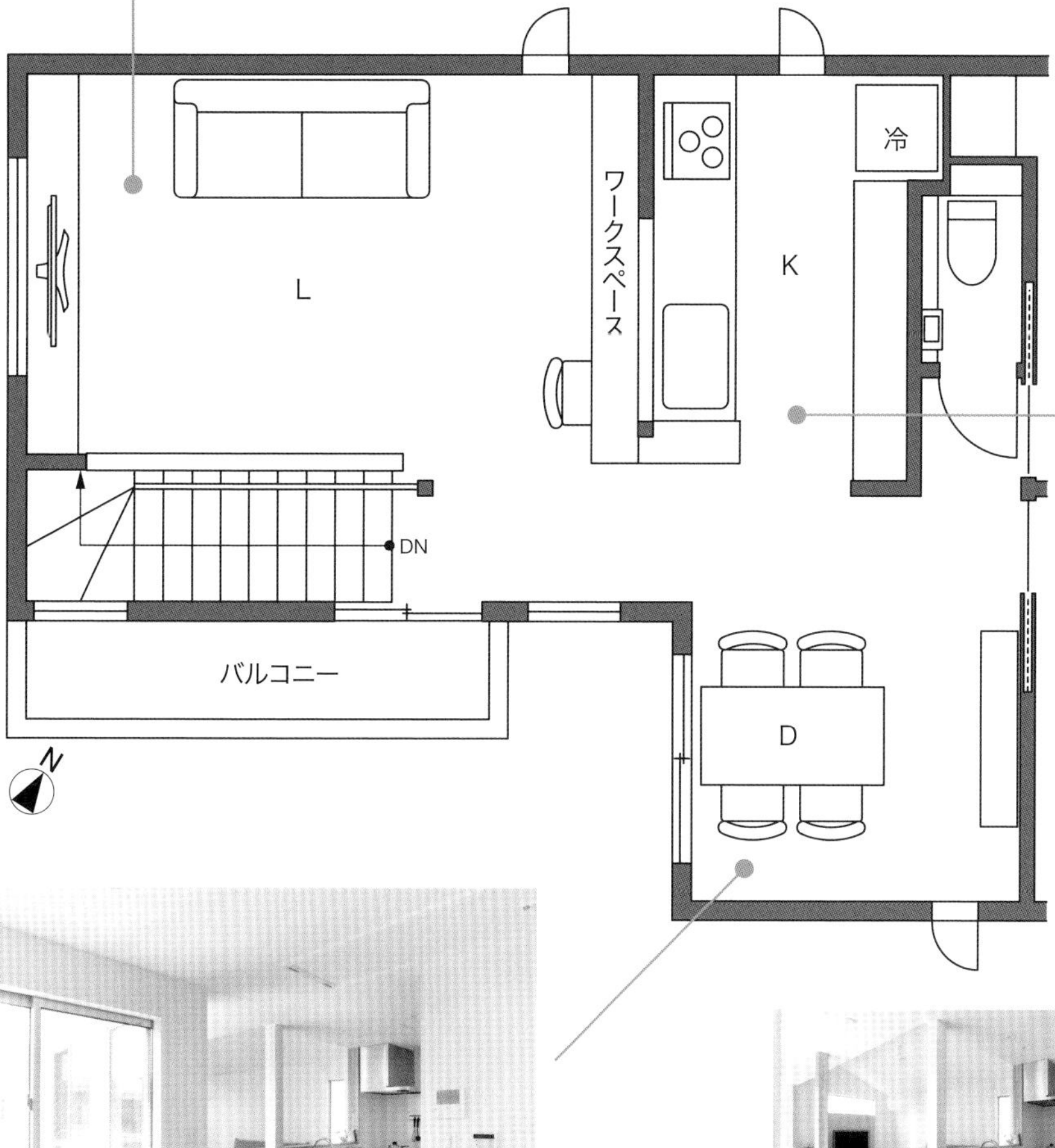

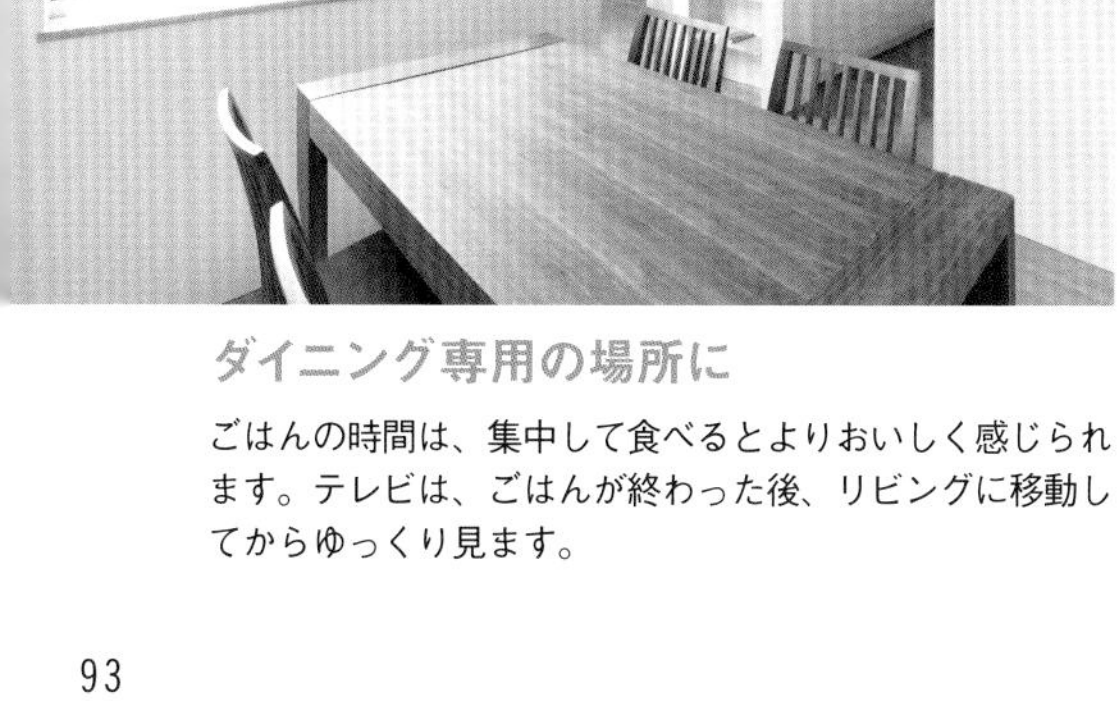

ダイニング専用の場所に

ごはんの時間は、集中して食べるとよりおいしく感じられます。テレビは、ごはんが終わった後、リビングに移動してからゆっくり見ます。

キッチンはどちらからも使いやすくする

リビングとダイニングの中間にキッチンを配置して、どちらからも使いやすいようにしました。配膳がしやすいように、出入り口はダイニング側に。

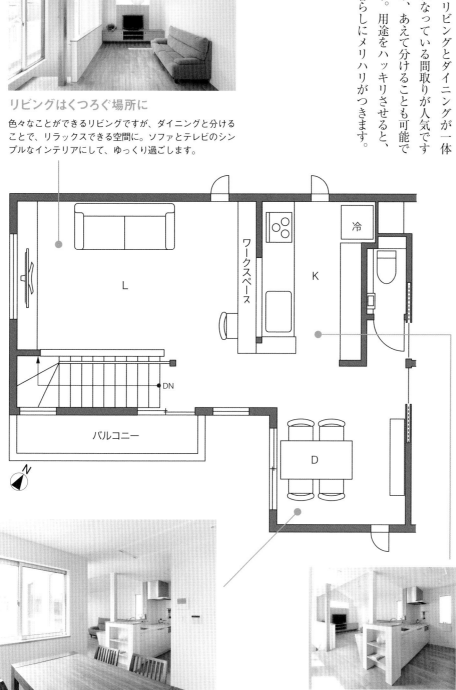

キッチン

使い方によって サイズと収納を決める

リビング・ダイニングと一体になった、オープンなキッチンが主流です。昔のように、ママだけが料理を作るのではなく、パパも子どもたちも、キッチンに入りやすいような間取りになっています。**広さは、キッチンに何人立つかで変わってきます。**もし、家族が頻繁に料理をするなら、通路や調理台は広めがいいでしょう。

また、**オープンなので、生活感は出すぎないようにしたいものです。**調理道具、家電、食器がしまえる収納があり、外にあまり物が出ていない状態をキープできることが理想。食器などのよく使う物は調理台後ろの背面収納にし、使用頻度が低い保存容器などの収納はパントリーを使います。家族が多い、まとめ買いが多いなど、食品ストックがある家は、大容量のパントリーは便利です。

Point 1

家族の顔を見ながら料理できるのは オープンタイプ

シンクやコンロのキッチン設備と、ダイニングが対面式になるのが主流なので、料理をする人が家族の顔を見ながら作業できます。孤独にならず、料理が楽しくなります。

オープンキッチンのメリットとデメリット

メリット

家族とのコミュニケーションがとりやすい

ママがキッチンで料理をしながら、家族のリビングでの様子を確認できます。特に、子どもが小さいうちは安心感があります。

料理の提供・片づけがしやすい

ダイニングテーブルと近いので、配膳がしやすいのがポイント。動線がスムーズだと、家族も自然に手伝ってくれます。

広々して開放感がある

壁に囲まれた狭いキッチンだと料理のやる気もダウン。オープンで開放感があると、気持ち良く料理ができます。

デメリット

煙やニオイが気になる

オープンなので、料理のときに出る煙やニオイが広がりやすくなります。機能性の高い換気扇にするなど、対策をしましょう。

汚れや散らかりが目立つ

全てが見えてしまうので、汚れや散らかりも隠せません。小まめに掃除したり、きちんと物が収まる収納計画が大切です。

家族がくつろいでいるとイライラする

リビングで家族がくつろいでいると、自分ばっかり家事をしているとイライラすることも。家族に手伝ってもらえる工夫を。

オープンキッチンの間取り

背面収納に物を収める

物の量に応じて、引き出し式のカウンター、吊り戸棚などを設けます。引き出し式は取り出しやすくしまいやすいし、奥まで使えて、スペースを有効活用できます。

通路の幅は80～90㎝

何人で調理をするかによって、通路の幅は変わります。1人なら80～90㎝。手を伸ばすと、背面収納があるので便利です。2人なら、すれ違うことができる100～120㎝あってもいいでしょう。

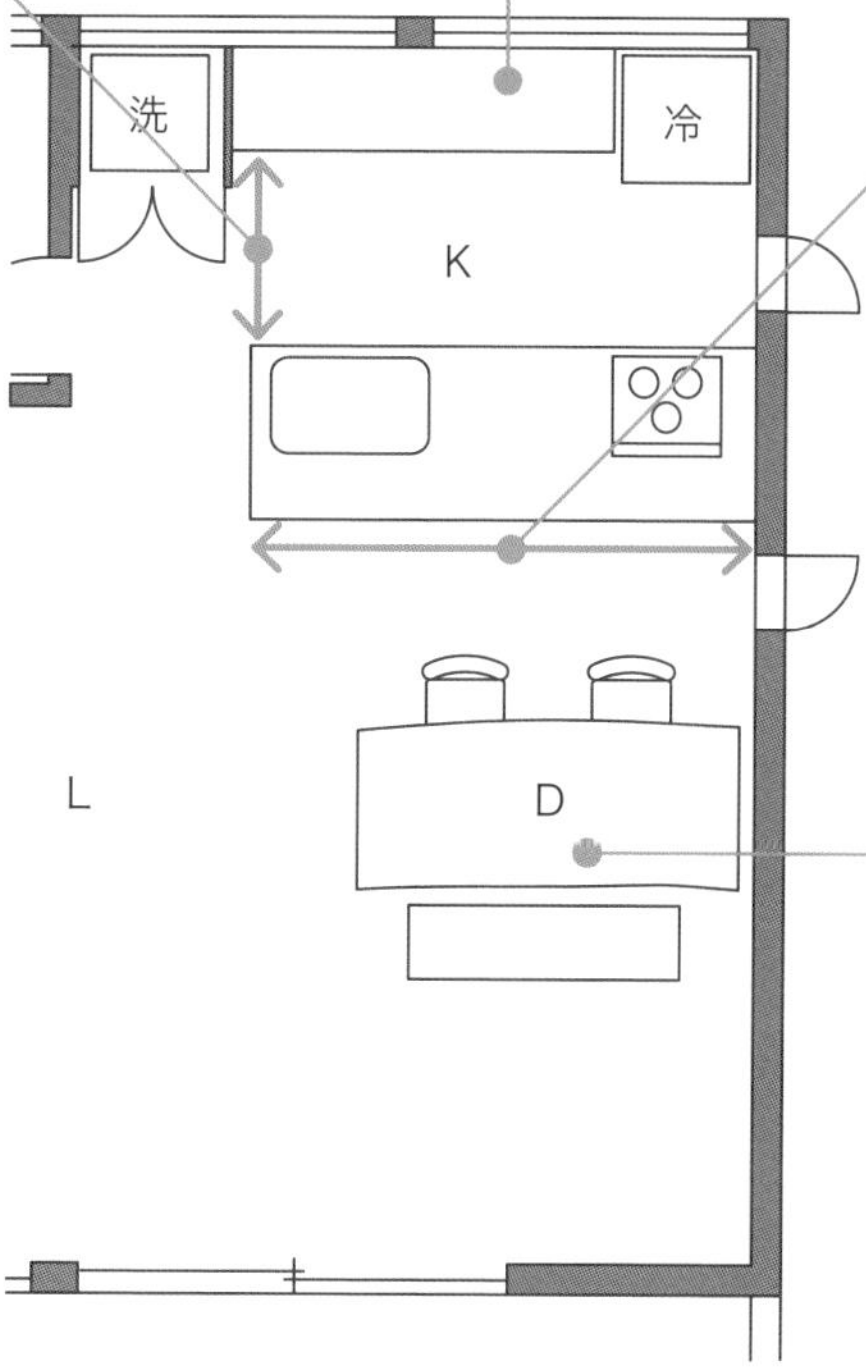

システムキッチンの幅は240 ～270㎝

幅が広いと調理スペースがとれて便利な反面、移動が長くなります。使い勝手にいいサイズは240 ～ 270㎝。もっと広いスペースが必要なときは、L字型や前後の二つに分けるなど、動線は短くしましょう。

ダイニングへの配膳がしやすい

ダイニングテーブルを近くに配置すれば、配膳がラク。調理台から、すぐに出せるので、出来立てを食べられます。

Column

キッチンの主なレイアウト

一般的に冷蔵庫、シンク、コンロが三角形に配置されているのが、使いやすい動線。自分の使い勝手に合わせて、アレンジ可能です。

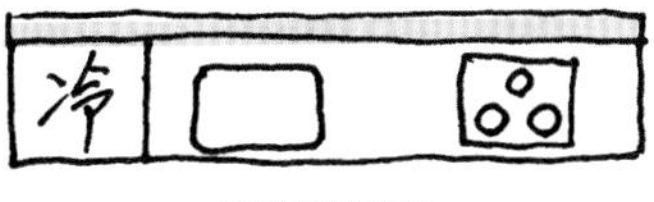

I型

コンパクトなキッチン向き

冷蔵庫、シンク、コンロが一直線に配置されたシンプルなレイアウト。壁づけにしてオープンにしたり、ダイニングと対面にし、背面を収納にすることもできます。

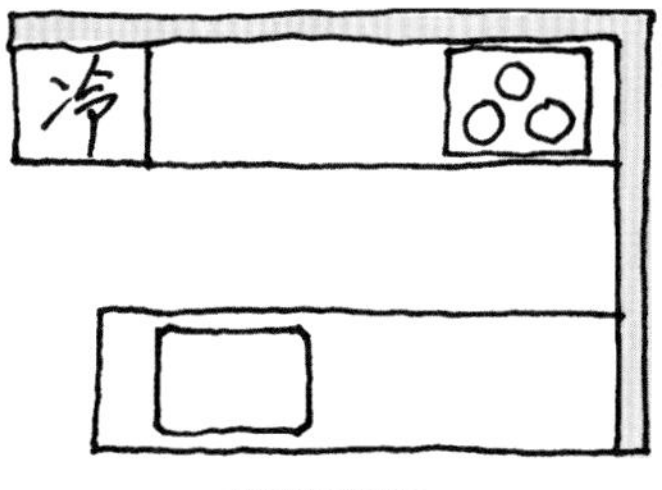

II型

移動が少なく使いやすい

冷蔵庫、シンク、コンロが前後に分かれて配置され、動線が短くなります。通路の幅は、1人で作業するなら80～90㎝、2人なら100～120㎝を目安に。

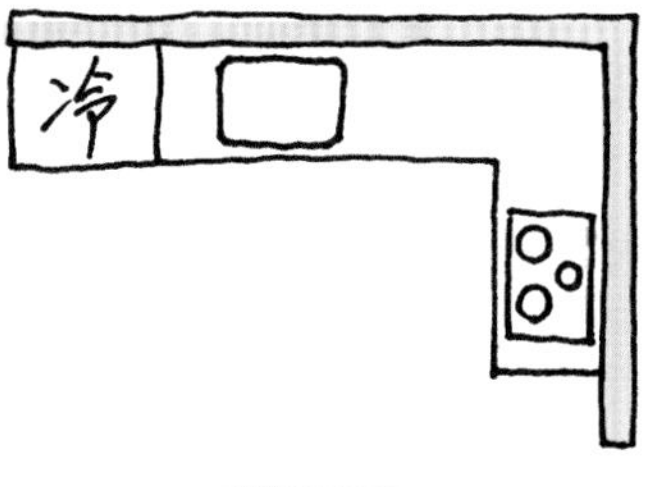

L字型

広い調理台が欲しいときに

冷蔵庫、シンク、コンロがL字型に配置され、II型と同様に、動線が短くなります。シンクとコンロの間に広い作業スペースが欲しいときに、便利です。

Point 2

物が取り出しやすい場所にパントリーを作る

共働き、近くにスーパーがないなど、食品ストックが多いお宅は、パントリーを活用しましょう。キッチンの近くに配置すると、移動が少なくてラクです。

勝手口があるとゴミ出しがラク

勝手口があると、ゴミを出すときに便利です。買い物をしたときにここから入って、すぐにパントリーや冷蔵庫に入れることも可能。

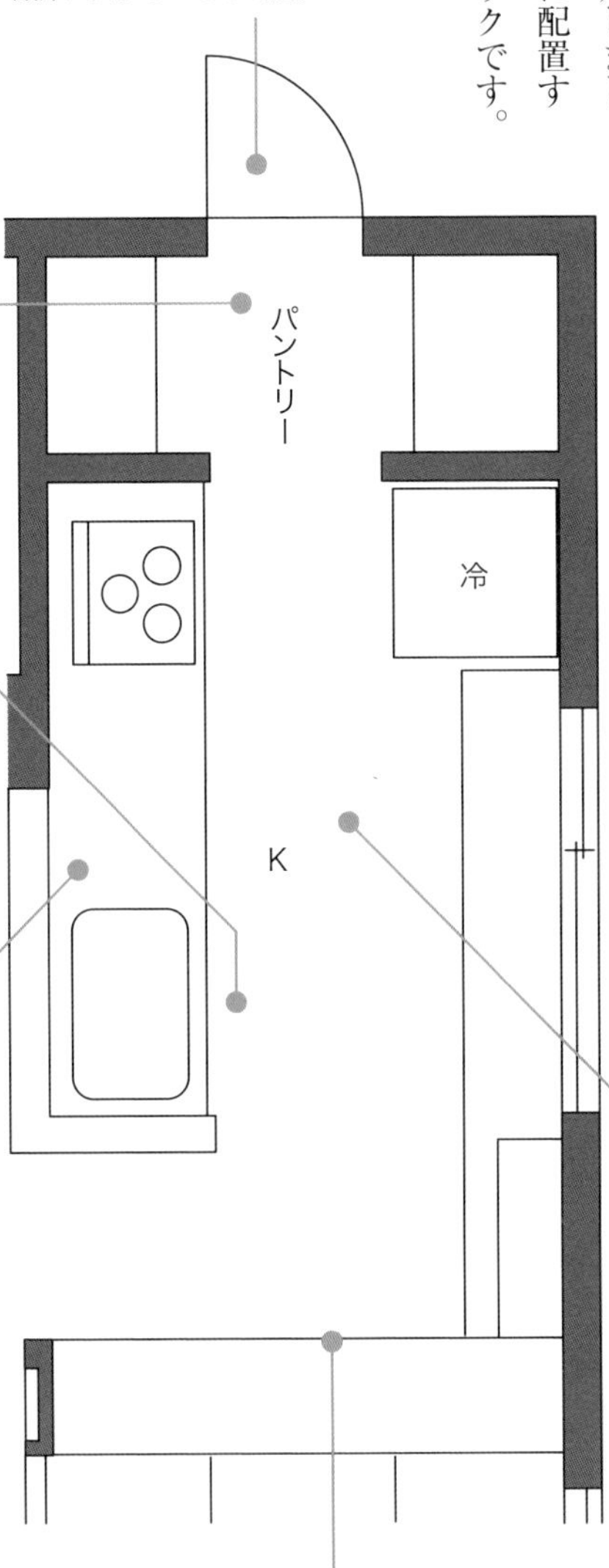

キッチンの奥にパントリーを設置

キッチンの続きのスペースに、パントリーを作りました。ダイニングから見えないので、扉はなくし、物の出し入れをしやすく。

ゴミ箱はシンク下に配置

シンクに立ったときに、移動しないでゴミが捨てられたら快適です。ゴミ箱が外に出ると美しくないので、見えない場所に配置します。

配膳しやすいカウンター

対面キッチンの場合、シンク前に、立ち上がりカウンターがあると、料理を出したり下げたりするのに便利。ダイニング側から、シンクが見えない目隠しの役割もあります。

すっきりした通路で移動しやすい

床に物が置いてあったり、飛び出している物があると、ストレスになります。通路がすっきりしているだけで、料理の効率は上がります。

マグネットウォールは便利

壁の一部をマグネットウォールに。ポストカードを貼ったり、レシピを貼ったりして、自由に使えます。

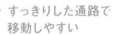

Point 3

買い物動線をスムーズにする 独立パントリーを作る

買い物から帰ってきてすぐに食材をしまえるように、玄関とパントリーの動線をスムーズにしました。パントリーはキッチンとは独立させ、ダイニングから見えない場所に設けました。

冷蔵庫も収納する大容量のパントリー

オープンなキッチンがすっきり見えるように、パントリーはクローズドにして収納に徹しています。インテリアの邪魔になる冷蔵庫も、パントリーの中に入れました。

ゴミ箱はパントリーの中に置く

パントリーの中にゴミ出しに便利な勝手口を作り、ゴミ箱はその近くに。ゴミ出し動線を考えた配置です。

収納はカウンターと既製品の組み合わせに

背面収納はカウンターに、元々持っていた既製品の食器棚をはめ込みコストダウン。既製品でも雰囲気良く仕上げられます。

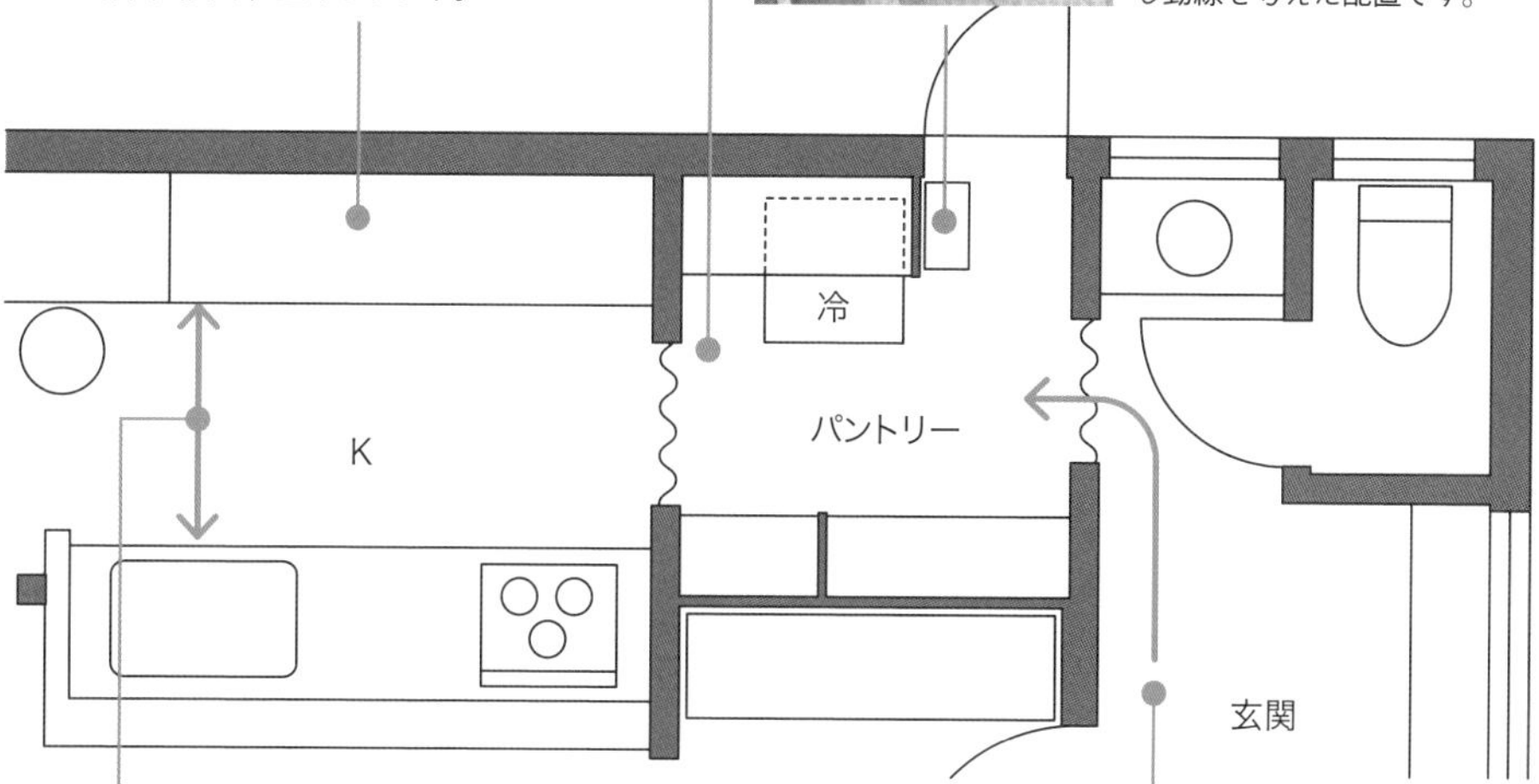

家族で料理しやすいように通路は広めに

ママだけでなく、家族で料理するので、すれ違うことができるように、通路は広めに取りました。

買い物動線をスムーズに

玄関からパントリーに直行できるので、食材を棚や冷蔵庫にすぐにしまえます。パントリーはドアをつけずに、カーテンで仕切ったので出入りもラク。

水回り

1日のタイムスケジュールを見直す

毎日の暮らしやすさは、水回りの使い勝手にあると言えます。だからこそ、既存のルールにとらわれず、家族にとっての使いやすさを考えましょう。

P85のルール2でも紹介しましたが、**家族がどんな生活をしているのか、タイムスケジュールを書き出してみることがおすすめ。**身支度や家事など生活に必要な場所が水回りに集中しているからです。タイムスケジュールがわかると、「朝食の準備と同時に洗濯するので、洗濯機置き場はキッチンの近くに」「2階のバルコニーに洗濯物を干すので、洗濯機は2階に置きたい」など、我が家に合った間取りが見えてきます。

Point 1

まとめ家事派はキッチンの近くに設置する

食事の準備と一緒に洗濯をする、食器の後片づけをしたら水回りの掃除をするというような「まとめ家事」派は、水回りをまとめて設置。効率よく家事ができます。

洗濯機はキッチンの中に置く

キッチンの中で、洗濯機が丸見えだと生活感が出てしまうので、扉つきの収納の中に入れます。同じ材質の収納にすれば、違和感がありません。

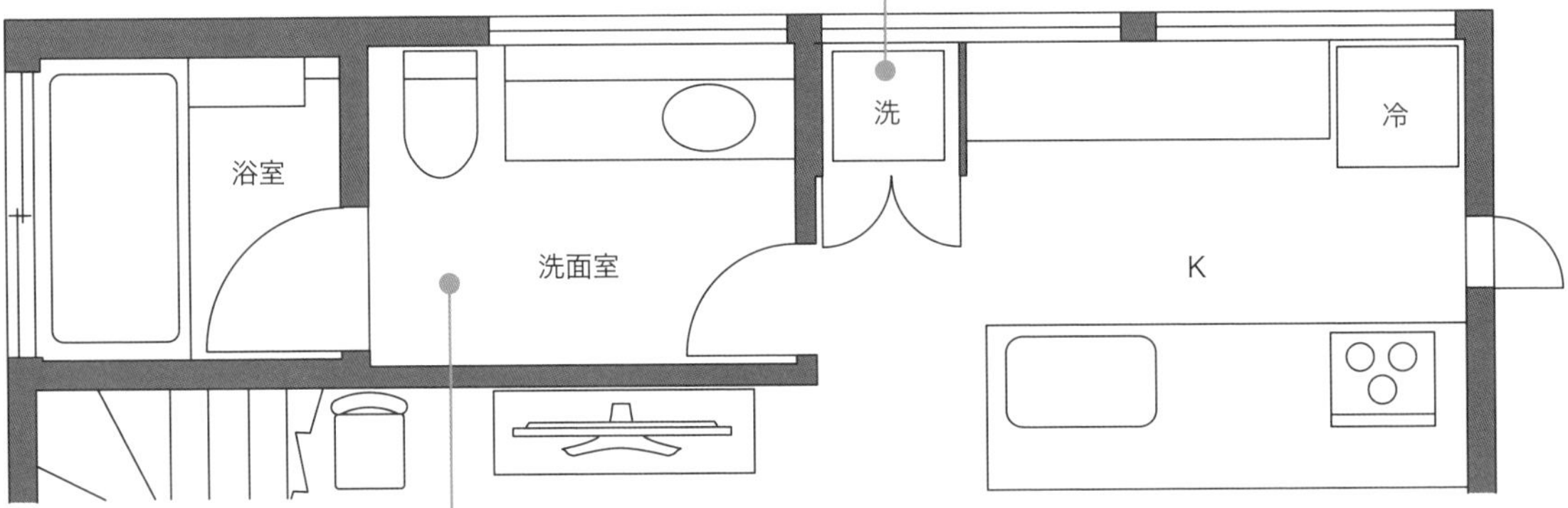

キッチンからの動線が短い

キッチンと洗面室が近くにあると、まとめ家事には効率がいいです。写真は、トイレ、洗面を1カ所にまとめたホテルのような空間。省スペースで掃除もラクです。

Point 2

「洗う→干す→しまう」の洗濯動線をスムーズにする

干す場所の近くに洗濯機置き場を作るのも、家事効率アップのアイデアです。洗濯機置き場、バルコニー、クローゼットが同じフロアにあると洗濯動線がスムーズです。

洗う→たたむが1カ所で終わる

洗濯機がある洗面室からバルコニーにつながるスペースを、家事室にしました。ここで洗濯物をピンチやハンガーにかけます。移動は最小限で、洗う→干す→たたむが完了。

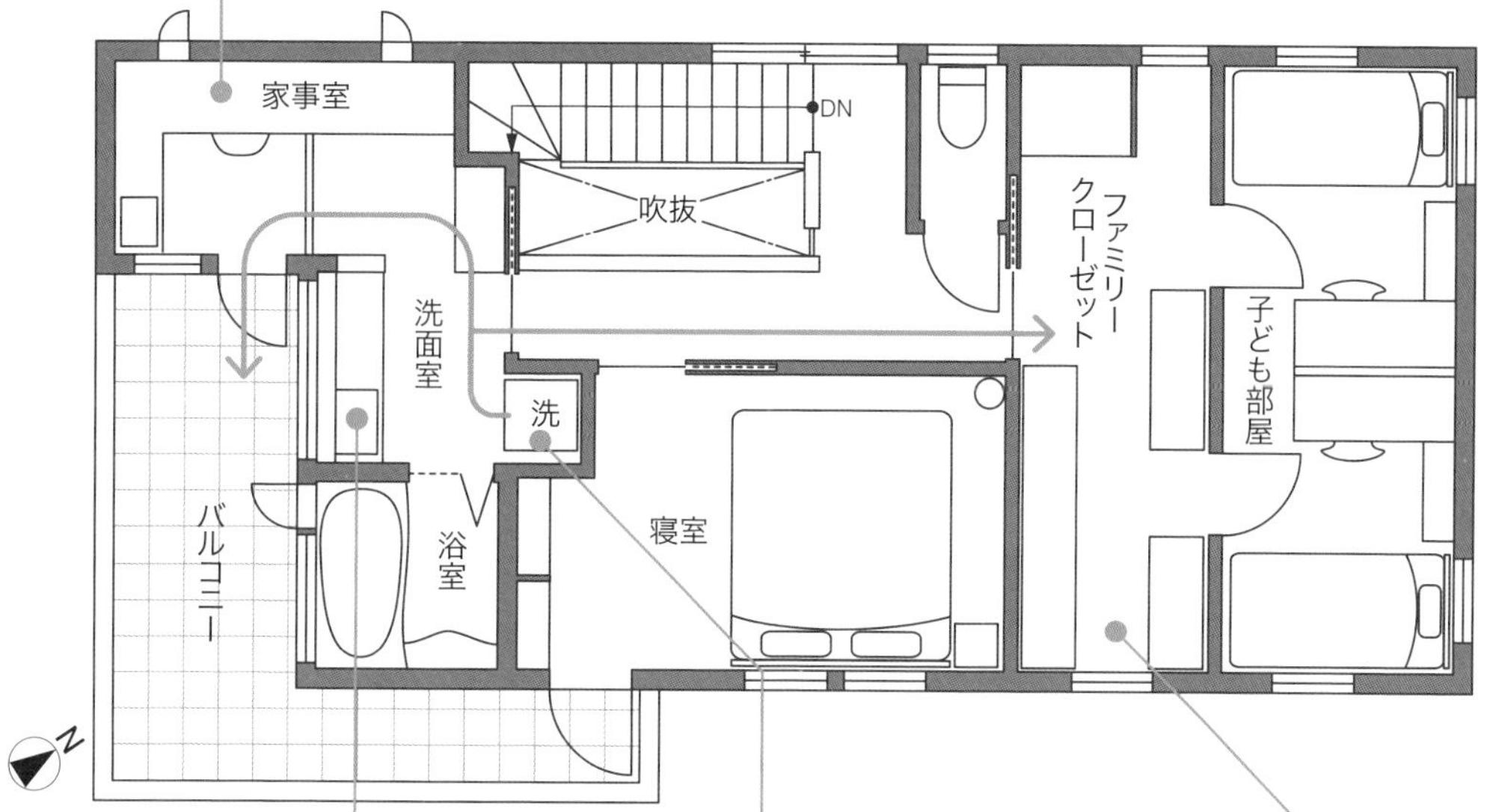

ファミリークローゼットでしまうのもラク

同じフロアに、洋服をしまえるクローゼットがあると便利。家族の洋服を一元管理できるファミリークローゼットなら、もっとラクに。

洗濯機のサイズに合わせて置き場を作る

使いたい洗濯機があるなら、あらかじめサイズを調べて、置き場所を確保します。大きめの家電は、置き場所とサイズが合わないと見た目も悪くなります。

広めの洗面台で使いやすく

スペースがあれば、洗面台を広くすると使い勝手がいいです。家族の身支度時間が重なる朝も、並んで歯磨きができます。

子ども部屋

将来のことはフレキシブルにする

子ども部屋は、子どもの成長に合わせて使い方が変化する場所です。家を建てるときに、小学生くらいまでなら、まだ家族で過ごしたい時期なので、リビングにスタディコーナーを設けるなどし、子ども部屋はフレキシブルに。中学生以降なら、そろそろ個室が欲しい時期なので、どんな部屋にしたいかを一緒に決めるのがおすすめです。

また、兄弟姉妹がいる場合、男女なのか、年齢はどのくらい離れているか、仲は良いのかなど、状況や関係性も考慮します。中には、将来、子ども部屋を姉妹の個室に分けるつもりでいたのに、子どもたちから広く使いたいから分けなくてもいいと言われ、個室にしなかった事例もあります。**成長した子どもがどのように部屋を使うかは、そのときに判断すればいいのです。未定のことは、将来対応できる作りにしておきます。**

Point 1 将来の個室＋スペース拡大に対応できる

まだ小さい子どもの場合は、子ども部屋のスペースだけを確保します。将来、個室に分けられるようにしたり、スペースを広げられるようにするなど対応します。

ファミリークローゼットを将来対応に活用

子ども部屋に隣接した場所に、ファミリークローゼットを作りました。洋服を収納する場所が他にあれば、部屋は広く使えます。または、リノベーションして、子ども部屋を広くすることも可能です。

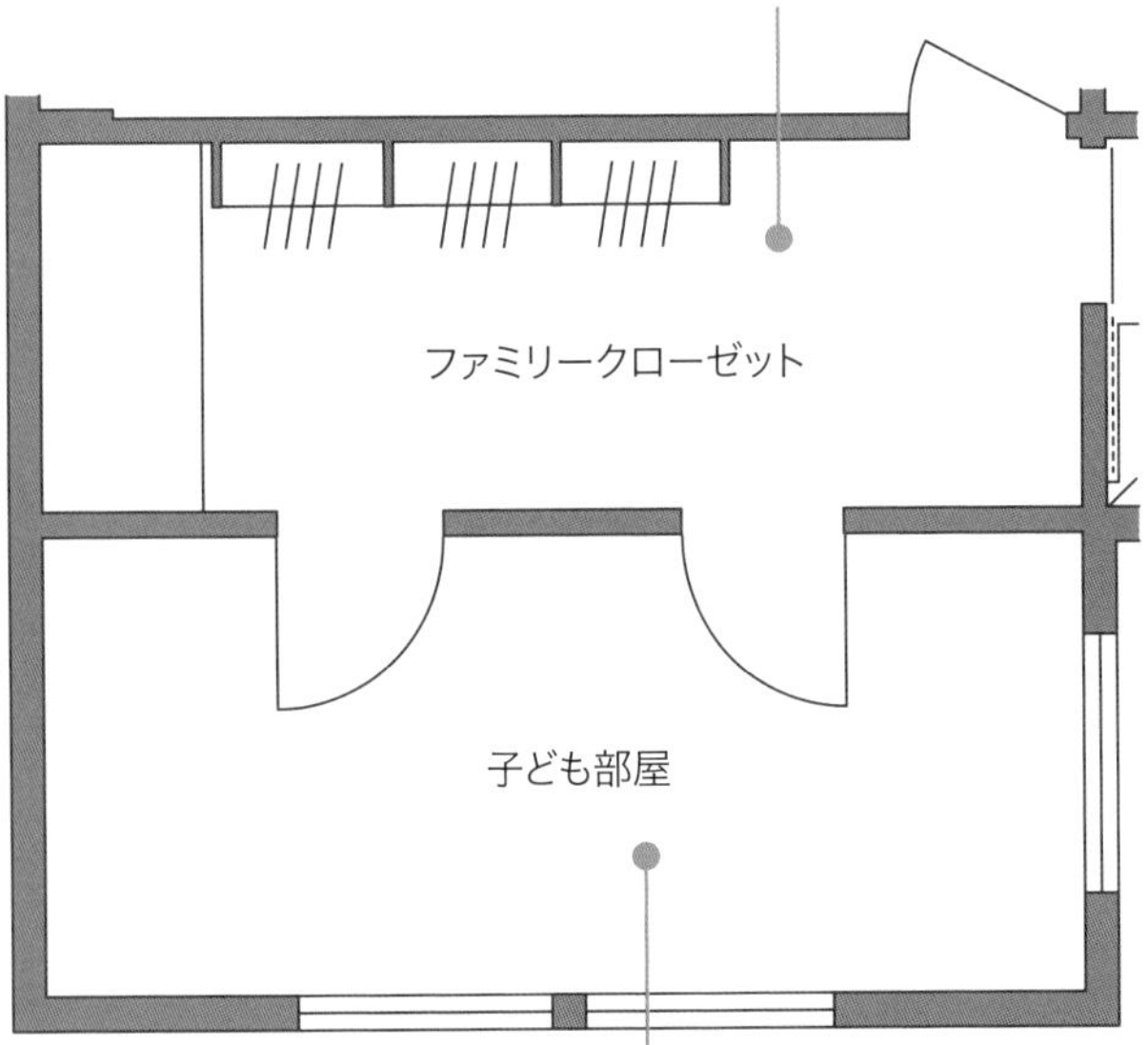

子ども部屋は二つに分けられる

子ども部屋は、真ん中に壁を作れば個室に分けられるように、ドアと窓を左右対称に設けました。ドアを開けるとファミリークローゼットになります。

Point 2 子ども部屋＋使い方自由のスペースを活用する

ベッドのある子ども部屋、デスクのあるワークスペースを2人で使っています。将来、個室にするか、このまま使うかは、子どもたちがもう少し成長したら、選択を任せます。

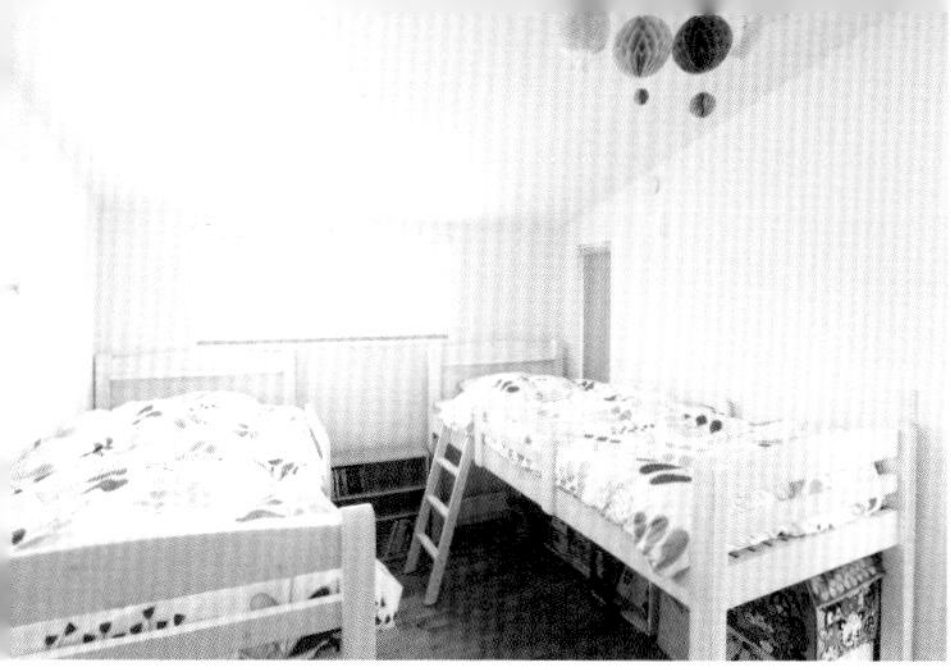

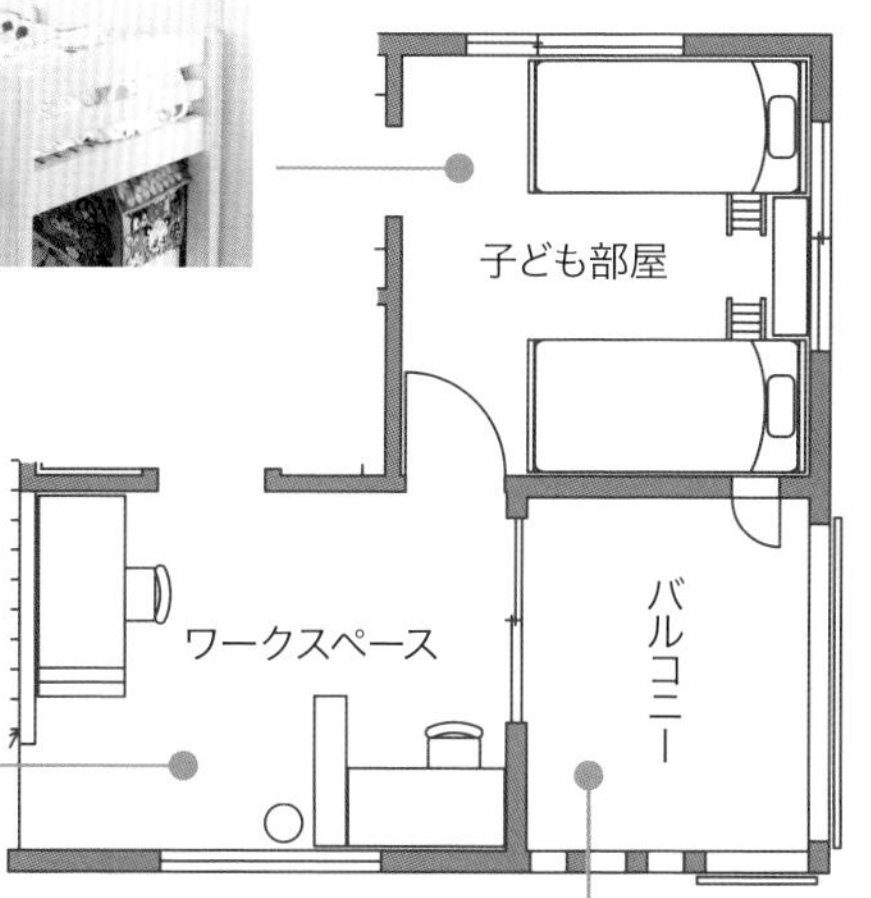

子ども部屋を個室にしてもOK

ベッドを二つ置いて、寝室として使用。将来、このまま個室にするかもしれないと予測した広さにします。

使い方を変える自由な空間

ワークスペースに机を二つ並べています。このまま共有スペースにしてもいいし、個室にもできる自由な空間。

子どもが使えるバルコニー

子ども部屋の近くに、バルコニーを設けました。プールを出して遊ぶなど、半屋外のお気に入りの場所です。

Point 3 LDKの近くに子ども部屋を作る

子ども部屋がLDKと離れていると、様子がわからず心配になることも。特に2階LDKは、1階が子ども部屋の間取りになりがち。そこで、子ども部屋を2階の奥に作りました。

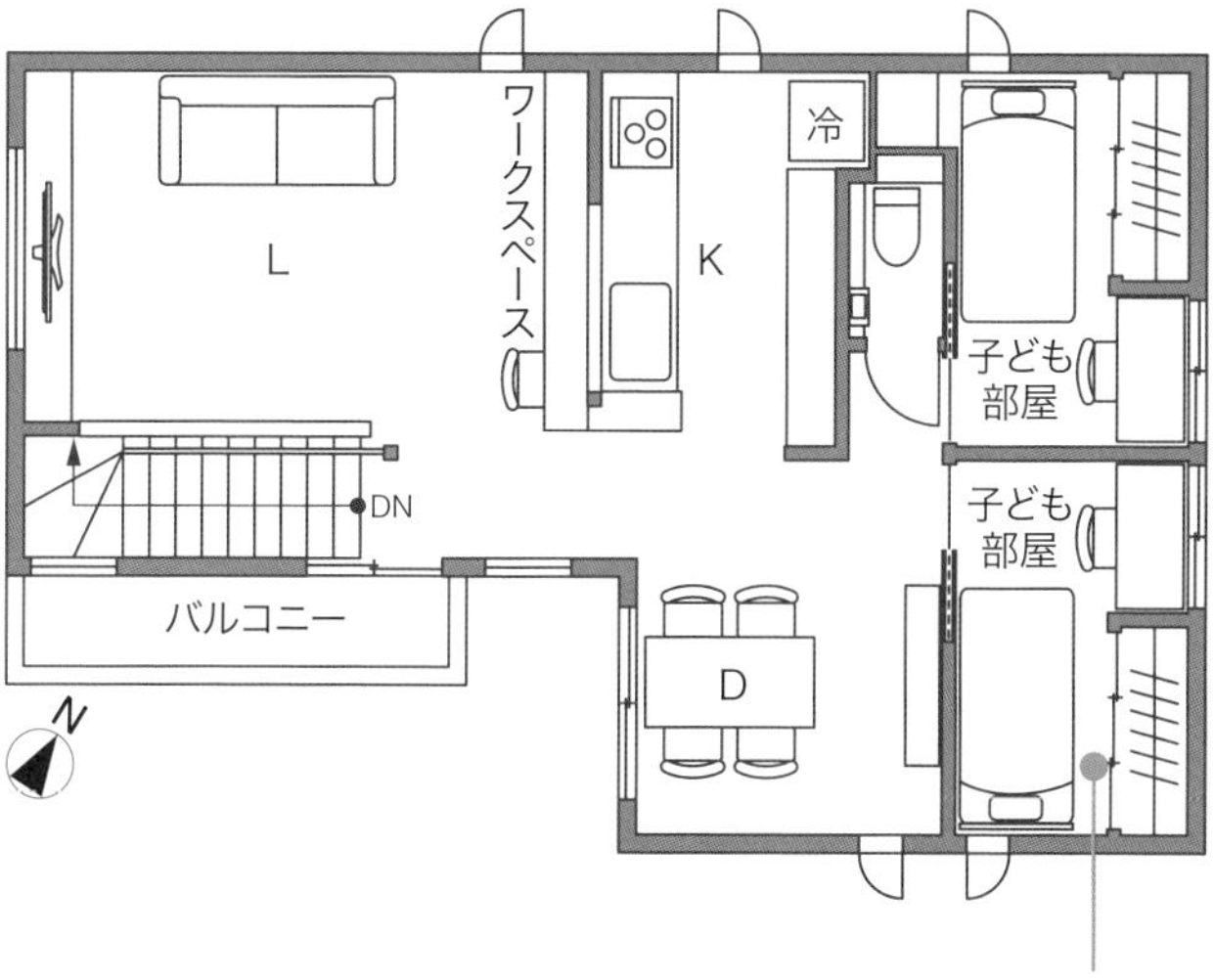

LDKを通らないと子ども部屋に行けない

階段を上がるとLDKがあり、その先が子ども部屋に。子どもが外出、帰宅するとき、必ずLDKを通るので、コミュニケーションがとりやすい間取りです。

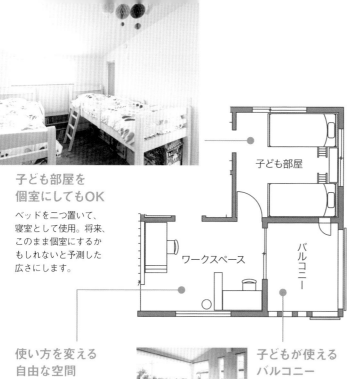

寝室

しっかり眠るために落ち着ける場所に

最近は、寝室にはベッド以外の家具を置かない、シンプルなインテリアが主流です。寝室の中や隣接する場所に、ウォークインクローゼットを作ることも多く、チェストは不要。ベッドサイドにナイトテーブルを置くよりも、手が届く位置にカウンターを設ければ省スペースに。スマートフォンや時計などの置き場所に便利です。**物が少なくシンプルな空間は落ち着いて眠れるし、地震などのときも安心です。**

寝室の広さは、ベッドのサイズを考えて決めますが、広すぎないほうが落ち着ける空間に。ベッド回りは、ベッドメイキングができる広さを確保します。

Column

主なベッドサイズ

シングル

夫婦で同じ寝室でも、それぞれのベッドで寝たい人はシングル2台に。将来、寝室を分ける予定なら、1台ずつにしておいても。

セミダブル

シングルで物足りない場合、ゆとりを持ったサイズに。2台並べると広くなるので、子どもが小さいうちは一緒でも。

ダブル

夫婦一緒に寝る場合、1人でさらにゆったり寝る場合でも。もっと余裕が欲しいときは、幅+20㎝のクイーンサイズを。

Point 1 安眠&防災を考えてインテリアはシンプルに

ウォークインクローゼットやベッド近くにカウンターを設け、家具は置かずに物も最小限に。窓は高窓（ハイサイドライト）にすると、朝日がまぶしすぎることがありません。

ベッドヘッドのカウンターは便利

奥行10cm程度のカウンターを設けると、時計やスマートフォンが置けます。スマートフォンが充電できるようにコンセントも設置しました。

寝室には高窓がピッタリ

高窓は朝日が入るけれど、まぶしくないのが特徴です。また、外からの視線も気になりません。窓がベッドと離れているので、寒さを感じないのもメリットです。

ウォークインクローゼットで家具は置かない

寝室の中にウォークインクローゼットがあれば、家具は不要です。右のクローゼットは、隣の子ども部屋に通り抜けできるウォークスルータイプです。

Point

2 子ども部屋から離れた場所にする

子どもが成長すると、生活時間が変わってきます。子どもを気にしすぎないためにも、寝室は子ども部屋とは隣接しないほうがいいでしょう。

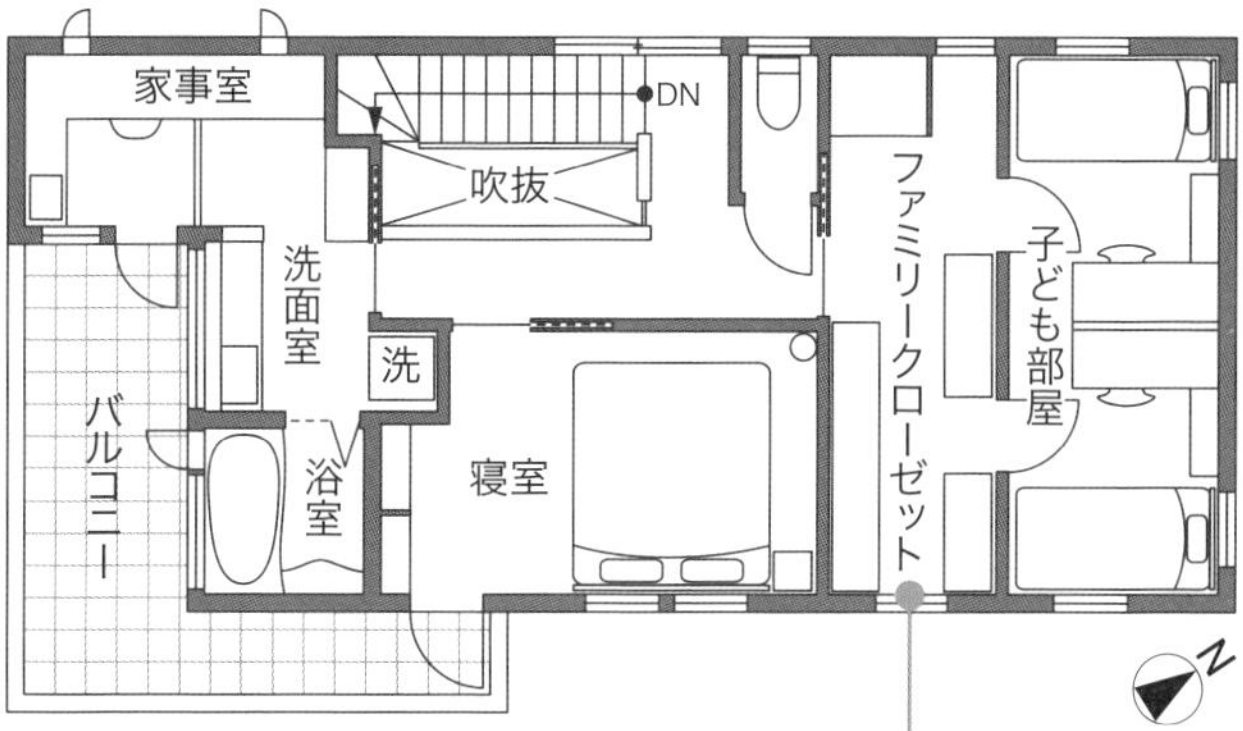

ファミリークローゼットを間にはさむ

同じ階にありつつ、大容量のファミリークローゼットを間にはさんだ間取り。気配を感じながら、適度なプライバシーを守ります。

Point

3 夫婦の寝室を分ける

共働き夫婦などは生活時間の違いや、体調の変化から、寝室を分けるほうがお互いに安眠できることもあります。1階と2階の同じ場所に寝室を分けた間取りを紹介します。

2階のバルコニー近くに夫の寝室

たばこを吸う夫の寝室は、2階のバルコニーの近くに。家の中は禁煙ですが、バルコニーは唯一の喫煙場所にしています。

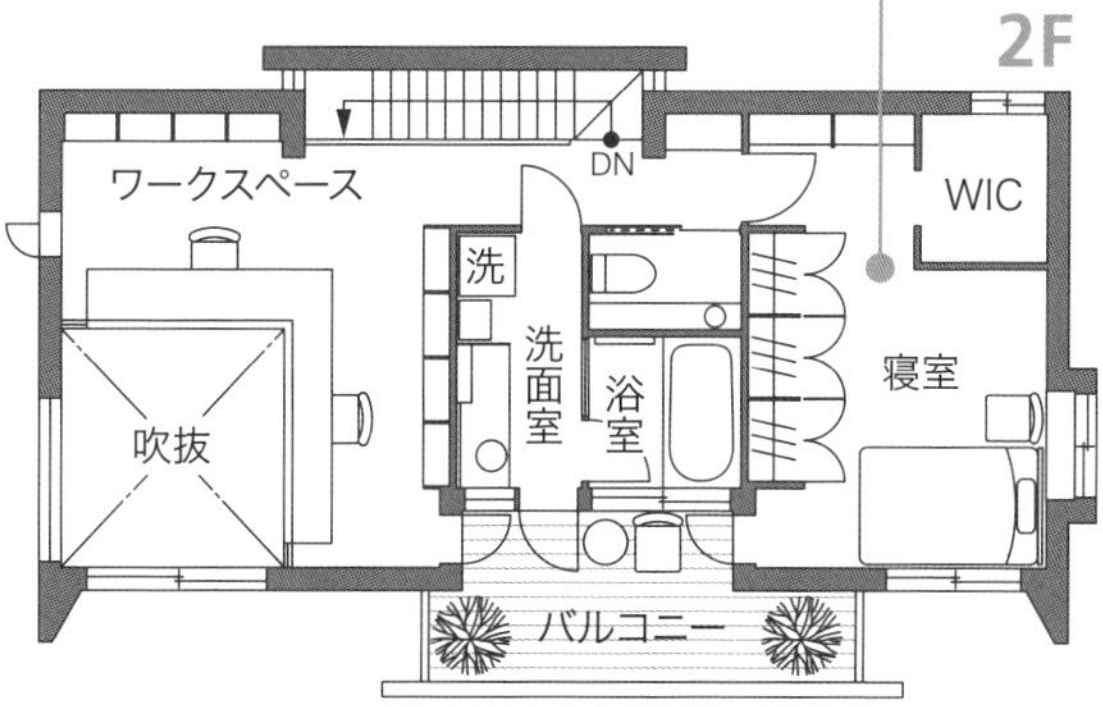

1階のキッチン近くに妻の寝室

朝起きて、すぐに朝食の準備ができるようにキッチンの近くに。夜、寝る前に水を飲むなど、何かと便利な場所です。

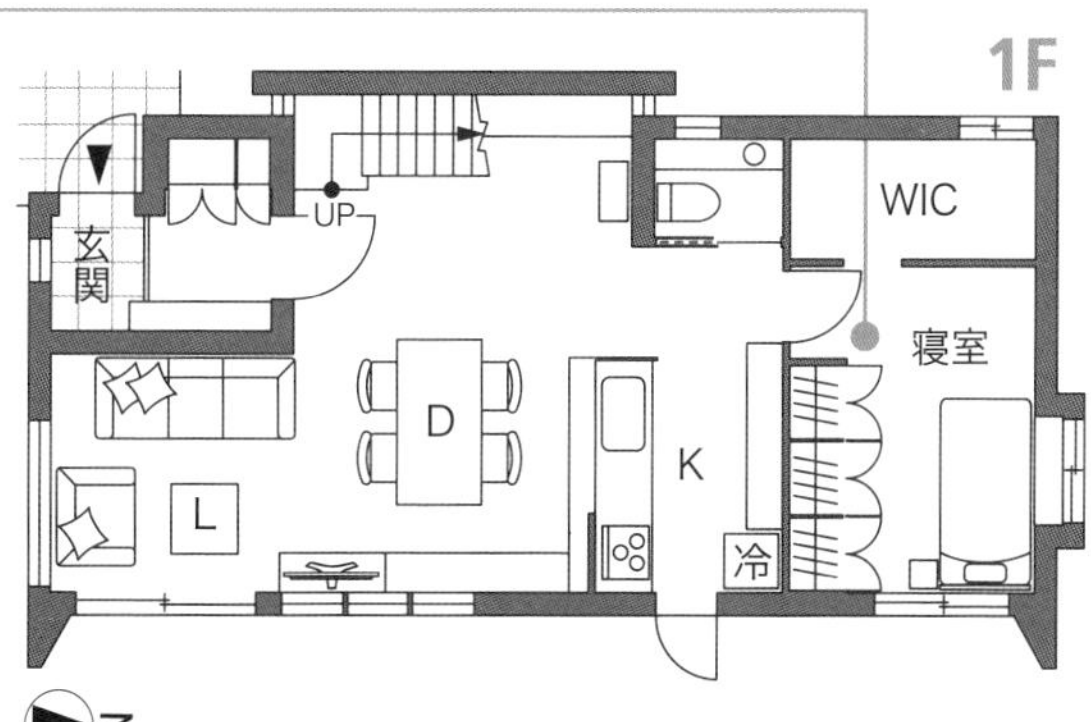

ウォークインクローゼット

「どう使う？」を考えて場所とサイズを決める

大容量のウォークインクローゼットがあれば家が片づくと考えがち。でも、どのように使うかを考えて、どこに作るのか、どのくらいのサイズにするのかを決めるのが大切です。まず場所は、朝夜の身支度のしやすさから、寝室の中に作る場合が多いですが、中には外出から帰ってきたときに便利な玄関の近くにというお宅も。

サイズは、夫婦2人用、家族全員分など、その家の使い勝手に合う物にします。こんなふうに**場所もサイズも自由自在なので、しっかり使い方を考えましょう。**

最近は、家族の洋服が一元管理できる大容量のファミリークローゼットが人気です。ただ、子どもが女の子の場合、成長したときに、着替えの際、パパと一緒に使いたくないという場面も。将来仕切りをつけるなど、可変性を考慮してもいいですね。

Point 1 寝室の近くに配置すると身支度がラクになる

一番多いのは、寝室の中に作る間取りです。この場合は、寝室を使う夫婦の洋服だけをしまうことになるので、洋服の分量を調べて、大きさを決めます。

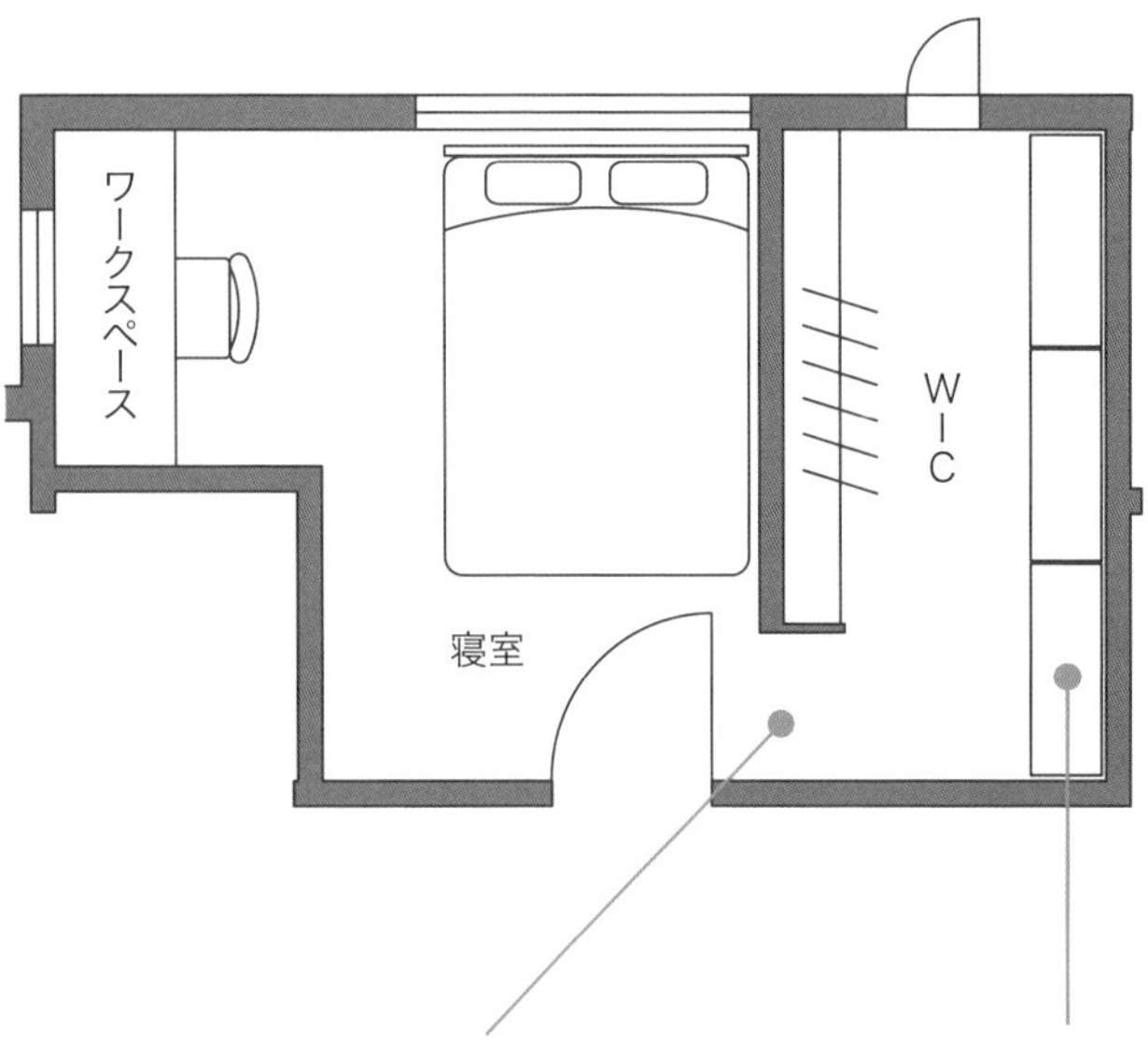

朝起きてすぐ身支度できる

寝室に近いと、朝の身支度が苦でなくなります。アイロンを常備しておけば、外出前に急にアイロンがけをするときにも便利です。

手持ちの家具を活用しても

クローゼットの中は、ポールをつけて吊るす収納に。手持ちのタンスを活用して、棚の代わりにしても（写真右）。

Point

2 家族の生活時間が違うなら独立させても

寝室の中に作ると便利な反面、寝室からでないと使用できません。帰宅時間が遅い、早朝に出勤など、家族の生活時間が違う場合は独立させるとお互いに気を使いません。

寝室からは独立させる

帰宅時間、起床時間、就寝時間など、家族の生活時間が違うと、身支度をするタイミングはそれぞれ。使い勝手を考えて、寝室とは隣接しつつも、出入り口を別に設置。

洗濯動線を集中させる

洗濯動線を考えて、クローゼットは、洗う→干す場所の近くに。家事効率がアップします。

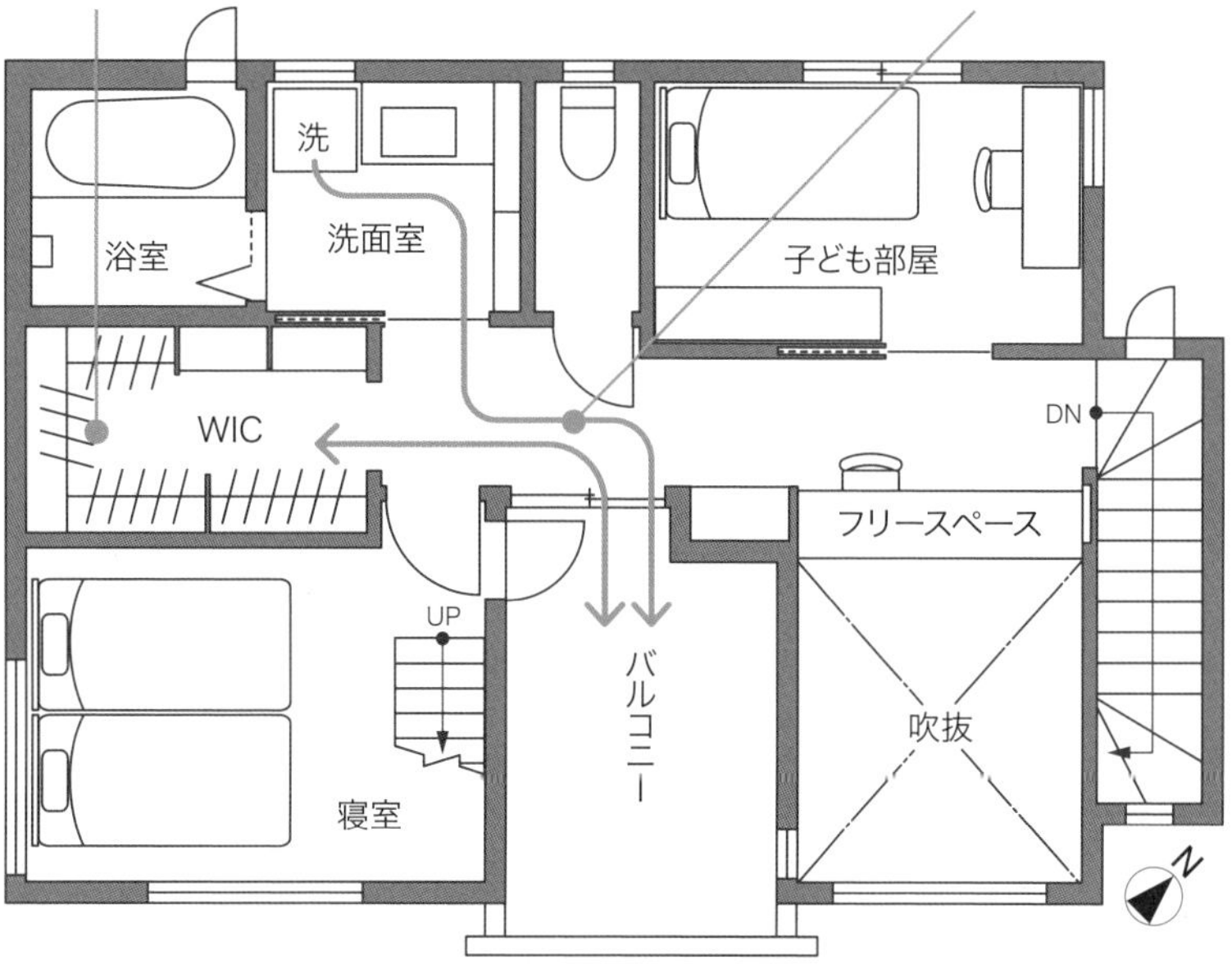

Point

3 玄関近くにファミリークローゼットを作る

外出するときの身支度が手早くできるように、玄関の近くに設けるのもいいでしょう。帰宅したときの着替えもスムーズです。その家の使い勝手を優先に、場所を決めます。

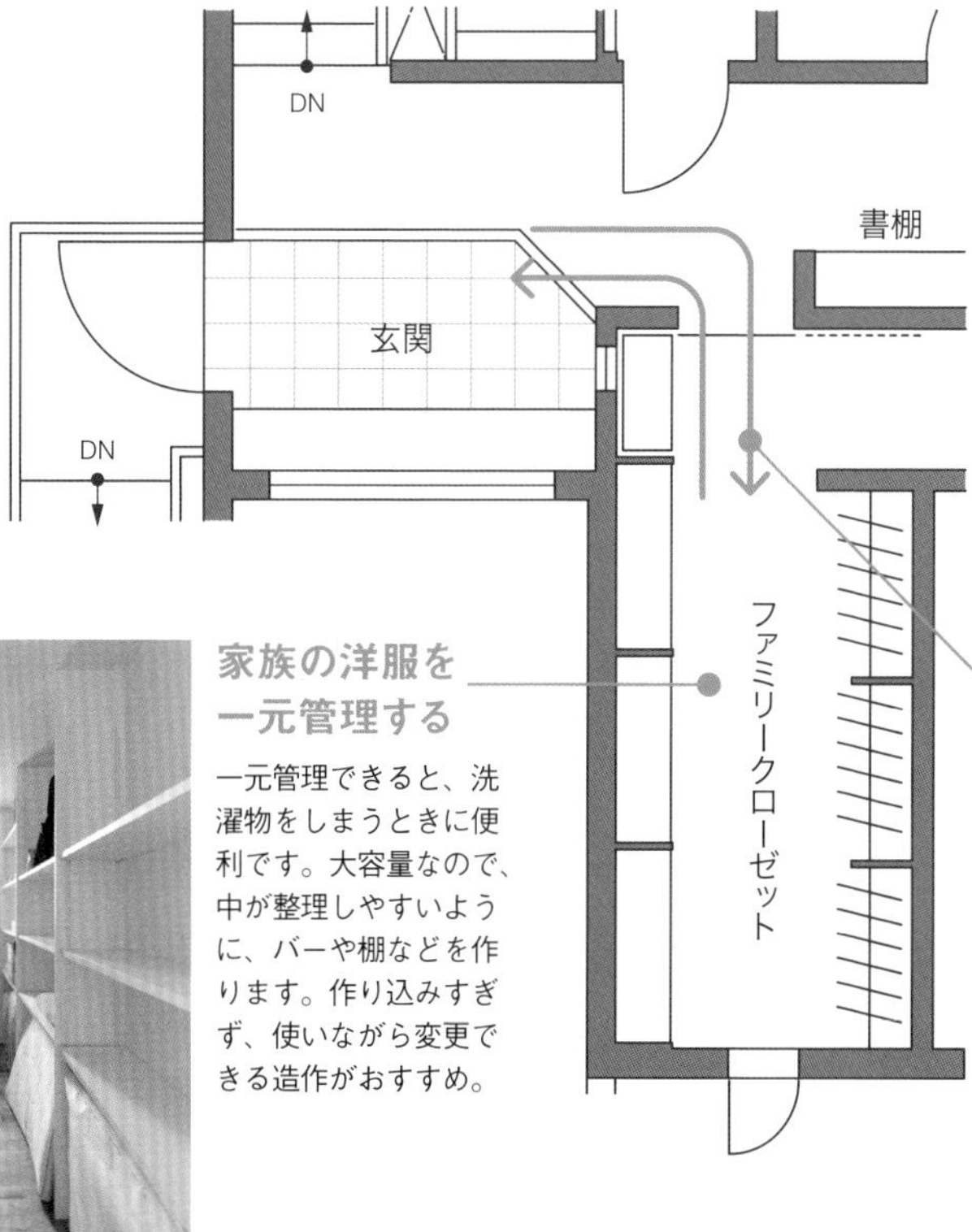

外出や帰宅動線がスムーズ

着替え→外出、帰宅→着替えが手早く済みます。リビングに行く前に着替えるので、洋服がリビングに散らかることがありません。

家族の洋服を一元管理する

一元管理できると、洗濯物をしまうときに便利です。大容量なので、中が整理しやすいように、バーや棚などを作ります。作り込みすぎず、使いながら変更できる造作がおすすめ。

玄関

家族も来客も気持ち良く使える

玄関は、家族が1日のスタートを切る場所であり、帰宅したときにホッとできる場所です。靴や傘が散乱していると、気持ちが落ち込んでしまいます。また、来客が最初に目にする、家の印象を決める場所です。**小さなスペースですが、家族や来客の気持ちを左右する重要な空間なのです。**

まずは、すっきりした玄関のために、家族の靴の量に合った収納を確保します。最近は、下駄箱ではなく、大容量のシューズクローゼットを設けるお宅が増えてきました。ウォークイン式の収納で、靴以外に傘、コート、アウトドア用品、防災用品など玄関に置きたい物が無理なくしまえます。

Point 1 限られたスペースで最大限の収納を作る

あまりスペースが取れないときは、できるだけ効率のよい収納を考えます。また、小さくても飾り棚を作ると、家族もお客様もほっとできます。

背の高い大容量の収納

スペース有効活用のためには壁一面のトール収納が便利。床・天井を少しあけると、圧迫感がなく、掃除がしやすいのもポイントです。

傘やコートも収納できる

靴だけでなく、傘やコートも収納できるように、棚板とパイプを設置。玄関に置きたい物を考えて、収納を作ります。

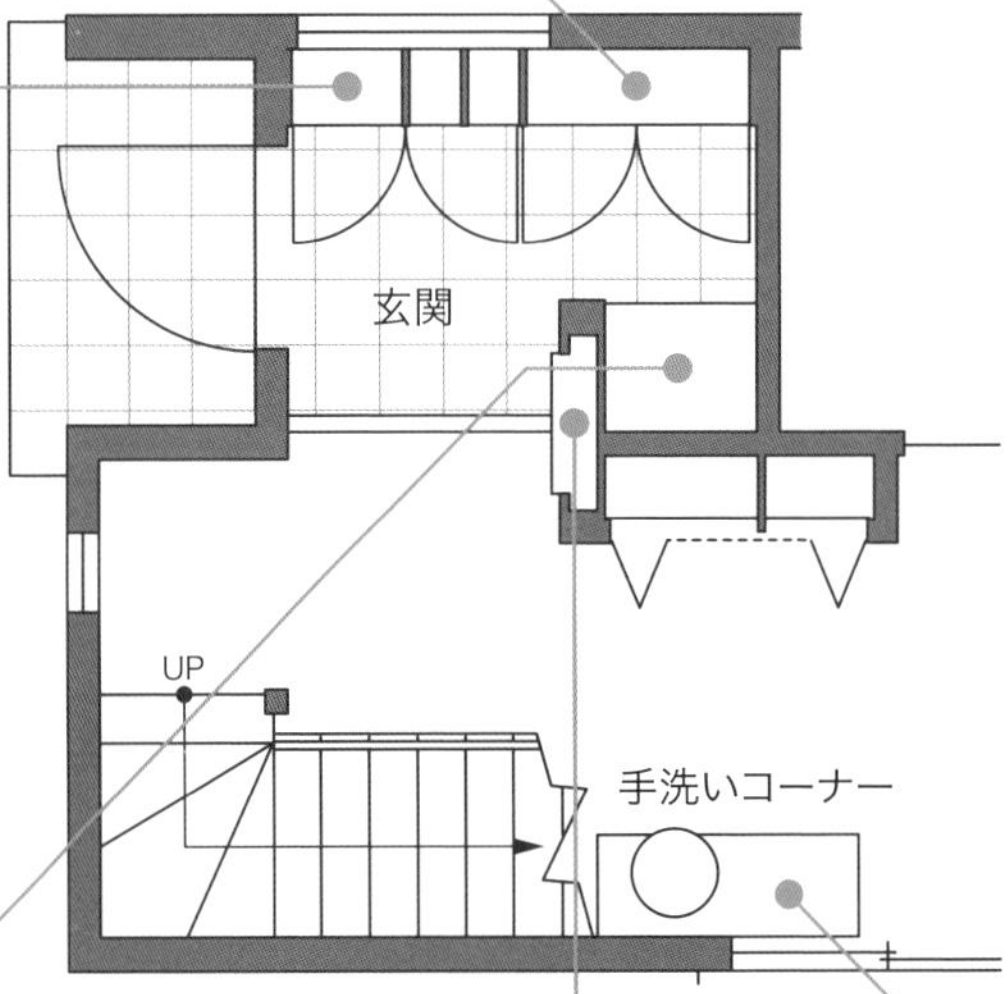

見えない場所に収納スペース

玄関に立っても見えない位置に、収納棚を設置。サッと取り出せるように、扉はつけずにオープンにしました。

飾り棚でお客様をお出迎え

玄関に入って、最初に目に入る位置を飾り棚にし、お気に入りの物をディスプレイ。小さくても、玄関全体の印象を変えます。

玄関近くに手洗いコーナー

家族もお客様も、すぐに手が洗えます。

Point 2

収納と動線を考えた大容量のシューズクローゼット

靴だけでなく、傘、コート、スポーツ用品などをまとめて収納したいときは、大容量のシューズクローゼットにしても。玄関から入りやすい動線としまいやすい作りが、ポイントです。

二つ目のトイレは玄関近くに

家族がメインで使うトイレは別にありますが、2つ目は玄関近くに。家族が外出するときや、来客が使うなど、手洗いとセットにすると使い勝手がいい場所です。

靴・アウトドア用品など全て収納できる

靴はもちろん、傘、コート、スポーツ用品、スーツケースなど外で使うアイテムを収納。アイテムは変化する可能性があるので、棚板の位置が変更できるレールを設置しました。

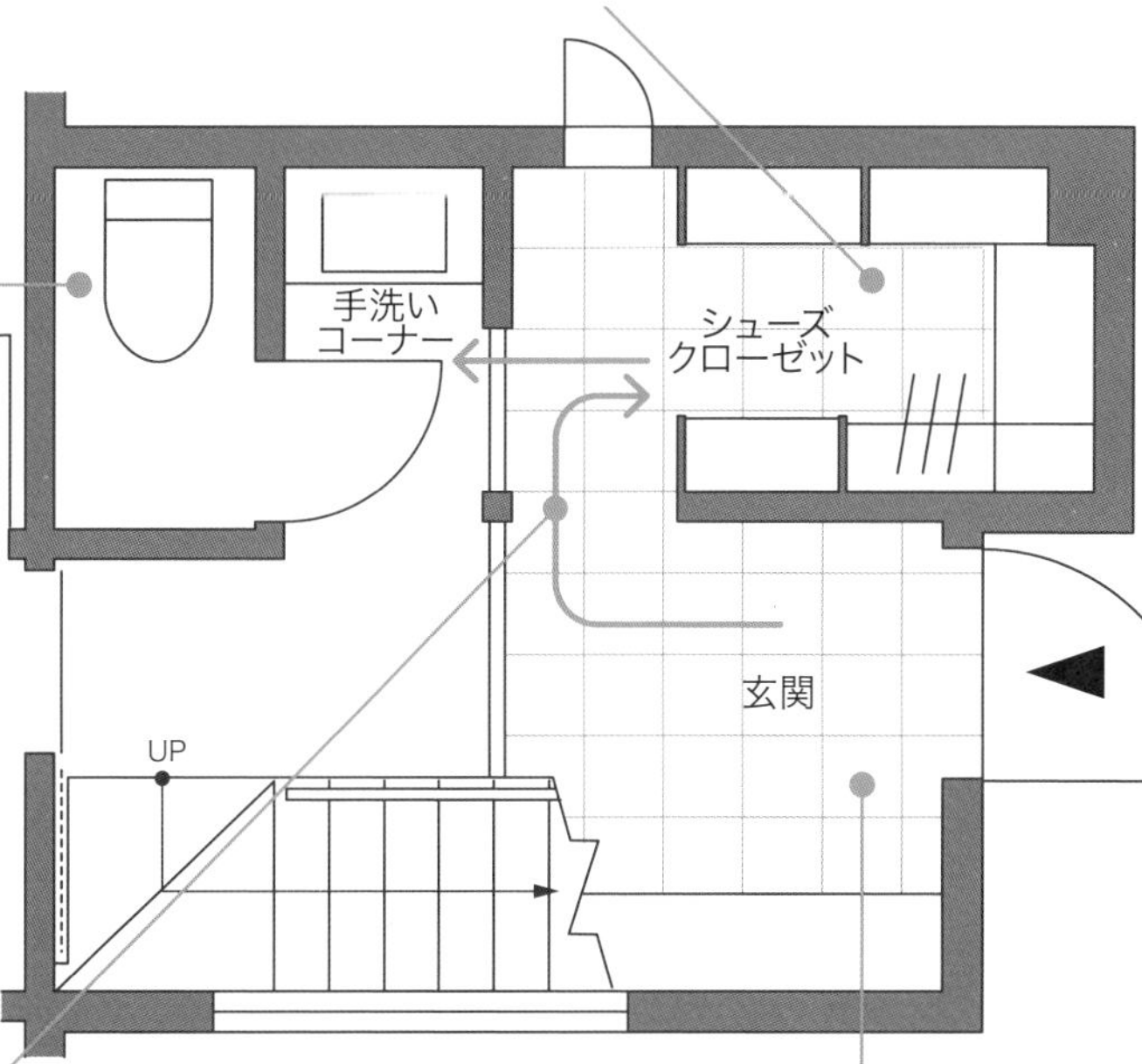

帰宅動線をスムーズにする

帰宅したら、靴はシューズクローゼットにしまい、すぐに手洗いできます。帰宅動線がスムーズだと、靴が出しっぱなし、手を洗うのが億劫、ということになりません。

たたきには収納がなくてすっきり

広々とすっきりした玄関は、それだけでおもてなしの空間になります。植物を置いたり、飾り棚を設置しても。

バルコニー

外からは見えず 中からは広がりを感じる

家の中にいても、屋外を感じるスペースがあると、開放感があります。例えば、**奥行きのあるバルコニーをリビングの延長のように設ければ視線が抜けて、実際の広さ以上のゆとりが感じられます。**一方で気になるのは、周囲からの視線。目線よりも高めの壁でバルコニーを囲んで、目隠しにします。高めの壁といっても、上部が空へ抜けているので圧迫感はなく、日差しもたっぷり差し込みます。

洗濯物を干したい場合は、2階に設けることが多く、洗濯機置き場を近くにして、洗濯動線をスムーズにします。この場合も高めの壁があると、周囲を気にせず洗濯物を干せます。

他にも植物を置いて育てる、プールを出して子どもが遊ぶ、椅子とテーブルを出してリラックスするなど色々な用途で使えます。どんなことをしたいかを考えて作ると、夢が広がります。

Point 1 周囲の視線を気にせず、家の中でも屋外を感じる

リビングの近くに作ると、室内にいても屋外の気持ち良さを感じられます。アウトドア用のテーブルと椅子を置いて読書をするなど、セカンドリビングとして楽しんでも。

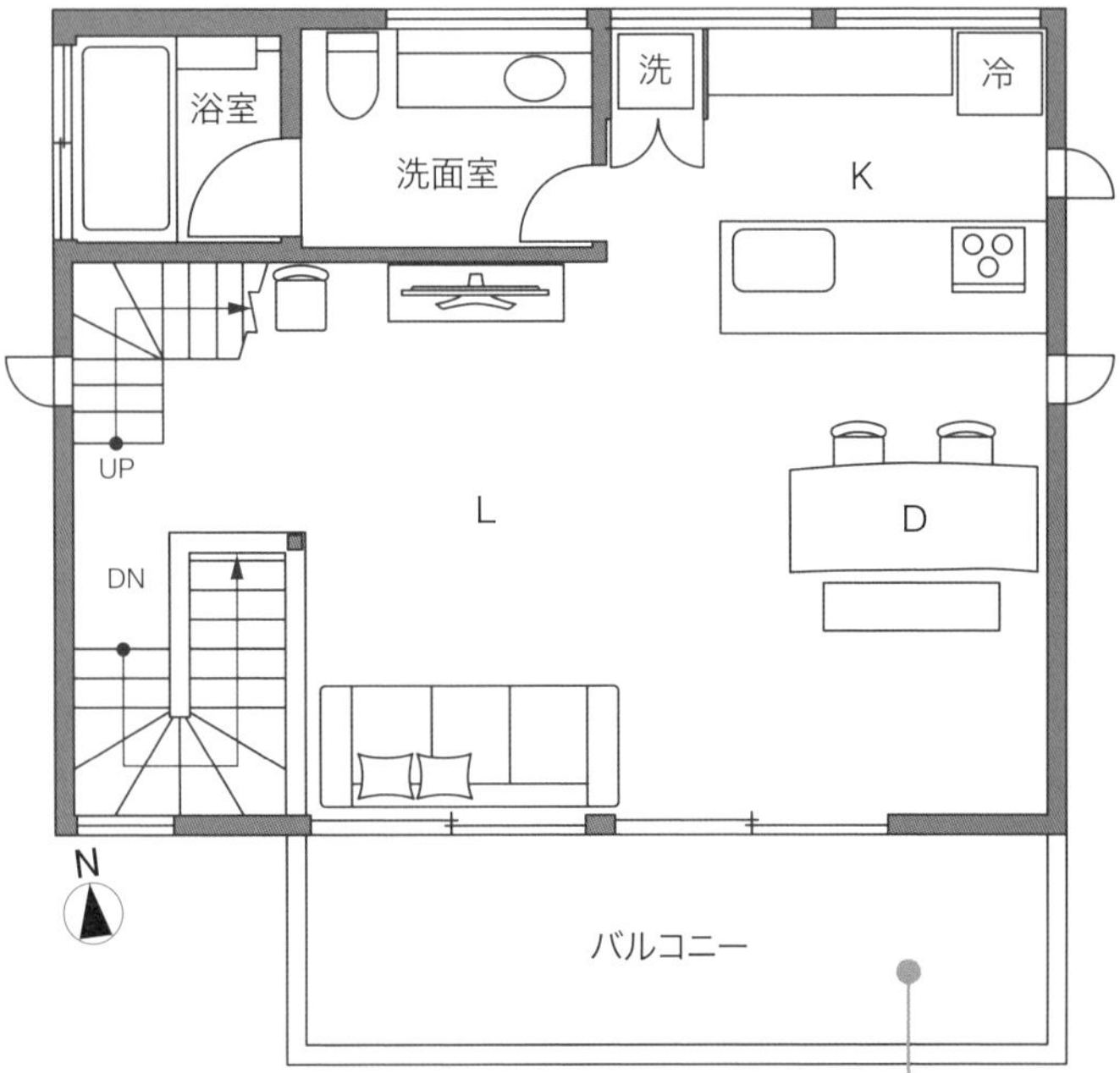

リビングと同一空間に見えるようにする

リビングと床材を同じような色にすれば、リビングが広くなったような開放感があります。目隠し壁は高くても、圧迫感はなく、日差しもたっぷり差し込みます。

Point 2

どこからでも出入りができる憩いのスペースにする

バルコニーをフロアの真ん中あたりに設置し、部屋や水回りから出入りできるようにしました。思い立ったらサッとバルコニーに出られ、日光や風を感じることができます。

朝の身支度が気持ち良い

洗面室がバルコニーとつながっているので、ドアを開けて朝の空気を入れます。すっきり目覚められて、身支度もスムーズです。

入浴しながら屋外を感じる

浴室の窓はバルコニーに接し、周囲の視線を気にせず、太陽の日差しを感じながら、夜空を眺めながら入浴することができます。

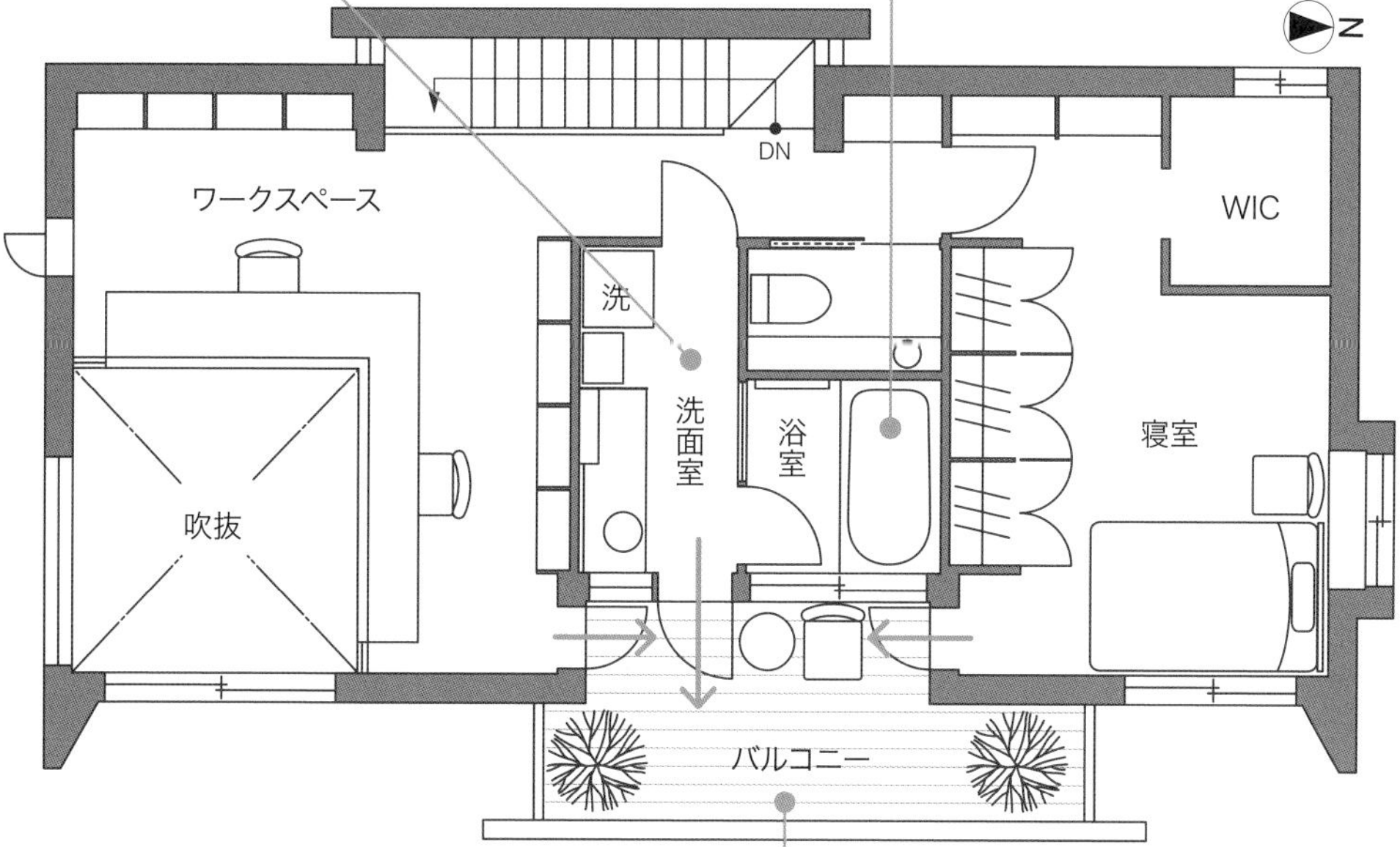

目線より高い目隠し壁

目線より高い目隠し壁を使用すれば、周囲の視線も気になりません。仕事の合間にワークスペースから、朝起きて寝室からなど、気分に合わせて屋外に出られます。

廊下

通路ではなく何か機能を持たせる

廊下は、部屋と部屋をつなぐ通路で人が歩くためのスペースですが、必ず作る必要はありません。廊下がなくても、各部屋が自然につながるような間取りにすれば、スムーズな行き来は可能。廊下のスペース分を部屋に組み込めば、より広い面積が取れることになります。

もし、**廊下が必要な間取りならば、何か機能を持たせると有効活用できます。**例えば、幅を20cmほど広げ、書棚を設けると、雑貨や写真なども飾れてギャラリーのようにも使えます。他にも、ワークスペースにする、収納スペースにするなども。通常の廊下の幅は78cmですが、使い方によって少し広めにするのも可能です。

Point 1 手洗いコーナーや収納を設置してスペースを有効活用

廊下を実用的に使うのであれば、収納にするのも便利です。

何を入れてもいいのですが、掃除道具なら家事効率がアップ。天井までのトール型にするとスペースを無駄なく使えます。

収納には掃除道具をしまう

常に通る廊下に掃除道具が入っていると、取り出すのも片づけるのもラクで、毎日の掃除が習慣に。浅い奥行きにすれば圧迫感がなく、物が取り出しやすくなります。

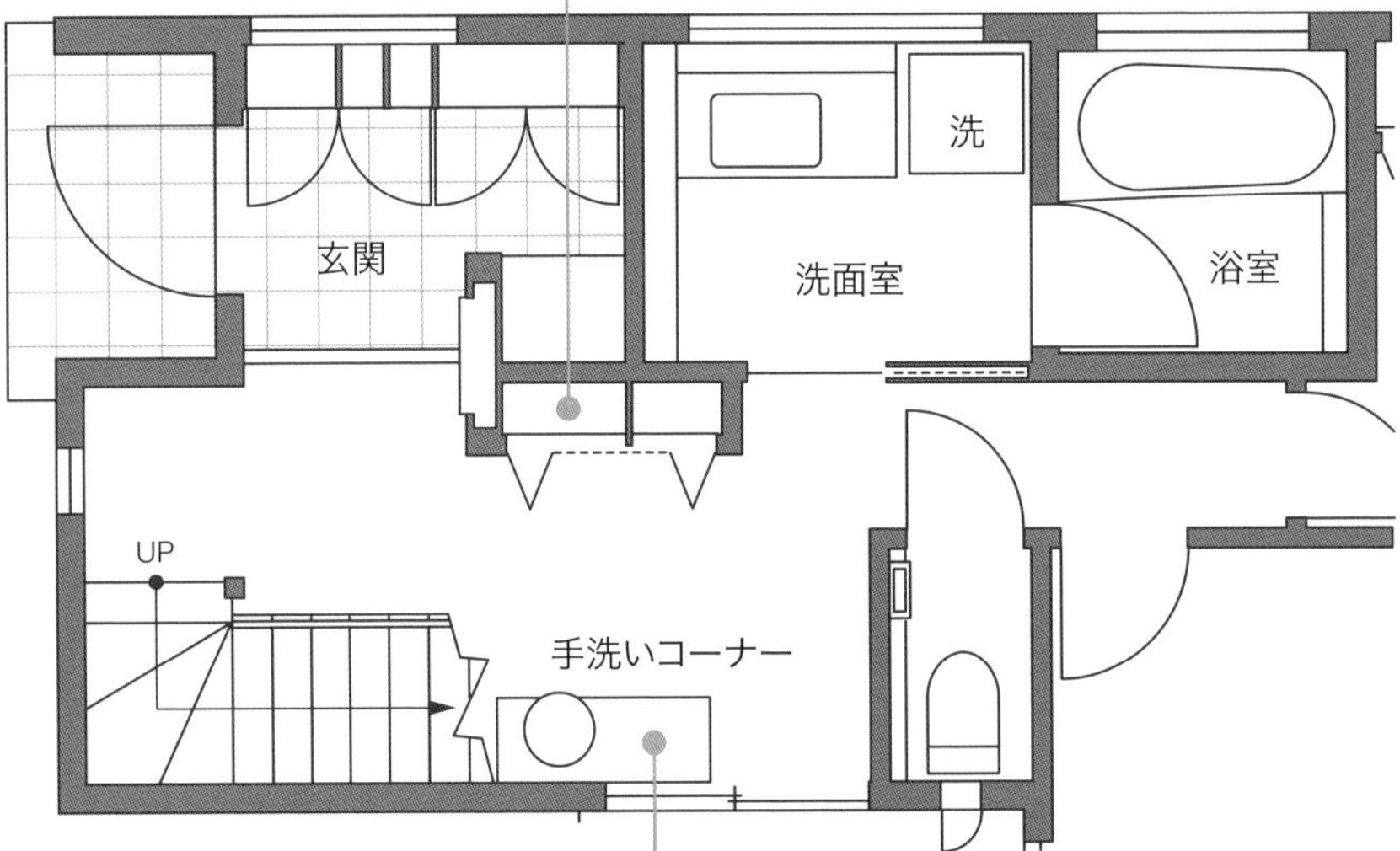

玄関近くの廊下には手洗いコーナーを設置

玄関の近くなら、手洗いコーナーが便利。外出から帰ってきた家族や来客が、サッと手を洗えます。インテリアとして違和感がない物を選びます。

和室

和室の用途を考えて作らないという選択も

和室は、客間、布団を敷いて寝室、子どもが遊ぶ場所、昼寝ができる場所など、多目的に使えます。最近は、**独立した和室を作ることは少なくなりました。リビングとつながっている、リビングの一角にあるなどが一般的です。**

気になるのは和室のインテリアですが、縁なしで半畳の琉球畳なら、洋室にも自然になじみます。広さも、使い勝手に合わせて自由に決めることができます。ただ、必要がなければ作らなくてもいい場所です。「家には和室は必要と両親にすすめられ、なんとなく作った」という場合は、使いこなせないことも。自分たちにとって必要かどうか、しっかり検討しましょう。

Point 1 人が集まる家ではフレキシブルに使える

来客が多い家では、和室は便利なスペースです。椅子を用意しなくてもいいので、お客様の人数の増減にも対応可能。リビングとつなげると、さらにフレキシブルに使えます。

リビングにもなじむモダンなインテリア

リビングとつながっているので、一体感のあるインテリアに。来客の人数が多いときはリビングと合わせて、広いスペースでおもてなしをします。

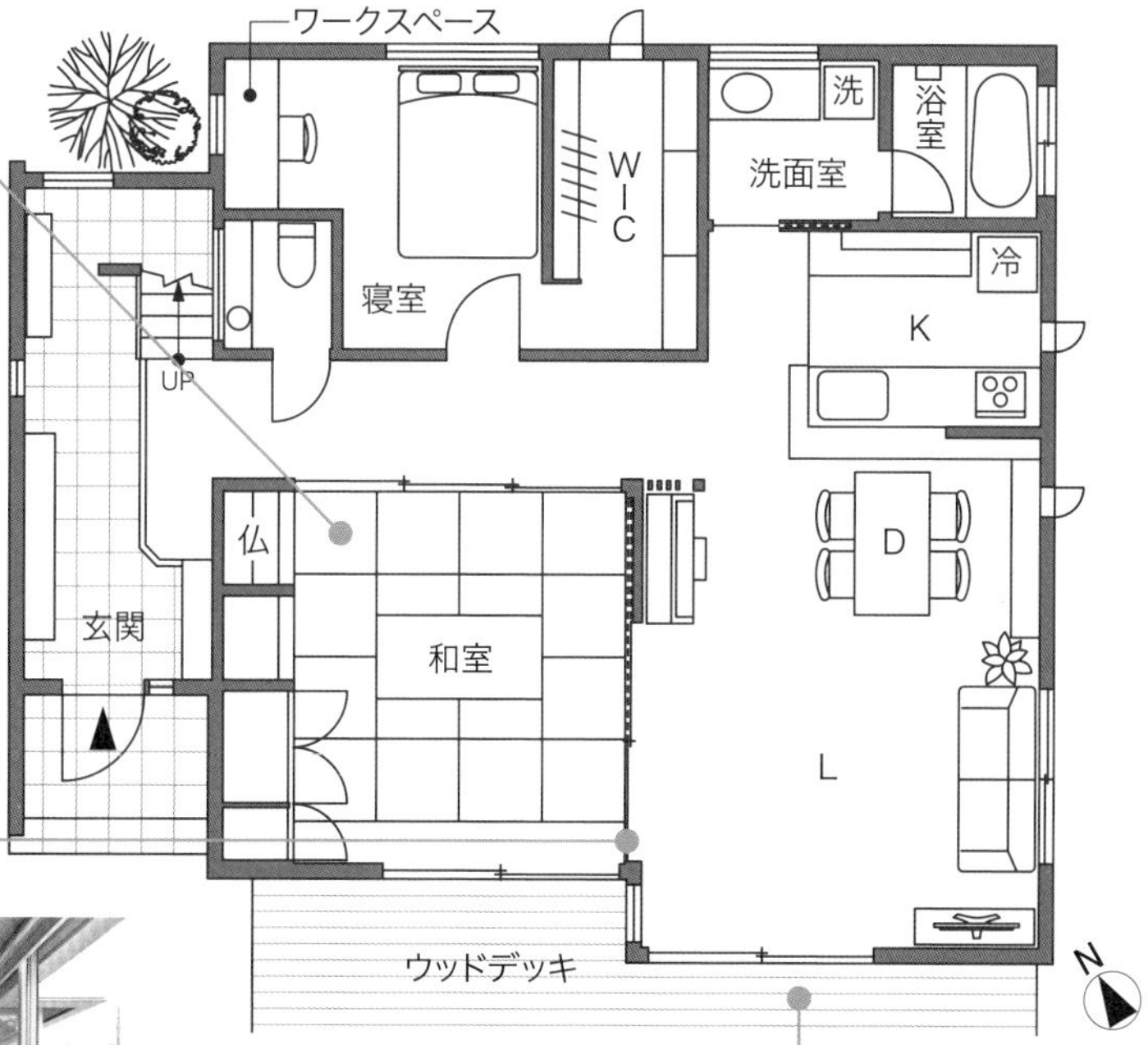

引き戸を閉めてリビングと分けることも

リビングとの仕切りは引き戸です。普段はオープンにしていますが、来客の人数や会合の種類に合わせて、引き戸を閉めて個室にすることも可能。

ウッドデッキで気分転換も

和室とつなげて、屋外にウッドデッキを設置。来客が気分転換に外に出て、日光や風を感じることができます。

ワークスペース

個室は難しくてもスペースがあると便利

書斎として個室を設けるのは、広さ的に難しいこともしばしば。でも、家での仕事、パソコン作業、趣味の場所などのためにコンパクトでもワークスペースがあると便利です。例えば、リビングの一角に作り、子どもの勉強デスクと親のテレワーク用デスクを兼ねることもできます。**ワークスペースを考えるとき、「何時間くらい仕事をする？」「書類の収納は必要？」**など、**どんな使い方をするのか確認します。**中でも場所選びは大切で、家族の気配を感じるのがいいのか、1人になれるのがいいのかは、人それぞれ。例えば、静かすぎると逆に集中できない場合は、少しザワザワした家族のいるリビングの中が、設置場所の候補になります。

仕事の状況や子どもの年齢によって使い方は変化するので、作り込みすぎず、フレキシブルにしておきましょう。

Point 1 リビングに作るときは一体感を出す

収納と一緒に設置するなど、一体感を出すとインテリアになじみます。家族の気配を感じるリビングで仕事をしたいというニーズも多く、最近はスタンダードな間取りになりました。

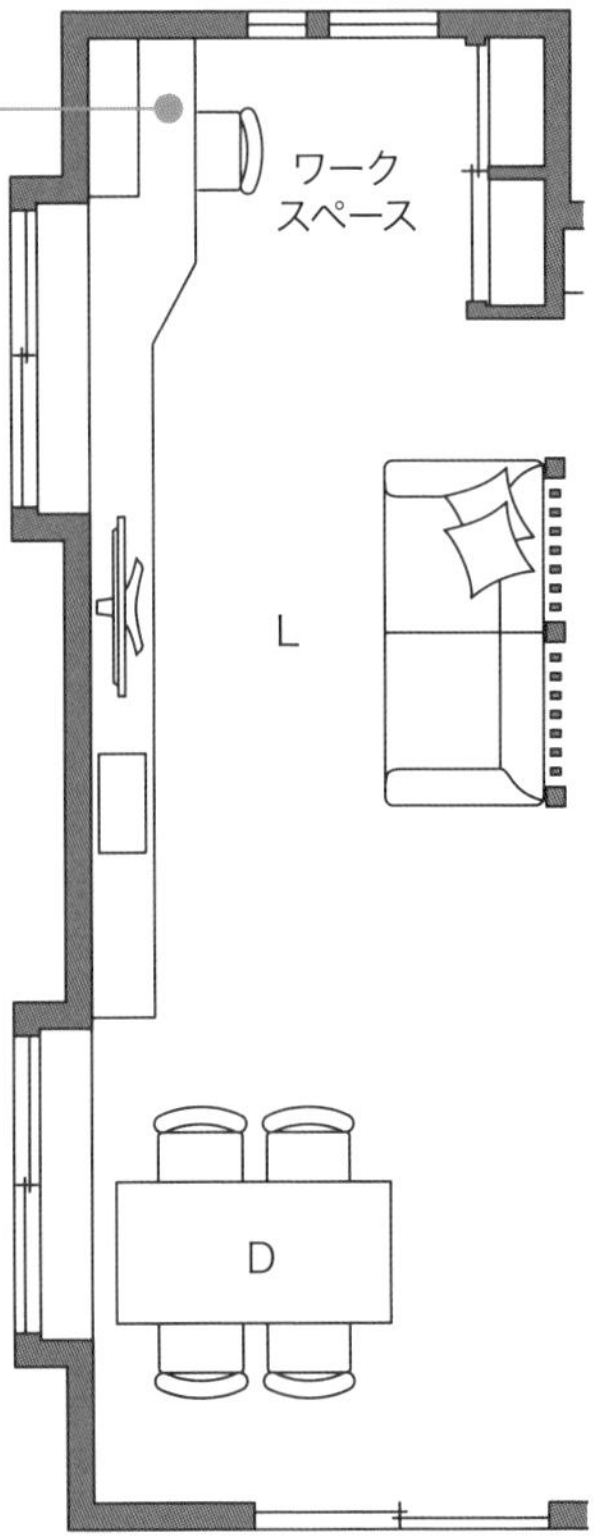

造作収納に組み合わせる

仕事で使う文房具、書類、プリンター、アダプターなどがしまえる場所を作ります。物が出しっぱなしだと、リビングがごちゃついた印象になります。

Column

キッチンのカウンターに設けても

リビングにスペースがないときは、キッチン前のカウンター収納の一部をワークスペースにしても。キッチンから目が届くので、子どものスタディコーナーにもなります。

Point 2 時間差を利用して寝室の中に作る

寝室は夜寝ている間に使うので、昼間は空いています。その昼間の空き時間を、ワークスペースで活用します。リビングと違って、人の出入りが少ないので集中できます。

窓越しに植栽が見える

目の高さの位置に窓をつけ、外に植栽を施しました。目線を上げて、グリーンが見えると、ほっとします。

デスクはベッドが見えない位置に

ベッドが目に入ると集中できないので、背を向けた位置にデスクを造作します。適度に壁に囲まれ、個室のような雰囲気にしました。

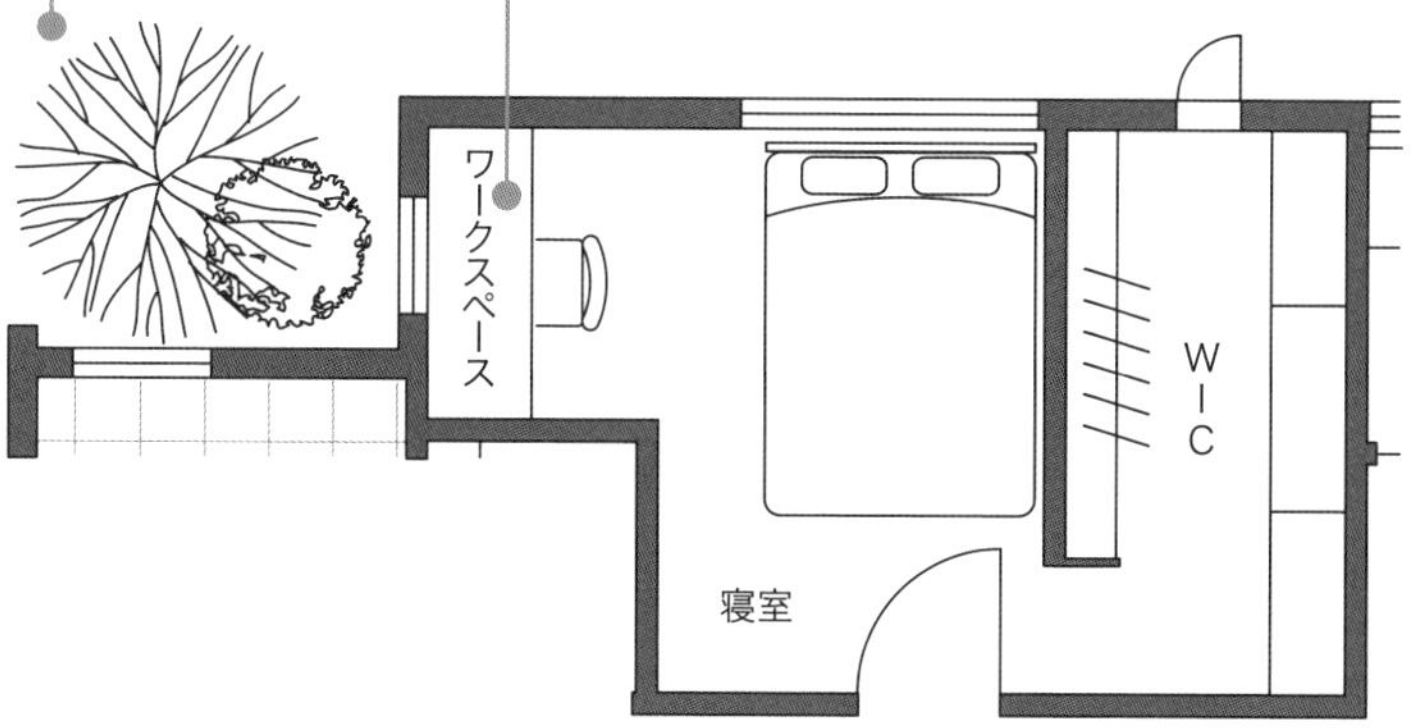

Point 3 家族の気配を感じる吹き抜けを活用する

吹き抜けのリビングの上は、家族の気配を感じながら、仕事ができます。閉じこもりたくないけれど、家族と同じフロアだと落ち着かない人に。2階なので、適度な距離があります。

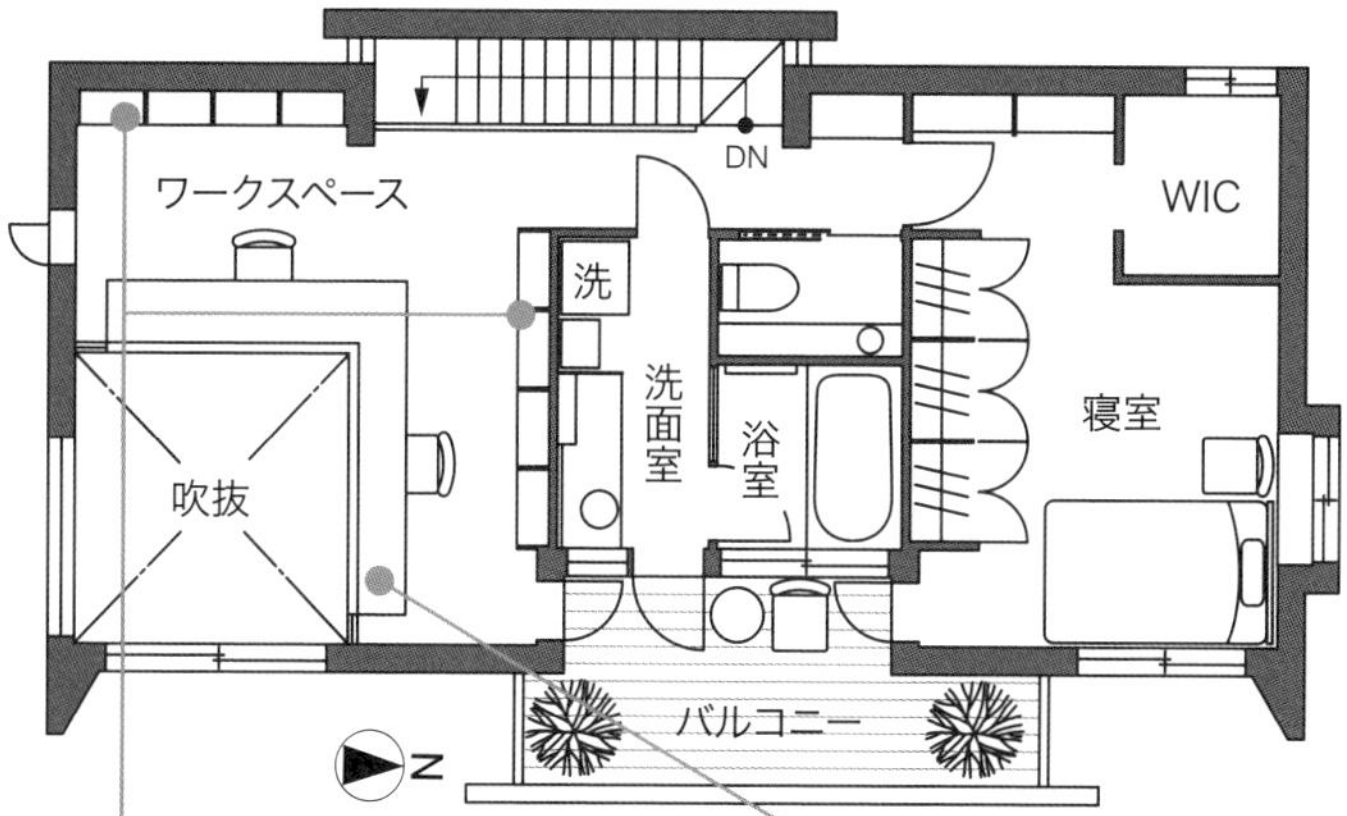

壁面2カ所に書棚を設置

天井までの大容量の書棚をつけて、本を収納。高い位置までぎっしり詰まっていると圧迫感があるので、本は低い位置に入れ、適度に抜けを作ります。

開放感がある長いカウンター

窓に向かってL字に長いカウンターを設置しました。広いスペースで気持ち良く仕事ができ、ときどき窓の外の緑を眺めて気分転換を。

＼家を建てた先輩に聞いた！／

「こうすれば良かった」体験談

よく考えて家を建てたはずなのに、住んでみたら、「もっとこうすれば良かった」「ここは使いにくかった」ということがあります。住んでみないと、わからなかったこともあるので、一足先に家を建てた先輩の体験談を聞いてみました。

収納

暮らしやすいさを決める要。
できれば、後悔したくない場所です。

普段使わない物をしまう納戸が足りなかった

持ち物を見直し、ゆとりのある収納にしたつもりでしたが、納戸が足りませんでした。季節家電、雛人形、クリスマスツリーなどのイベント飾り、布団、家族の思い出の物など、すぐに使わないけど保管しておきたい物が、予定より多かったです。（Sさん　40代）

リビングに上着かけがあっても良かったかな！？

我が家のリビングは２階です。玄関に上着をかける場所はありましたが、そのまま脱がずにリビングに来てしまうことも多く……。お客様が来るときも同様のことがあるので、リビングに上着をかけられる場所があったら、便利だったと思います。（Aさん　30代）

＼これは良かった！／

デッドスペースを活用！
階段下の納戸は便利

収納はたくさん作ったのですが、中でも意外に便利なのが階段下の納戸。ハウスメーカーの担当さんには「格好が悪い」「頭をぶつける」と、反対されましたが……。実際に住み始めたら、掃除道具や近所に着て行く上着など、よく出し入れする物を入れてフル活用。スペースも有効活用できました。（Kさん　40代）

何を入れるか決めておけば、使うときにラクだった

とにかく、収納はたくさん作りました。でも、何を入れるかを決めていなかったので棚や仕切りは、ほとんどない状態。実際に使うときに、自分で棚や仕切りを試行錯誤しながらつけました。事前にどこに何をしまうか決めたら、ジャストサイズの収納になったと思います。（Oさん　40代）

オープンな棚は使いこなせなくて……

オープン収納の飾り棚をつけましたが、棚に飾るセンスがなく、スペースを生かせません。扉つきの収納にすれば、どこにしまおうか迷っている物を入れる場所ができたのではと思います。（Wさん　50代）

Column

キッチン

家族が料理することも増えているので、
みんなが使いやすいことが大切なようです。

収納は使いにくい……。引き出しタイプにしていれば

うちのキッチンの収納は、開き戸タイプ。ずっとこのタイプを使っていたので、これが普通かなと思ってすすめられるままに……。後になって、引き出しタイプのほうが使いやすいことがわかって後悔。リノベーションするときは、変えたいと思っています。（Kさん　40代）

子どもが大きくなり、家族で料理すると狭い！

家を建てたとき、子ども2人がまだ小さかったので気にならなかったのですが、成長した子どもたちがキッチンに入ると狭い！　料理はどんどんして欲しいから、キッチンを使うのは大歓迎ですが、2人でも窮屈な感じ。家族で料理をすることを想定し、もう少しキッチンのスペースを広くすれば良かったです。（Sさん　40代）

洗面室・浴室・トイレ

家族全員が使い、家事効率にとっても大切な場所。
使い勝手の悩みが多かったです。

浴室が寒くて、冬の入浴が嫌になります

浴室は1日の中で数時間しか使わないと思い、敷地の中でも条件がよくない場所に設置しました。そうしたら、本当に暗くて寒い。暖房をつけなかったので、特に、冬は入浴が憂鬱です。入浴後の脱衣場が特に寒く、ヒートショックも怖いです。（Yさん　50代）

トイレの音が少し気になります

引き戸は便利なのですが、開き戸に比べて音の漏れが気になります。我が家はスペースを考えてトイレを引き戸にしましたが、リビングに近いせいか、音が少し気になります。実際にはそれほど音漏れはないのですが、気分的なものも大きいですね。（Aさん　40代）

洗面室は多用途なのでもう少し広さが欲しい

ハウスメーカーのセミオーダーを利用。ある程度決まった間取りに、自分の希望をプラスできます。住んでみて、不便を感じるのは洗面室。一般的な作り、広さなのですが、入浴の際の更衣室、洗濯をして干す（浴室乾燥を利用）、下着など衣類の収納場所など、用途がたくさんあるので狭いです。洗面室は広いほうが、ゆったり生活できると思います。（Tさん　50代）

洗濯動線が不便で、毎日苦痛です

我が家は3階建てで、日当たりのいい3階に洗濯物を干すバルコニーがあります。でも、洗濯機は1階。毎日、1階から3階まで、洗濯物を運ぶのが苦痛です。動線を考えず、それぞれに適した場所に配置してしまいました。（Mさん　30代）

窓

暮らしてみないとわからない眺めや明るさ。
体験者の声は、参考になります。

台風が多くなり、シャッターの効果を実感

シャッターをつけていない大きな窓がいくつかあります。普段は気にならないのですが、最近、多くなっている台風の際に、シャッターがついていたら良かったと思います。(Sさん　40代)

リビングの明るさは予想できなかった！

明るさは、住んでみないとわからないので仕方がないのですが……。我が家のリビングは、少し暗いです。南と東に窓があるのですが、西にもつけられたのに、つけなかったことを後悔。特に、午後からが暗くなり、電気をつけたくなります。(Oさん　30代)

窓の種類を考えてつけても良かったかも

周囲に家が多いので、視線が合わないようにと考えて、窓は高い位置に配置しました。もちろん、その効果は感じていますが、いくつかは屋内から外の雰囲気が分かるように、少し低い位置にしても良かったなと感じています。(Sさん　40代)

3階は日光、雨や風が気になります

我が家の3階は南側に窓があり、日当たりが抜群。強い日差し、荒天候のときの雨風の対策に、窓に庇をつければ良かったなと思いました。ハウスメーカーの担当さんに「見た目が悪くなる」「費用がかかる」と言われて、やめたのですが……。後でつけると、さらに余計なお金がかかるので諦めていますが、後悔しています。(Kさん　50代)

＼これは良かった！／

ケガをしたときに助かった！ユニバーサルデザイン

将来のことを考えて、階段に手すりをつけ、敷居の段差をなくしました。建てたときは、もっと若かったので、「本当に必要？」と半信半疑。でも、昨年骨折したときに、手すりをつけて本当に良かったと思いました。年をとってからだけでなく、ケガをしたときに役に立つことを実感。ユニバーサルデザインに本当に助けられました！　(Mさん　50代)

Column

コンセント

なんとなくつけると失敗する可能性大。
数と場所は考えてからつけましょう。

家具との配置を考えないと、使いにくいことも

リビングにあるコンセントの位置が、チェストの側にあります。引き出しを開けると、コンセントをふさいでしまい、何かと不便。チェストを移動することもできず、我慢しています。家具の配置も考えて、コンセントの位置を決めたら良かったですね。（Sさん　40代）

やっぱり数が足りなかった！

コンセントの数と場所は、随分考えて「作りすぎじゃない？」と言われるほど作りました。でも、電化製品が徐々に増え、今は、タコ足配線になっているところが複数カ所あります。コンセントは、できるだけ多く作ったほうがいいと思います。（Kさん　30代）

＼こんな場所も……／

スタディコーナーの暮らしてみてわかったこと

２階の廊下に作った子どもたちのスタディコーナー。我が家の間取りのせいなのか、予想外に冬は寒くて夏は暑かったです。子どもたちの成長とともに、使用頻度は低くなったのも予想外。今は、家族で使うフレキシブルなスペースです。（Mさん　50代）

住んでみたら、こんなことも

メリットがデメリットに、一方でその反対も。でも、長く住んでいると気にならなくなるようです。

デメリットだったことがメリットに思えてきました

我が家は、それほど広くないリビングと和室がある間取り。住み始めたときは、オープンで広いリビングにすれば良かったなと、後悔。でも、10年たったら、「子どもの友達が泊まりに来たときに和室があって良かったな」など、デメリットがメリットに思えてきました。住み続けると、家に愛着がわくものですね。（Wさん　40代）

お気に入りの間取りですが、予想外のことも

オープンな間取り、共有スペースもあって、どこにいても家族が感じられる理想の間取りなのです。でも、一方で、ときどき１人になりたいと思うとき、その空間がないのです。テレワークで、夫も家で仕事をしていますが、気を使うことも……。住みながら、ゆっくり居場所を作ろうと思います。（Hさん　40代）

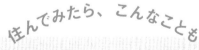

Pick up! 2

トイレのインテリア

毎日使うトイレは、インテリアが素敵だとうれしいものです。
コンパクトなスペースなので、ちょっとしたアイデアが生きる場所。
お気に入りのスペースになれば、掃除も楽しくなります。

壁の一面の壁紙を変えるだけで、印象的なインテリアになりました。収納は棚を造作し、カゴをプラス、タオルの色もそろえてナチュラルな雰囲気に。

白を基調にした、シンプルなインテリア。トイレットペーパーや掃除道具の収納場所は別に設け、あえて何も置きません。窓から光が差し込み、明るく清潔感があります。

トイレの中に、手洗いコーナーを作るのも便利です。タイルをポイントに使って収納を造作し、使い勝手とインテリアを両立させました。

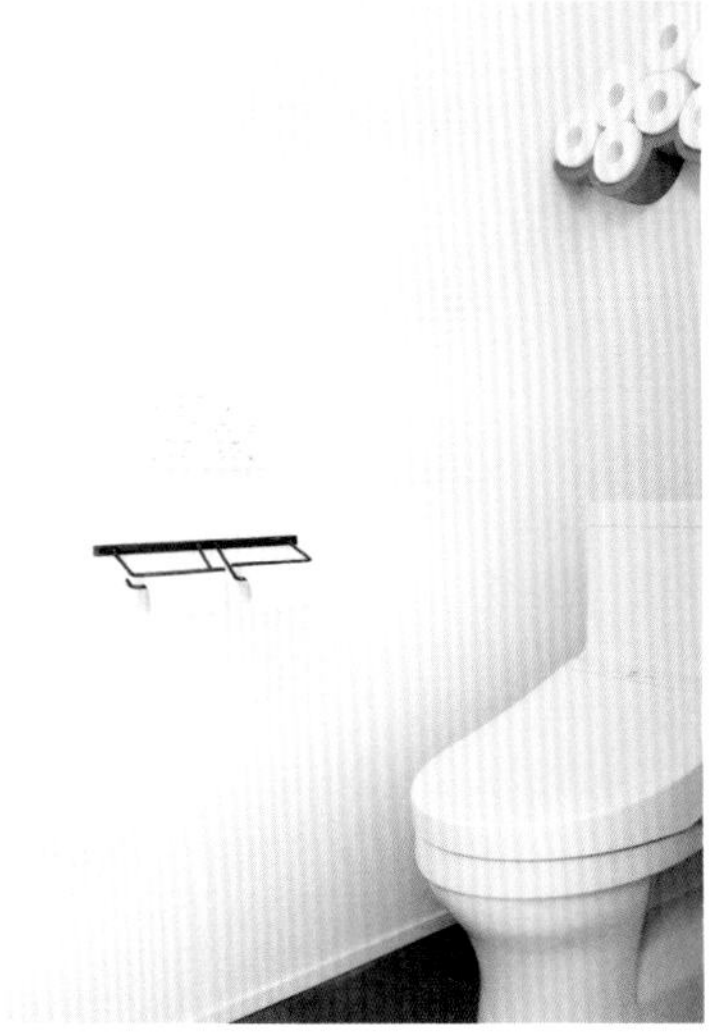

トイレットペーパーのホルダーは、自分で見つけたものを設置しました。お気に入りを取り入れると、家作りが楽しくなります。

Part 3

目的から考える

心地良い住まいのための間取り

人を呼べる家にしたい

大切なゲストがゆったりとくつろげる家には、おもてなしの工夫があります。住む人の快適さもかなえてくれる、人を呼べる家作りのポイントを紹介します。

Point 1 オープンなリビングが居心地を良くする

昔ながらの客間がある住まいでは、リビングとは違うスペースにゲストを通すことが主流でした。ライフスタイルも変わり、今では自分たちの生活スペースにゲストを招き入れることが増えています。

ゲストをおもてなしする雰囲気作りのためのポイントは広さや開放感が得られるオープンな間取りにあります。**最近のスタンダードでもある仕切りのない広々としたLDKは、ゲストをお迎えするのに最適な間取り。**ゲストや家族の居場所も多く、一つの空間の中で顔を合わせながら、ゆったりと会話を楽しむことができます。

大人だけであればリビング、ダイニングを思い切り広くするプランが有効ですが、小さいお子さんがいる場合はリビングの延長として利用できるフレキシブルな和室が重宝します。特に小上がりの和室は子どもたちの遊びのスペースとしても、ゲストが多く集まるときのベンチ代わりにもなるのでおすすめです。

適所収納でごちゃごちゃしない

生活感を感じさせないすっきりした空間がゲストをお迎えするための必須条件。LDで使う日用品のための収納場所を確保して、収納棚には目隠しとなる扉をつけるのがおすすめです。

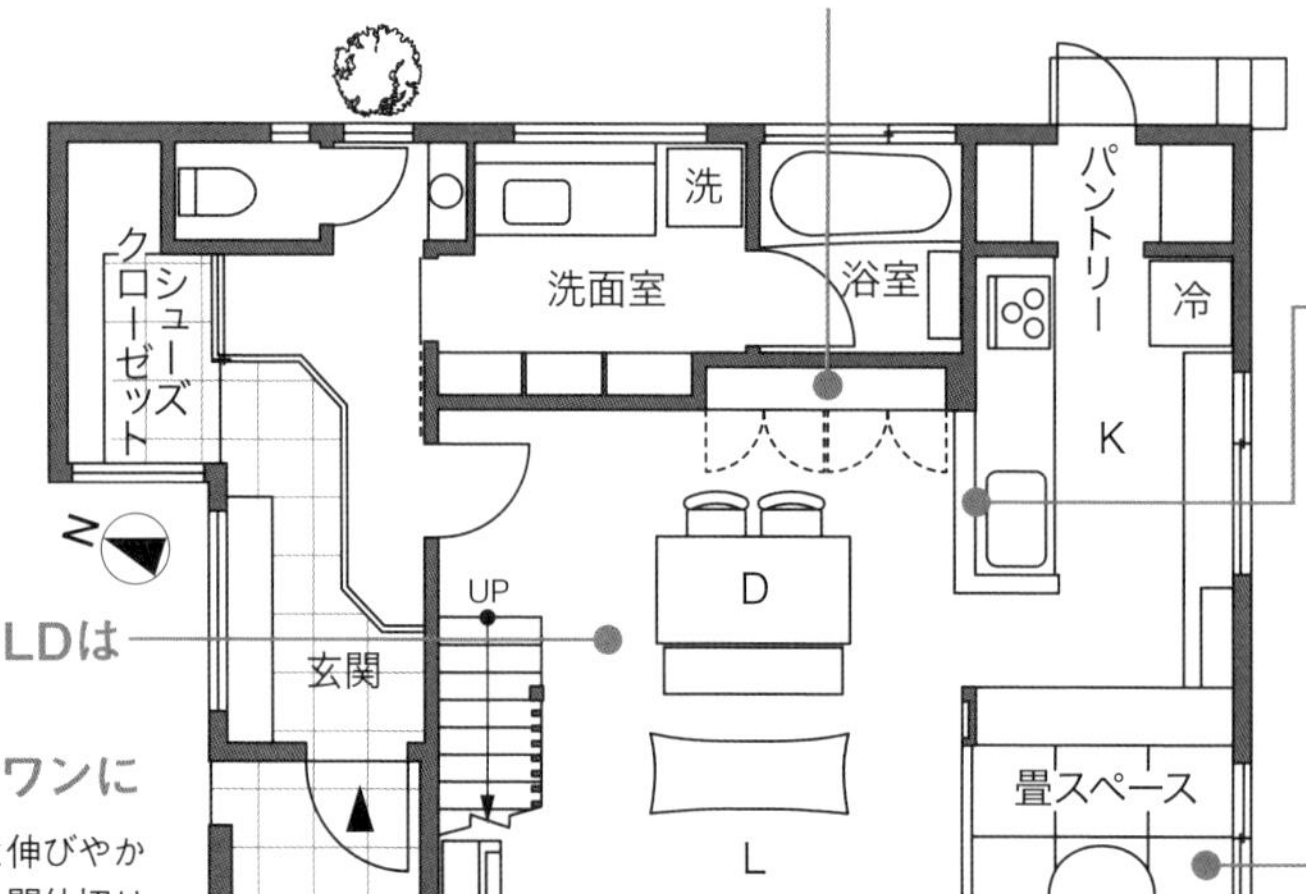

人が集まるLDは仕切らずオールインワンに

一歩中へ入ると伸びやかさが感じられる間仕切りのないLDKは、ゲストへの最大のおもてなし。開放的で居場所が多く、ゲストも家族も気兼ねなくリラックスできるので、自然と人が集まります。

コミュニケーションがとりやすい対面式キッチン

部屋を見渡しながらキッチンで孤立することなく、ゲストとの時間を過ごすことができます。ゲストも気兼ねなく一緒に料理したり、スムーズに手伝えて調理中の会話も弾みます。

ベンチ代わりにもなる小上がりの和室

多目的に使える和室は、小上がりにして間口をオープンにすると用途が広がります。ベンチのように腰かけにもなるので人が多く集まったときに椅子を用意する必要もありません。

小上がりの和室でリビングをゾーン分け

リビングに小上がりの和室を設けて、空間を緩やかにゾーン分けしています。和室には子ども、リビングには大人が集まるなど、それぞれの居場所ができて心地いい時間が過ごせます。

引き戸で仕切ればゲストルームにも

リビングとつながりのある和室に引き戸を設けました。普段はスペースが感じられるよう開けたままですが、ゲストが宿泊するときは、引き戸を閉じて“客間”として利用しています。

広々と開放的な勾配天井のLDK

視線を遮る物がないオープンな空間は、そこにいるだけでリラックスした気分が味わえます。2階リビングであれば変化のある勾配天井にすると、より広がりが得られます。

Point

2

玄関にゆとりの空間や工夫をプラス

玄関はその家の〝顔〟となる部分です。リビングや他の居室の雰囲気の良さはもちろんですが、人を招くことが多い家は玄関にゆとりの工夫をプラスしましょう。

ゲストが多く集まる玄関には、長い土間を設けると便利です。どこからでもアプローチできるので、大人数でもスムーズに室内へ迎えることができます。また、**採光のために高窓を設けたり、視線の先に植栽を植えるなど、おもてなしの工夫をプラスするのがポイントです。**

靴を脱いで部屋に通すまでの動線も機能的であることが大切です。玄関の壁にコートをかけるフックを造作したり、たたきにベンチを設けるのもおすすめ。住む人にとっての毎日の快適さや満足度にもつながります。

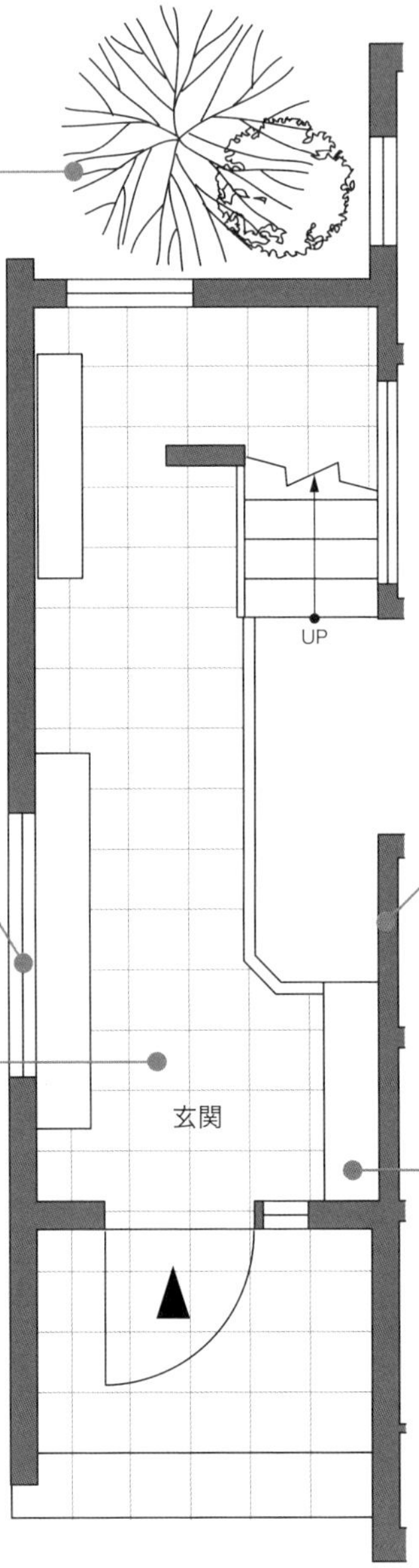

リラックスできる植栽を視線の先に

玄関の正面を窓にすると、抜けのある開放感が得られます。また、シンボルツリーなど緑を植えてパッと目に入るようにすると、内と外が感じられる素敵なおもてなしの空間になります。

高窓の自然光で玄関を明るく

間取りによっては閉塞感が出てしまいがちな玄関には、自然光を採り入れて空間を明るくする工夫を。高窓であれば収納スペースを確保しながら、効果的に採光できます。

来客が多くても困らない広さのあるたたき

玄関のたたきを広めに設けることで、お出迎えもお見送りもゆとりのあるコミュニケーションがとれます。宅配便など、大きな荷物が届いたときも一時置き場になるので便利です。

上着をかけるフックを設置

人が集まる家にはゲストの上着を預かる収納スペースがあるのが理想ですが、余裕がない場合には壁にフックを取りつけても。玄関先でスマートにお招きすることができます。

靴を履くときに便利なベンチを設ける

玄関のスペースに余裕がある家は小さなサイズでも良いので、腰かけを造作すると便利です。靴の脱ぎ履きをするときに腰かけたり、ゲストが上着を脱ぎ着するときも荷物を置けます。

スケルトン階段で開放的な演出を

玄関に階段を設ける際は抜け感のあるスケルトン階段が有効です。視線を遮らず2階からの光も採り込めます。また視線の先にある植栽の効果で新鮮な開放感が得られます。

ゲストへの配慮で心地良い空間に

玄関の奥行きを長くとったプランにしました。人が多く集まる家なので、土間のどこからでも家に上がることができてスムーズ。荷物の一時置きにも便利な腰かけと上着をかけるフックを造作しています。

傘立てコーナーをドアの脇に造作

玄関を入りすぐの場所に傘立てコーナーを。下駄箱の天板を伸ばしたシンプルな造作ですが、住む人にとっても便利なアイデアです。

すっきりした玄関でゲストをお出迎え

大容量のシューズクローゼットを設けると玄関に物があふれることなく、スマートなお出迎えができます。ゲストのコートなどをお預かりすることも可能。

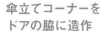

プラス
アイデア
1

ゲストを歓迎する演出効果のある アプローチ・玄関回り

道路から玄関までのアプローチは、ゲストを我が家まで導いてくれる〝道先案内人〟。その道のりを楽しめるような工夫を凝らしたいものです。道路から最短距離で直結させてしまうのではなく、**視界に変化が出るよう迂回させたり、植栽を植えると、ストーリーのあるアプローチでゲストをお迎えできます。**

広いアプローチを設けられない場合は、玄関先にシンボルツリーを植えるのがおすすめ。小さなスペースでも〝待ち受けの木〟となって目印になります。

家の印象を左右する外構については、外部からの見通しが良いオープン外構が最近の主流です。人の視線を遮ることなく、敷地内に死角がないので、回りの目が届き、防犯性にも優れています。

家の象徴となる植栽をアプローチに

アプローチの脇に植えたシンボルツリーは、ネットで探して家族で植えたもの。気持ち良くゲストを迎える存在であり、この家を建てた記念の木でもあります。

限られた空間にはグリーンを効果的に配置

玄関脇に小さいながらグリーンコーナーを設けました。植物も高低差をもたせると視覚的な変化も楽しめて、その家の豊かな雰囲気がゲストにまで伝わってきます。

玄関先でシンボルツリーがお出迎え

植栽の効果で素敵な玄関回りをかなえた例です。シンボルツリーに紅葉も楽しめるコハウチワカエデを植えて、隣家との境はルーバー壁で目隠ししています。

プラス アイデア

2 ≫ 快適さをアップする 手洗いコーナーを確保

家に招き入れたゲストをまずご案内するのが、手洗い・うがいをする洗面スペース。その際、舞台裏である、家族が使っている洗面室を全て見せてしまうことに抵抗がある人は、多いのではないでしょうか。そこで取り入れたいのが、最近ますますニーズも高まりつつある、独立型の手洗いコーナーです。

手洗い場の取り入れ方は、玄関の近く、またはゲストを通すリビングまでの動線上に設けるのがベストです。独立したスペースが確保できない場合は、トイレのスペースを少し広めにして、手洗いを設けるのがおすすめです。玄関の近くなど使いやすい場所に設けると、ゲストからの心象は格段に良くなります。

手洗いコーナーの取り入れ方いろいろ

手洗いコーナーを設けることは、今や間取りの主流。
トイレの手洗いコーナーをゆったり設けても便利です。
ゲストも気兼ねなく利用でき、暮らしの満足度もアップしてくれます。

トイレの洗面タイプ

トイレの手洗い台をナチュラルな木材で造作。鏡を取りつけるとゲストが身だしなみを整えるのに便利です。

白で統一したトイレの手洗いコーナーは窓を二面設けて、明るく清潔感のある雰囲気を演出しています。

独立タイプ

玄関からリビングへつながる廊下の一角に設置。中庭に面した手洗いコーナーが、ゲストを華やかにお出迎え。

ゲストを迎えるシンボルツリーを眺めながら、外の光が感じられる気持ちのいいスペースに設置しています。

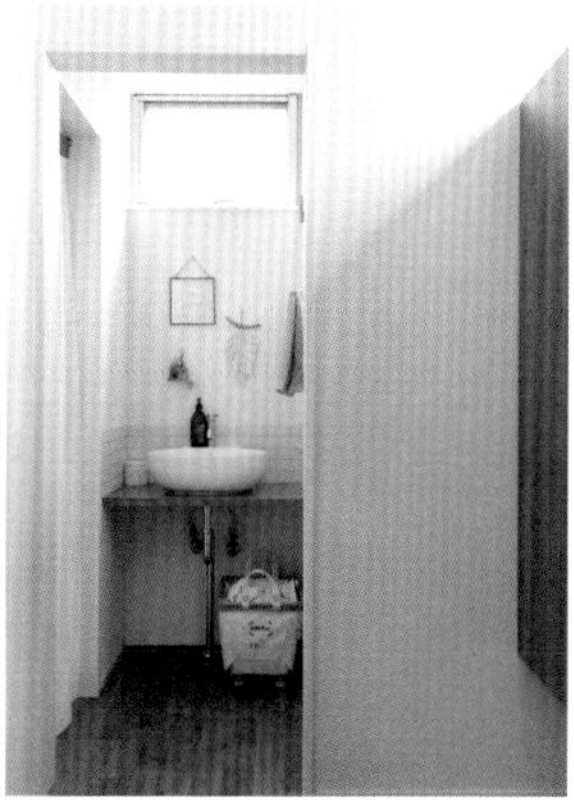

無垢の天板と洗面ボウルを組み合わせたナチュラルな雰囲気。高窓からの採光で閉塞感を軽減しています。

玄関の脇ですが視覚に入らない空間に手洗いを設けているので、ゲストの目線からはすっきりした印象です。

明るく心地の良い家にしたい

過ごす場所や時間、シーンによって心地の良い光は違ってきます。必要な明るさを明確にして、具体的な間取りのプランに反映させましょう。

Point 1

自然光を最大限に採り込む

「光がたっぷり入る明るい家にしたい」。家を建てる人の多くが、新しい家に望むことではないでしょうか。しかし「明るい家」に求めるものは人それぞれ違うものです。**部屋じゅうに燦々と明るい光をまわしたい、日中の光は電気を点けない程度の明るさがあればいいなど、「どれだけの明るさが必要か」ということを明確にして、設計者と意思疎通していくことが重要です。**設計者であれば、方角や季節、時間帯によってどのような光が差すか分かるので、専門家に意見やアドバイスをもらいながら、好みの光に近づけていくと良いでしょう。

こちらのテーマでは、最大限に光を採り込むためのさまざまなプランを紹介します。光効率のいい窓の取りつけ方をはじめ、敷地条件によっては、吹き抜け天井や中庭を設けるなど、明るさを確保するための効果的な方法を選びましょう。

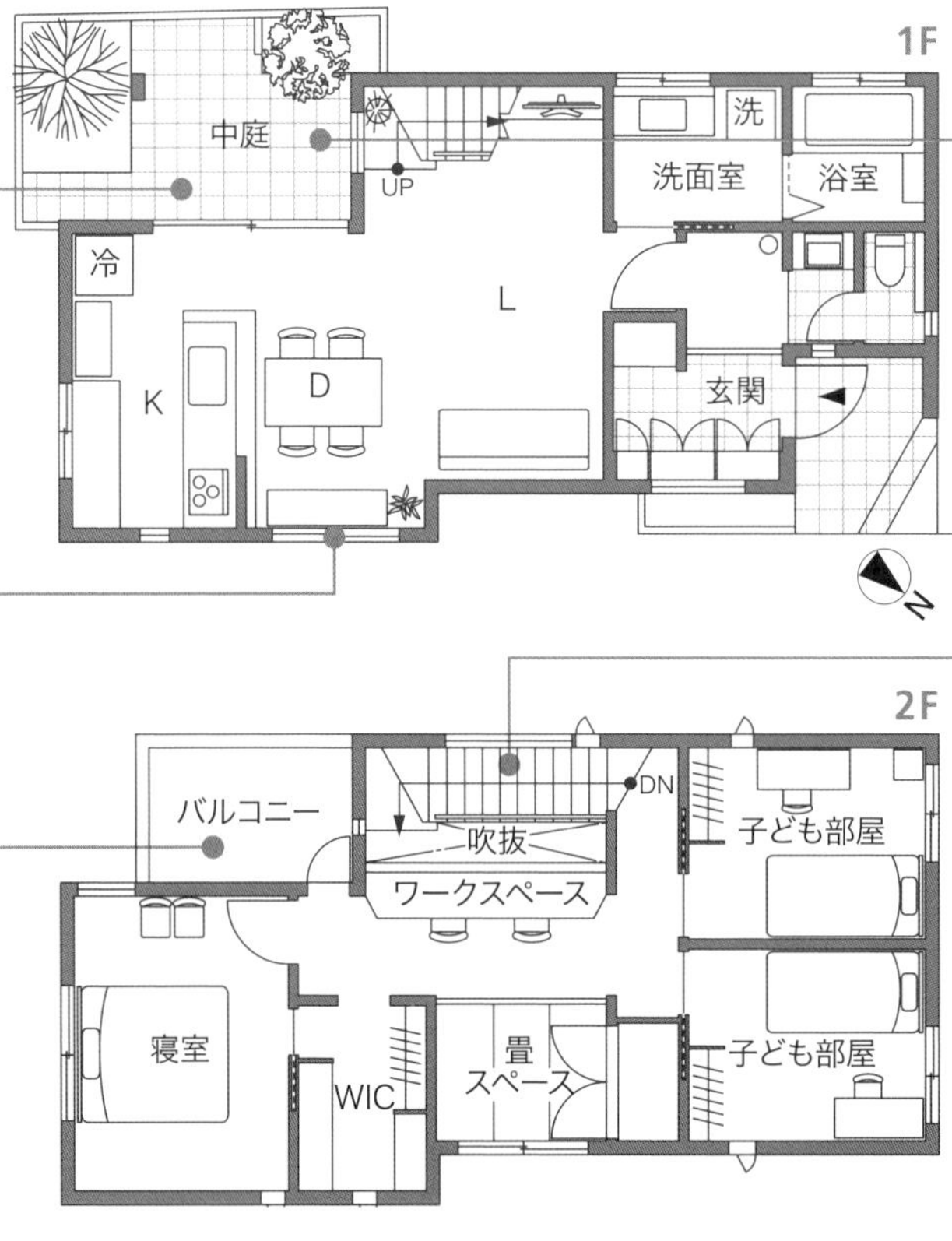

中庭からの光でLDを明るく

住宅密集地などの環境に最適なのが、中庭を設けるプランです。近隣からの視線を遮りながら、庭に注ぐ自然光を部屋の中に採り込みます。

高窓で隣家を気にせず採光

隣家との距離が近い場合、腰窓だと目線の位置が合ってしまうケースも。高窓であれば視線を遮りながら、明るい光が採り込めます。

バルコニーは採光性が高いグレーチングの床に

２階にバルコニーを設ける際、床に格子状のグレーチング素材を選びましょう。光を遮らず、１階まで光を届けることができます。

南向きの窓を多く配置

南向きの窓を多く確保すると一年中光が差し込む明るい部屋に。冬は太陽高度が低くなるので、部屋の奥まで温かな光が入ります。

光効率のいい吹き抜けと高窓の組み合わせ

家作りに明るさを優先したい人は吹き抜けの間取りが効果的です。高窓から光を部屋じゅうに行き渡らせることができます。

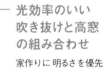

2階の光を家じゅうに届ける吹き抜けの階段

吹き抜けの空間は高い位置の窓を設けるのに絶好の場所。窓からたっぷり明るい光を採り込んでLDK全体に行き渡らせています。階段には光を遮らないバータイプの手すりをつけるとより効果的です。

全方位に窓を作り、さまざまな光を楽しむ

東西南北に窓があると一方的な方向からの強い光にならないメリットがあります。全方位からの光のバランスで、ほわっとした自然光ならではのやさしい光が空間全体に広がります。

住宅密集地には目隠しにもなる中庭から採光

敷地環境によって窓を設けづらい場合は中庭のプランがおすすめ。中庭に面して大きな窓を設置すれば、明るい光を味わえます。部屋を狭くしても外とつながりが生まれ、広さが感じられる効果も。

プラス
アイデア

1 ≫ 高窓と腰窓で光の効果を取り入れる

明るさを採り入れるためには、目線より高い位置に窓を取りつけると効果的です。光の効率が一番高いのは天窓の光ですが、後々のメンテナンスが大変というデメリットも。**外からの光を壁に当てる、間接照明のようなやわらかな明るさが特徴の高窓を取りつけて、必要な光をコントロールするのがベストです。**

また、高窓には視線を遮る利点があります。1階が道路や隣家に面していて、腰窓にすると目線が気になってしまう場合は光効率のいい高窓を設けると、落ち着きも感じられます。

Column

方位別　光のタイプ

西　午後になると光が入ってきます。西日は太陽高度が低く庇などで遮ることができないので、もし光が気になるようなら、西側の窓は遮熱性の高いガラスなどで対策を。

北　やわらかさがある北側の光は、他の方角にないきれいさがあります。直射日光は入らず1日を通して入ってくる光量が少なめなので、光効率のいい高窓で補うのがおすすめ。

南　明るさのある南側の光は、陰影が強いのが特徴。太陽高度の高い夏は庇などを取りつけて、直射日光の侵入を防ぐと良いでしょう。冬は温かな日差しを取り込めます。

東　東側の窓からは、午前中にたくさんの光が差し込みます。特に夏の季節は朝早い時間帯から光が入るので、シェードやルーバーなどで遮光対策をすると良いでしょう。

部屋の表情を明るくする
高窓（ハイサイドライト）

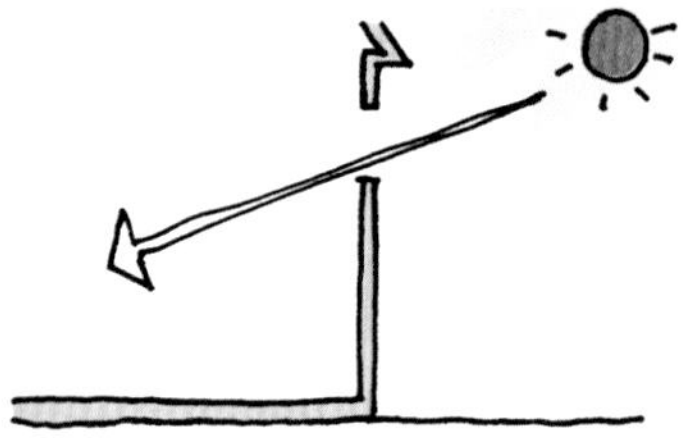

部屋に落ち着きを与える
腰窓・低い位置の窓（ローサイドライト）

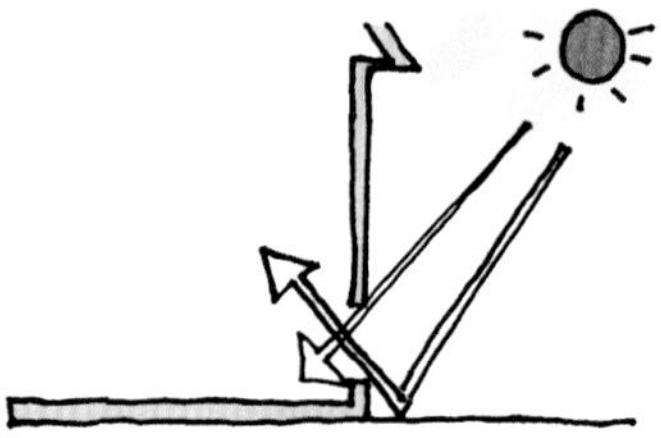

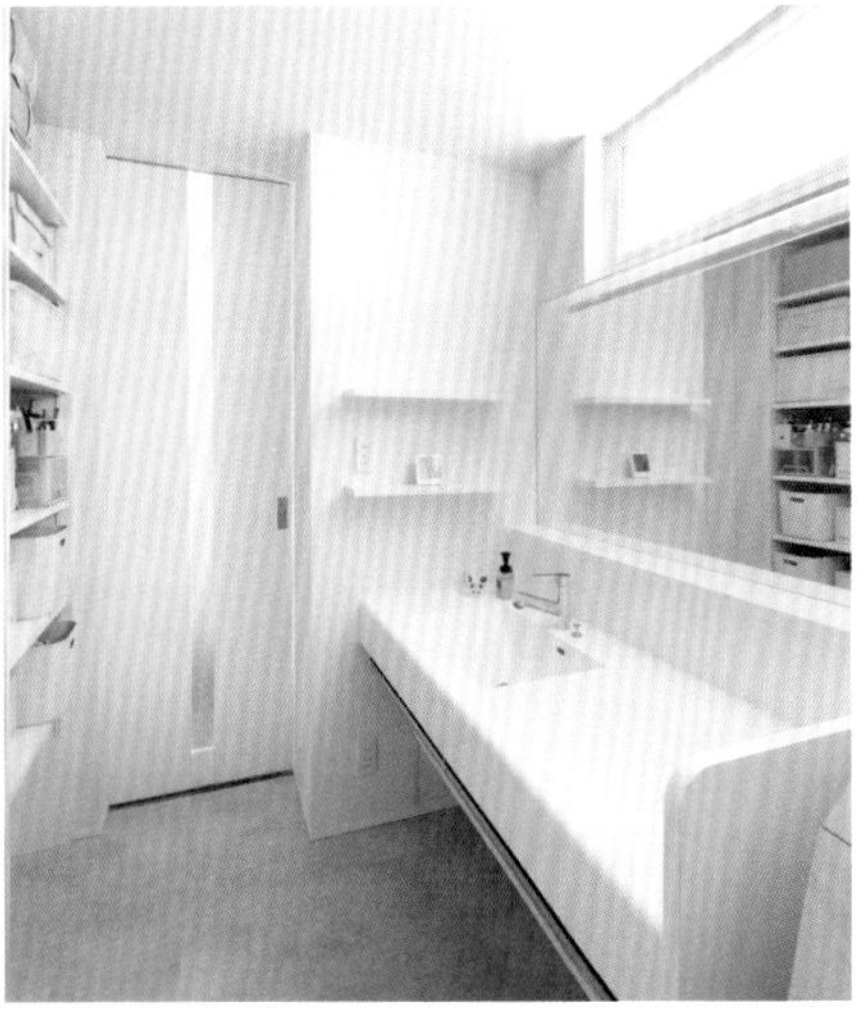

高い位置から光を採り入れることで空間全体に光を届きやすくします。洗面室に設置すれば、自然光のもと顔色が見られます。

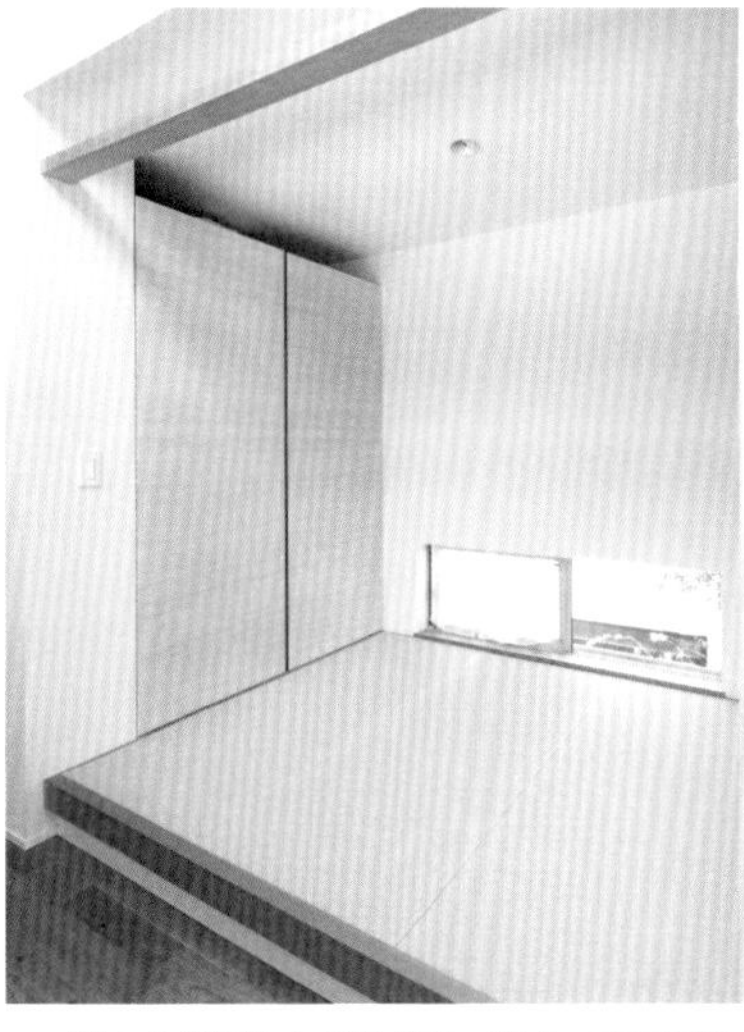

窓から採り込んだ光を床へ導き、空間に落ち着いた雰囲気をもたらします。視線の先が窓の外に向かい、広がりを感じさせてくれる効果も。

プラス
アイデア
2
明るい光を家じゅうに行き渡らせる

住宅密集地などの敷地環境や北向きの部屋など、思うように光を採り込めないケースがあります。しかし、**窓の工夫や造作を加えることでデメリットをメリットに変えて、部屋の中に光を届けることが可能です。**また、北側の部屋には光効率のいい高窓を取りつけるのがおすすめ。やわらかい光が差し込み北窓ならではの温もりが感じられます。また、部屋と部屋にはさまれた間取りには室内窓を取りつけましょう。隣接した部屋から明るい光を採り入れられて、さらには閉塞感も軽減してくれます。

光が届きにくい北側には高窓を

北面道路の敷地でLDKのメインの窓を北向きに設けた間取りです。勾配天井の高さを生かして高さ、サイズ違いで窓を設けました。大きな窓開口によって、北側の光を最大限に確保しています。

室内窓で光を採り込む

暗い部屋を明るくするときには室内窓も有効。隣の部屋のリビングからの光を採り込みます。抜け感の演出にもなるので、広々とした印象に。子ども部屋の場合、家族の気配が感じられるメリットも。

間仕切りに光を通すルーバーを

リビングと廊下の間仕切りをルーバーにしました。後方の窓の光を採り込み、リビング側の明るさを廊下へ通すメリットもあります。壁の間仕切りよりも軽やかで圧迫感なく、風通しを良くする効果も。

Point 2

心地良い光は適材適所の照明で調節

照明の光には、好みがあるものです。煌々とした明るい光を室内に均一にまわしたい人もいれば、陰影があったほうがいい人もいます。

そして、光の種類にも雰囲気のある〝情緒的な光〟が欲しい場面もあれば、本を読んだり、作業をしたりするために、必要な明るさを確保しなければならないときもあります。

また、**心地良い光は、照明器具の配置の工夫によって解決したり、好みのイメージに近づけることができます。**高機能な照明1灯で光を調光・調色するよりも、複数の光源を設けて、シーンに合わせてオン・オフ切り替えることで変化をつけましょう。時間帯や季節によって、好みの明るさを見つけて、空間の変化を楽しみます。

ダイニングには光の位置を調整できるダクトレール

テーブルの上のペンダントライトは、ダクトレールで位置を調整することが可能。光が足りないときは後からつけ足すことができます。レールを活用すれば照明器具の着脱も自由にできます。

造作壁を生かした間接照明でモダンなトイレ空間に

仕切りの造作壁の向こう側は収納スペース。壁の向こうに照明を設けて、トイレの間接照明にしています。壁からもれるやさしい光が目にも心地いいです。

勾配天井とペンダントライトで縦方向の伸びやかな空間に

天井が高い吹き抜けのリビングはデザイン性の高いペンダントライトの存在感が映える空間です。存在感のある照明器具を選んで、豊かなリビングを演出しましょう。

間接照明で控えめに照らす明かりが心地いい

廊下は通るために必要なだけの明るさがあればいいスペース。光源が直接目に入らないよう、造作天井に間接照明を設けて廊下全体にやわらかい光がまわるようにしています。

スポットライトで空間を立体的に演出

階段を上がった踊り場の壁に取りつけたブラケットライト。お気に入りの作品に光を当てるピンスポットとして、素敵なギャラリーコーナーを演出しています。

LDKのダウンライトと間接照明で好みの光を自由自在

天井のダウンライト、テレビ台の上下に設けた間接照明で、空間全体をやさしい光で包みます。シーンや気分に合わせて、心地良い灯りの調光もできる照明プランです。

開放感のある風通しの良い家にしたい

風通しの良い家は湿気がこもることなく、長持ちすることにもつながります。自然の風を感じながら、気持ち良く暮らせる間取りが理想です。

Point 1 風通しの良い家のメリット

風通しに効果的な窓の位置は〝窓が対面にあること〟〝窓の高低差があること〟。風が入る窓より、出る窓を大きくすると風が通り、よく流れます。また、窓の数が多ければいいというわけでもありません。敷地周囲の環境に合わせて風が通りやすい場所に極力窓を設けるようにします。特に階をまたぐ階段回りを吹き抜けにすると、風の通り道ができるので効果的です。

風通しの良い家のための窓選び

どの方向からどんな風を入れたいかで、窓の種類や開き勝手を選びます。豊富な種類の窓のタイプの中から、賢くチョイスしましょう。こちらでは代表的な５つの窓について、それぞれの特徴と適した場所などを紹介します。

1　引き違い窓

２枚以上の戸を溝やレールにはめて、横方向に開閉。襖と同じ構造で、ドアを開閉するスペースがいらないため、窓回りをデザインする自由度が高く、開く幅も調整可能。

2　上げ下げ窓

引き違い窓を90度回転させたような窓で、２枚の戸を上下にスライドさせて開閉。２枚とも可動するタイプは通気性が高く、外部から侵入しづらいため防犯性に優れています。

3　縦すべり出し窓

窓枠の上下に溝があり、この溝に沿わせて窓を押し出す構造です。外の風を室内に取り込みやすく、換気が効率的。ストッパーを外せば90度開き、外面の掃除がしやすいのが利点。

4　横すべり出し窓

窓枠の左右に溝を設け、縦すべり出し窓を90度回転させたタイプ。通気性は縦すべり出し窓のほうが効果的ですが、開放時に雨が降ってもすぐに入ってこないメリットがあります。

5　高所滑り出し窓

手の届かない吹抜けなどに最適な横滑り出し窓。開閉はチェーン式やコストはかかりますが電動式もあります。高所から風が抜けるので、夏の季節、熱がこもるような場所に効果的。

Column

こんなことに要注意！

1 機密性・断熱性を下げない

風通しを良くするために窓を増やしたり、大きく設けたりすると、住宅の機密性・断熱性能は落ちてしまいます。機密性・断熱性能の高いサッシやガラスを採用するプランを立てていきましょう。

2 防犯性を考えて窓を設置

窓を増やすということは、同時に侵入口を増やしてしまうことでもあります。外から人が侵入しにくい位置に設けるなど、防犯対策と合わせて考えましょう。

Point 2

風の出入り口を作る

風通しを良くするための間取りの工夫はマストです。間取りに合わせて、2カ所以上を対面に配置する、高低差をつけるなど、効果的に窓を取りつけて、風が通る道を確保しましょう。

風通しの良い家の窓の配置

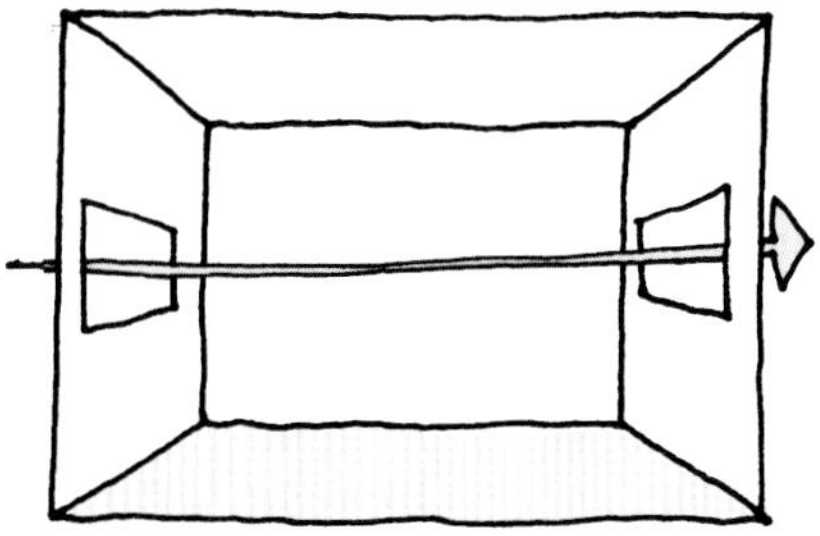

窓は2面以上、対面に配置する

「入り口」「出口」の窓を設けることが、風通しを良くするための基本です。2つの窓は対面に設置することで、室内に風を取り込み、室外へ出すという流れを生みます。

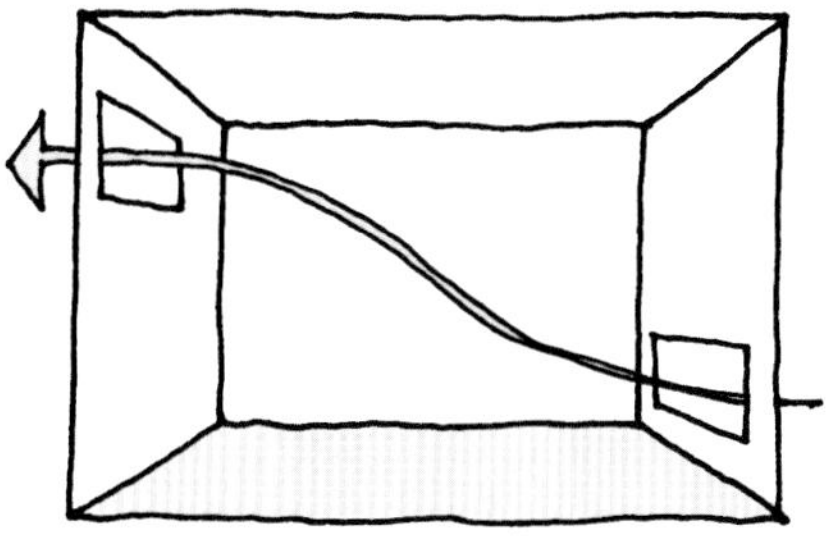

空気の対流を生かして高低差をつけて配置

温度の高い空気は上へ流れるという性質を生かした配置は吹き抜けの空間などに最適です。冷たい空気が低い窓から流れ込み高い窓へと抜けていく効果的な換気が可能。

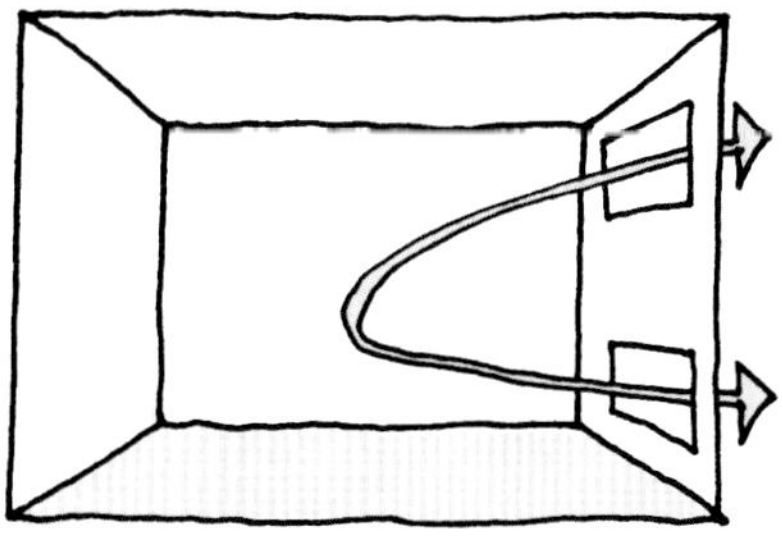

一面しか配置できない場合、高低差をつける

住まいの構造上、一面にしか窓を設置できない場合は、窓の高低差をつけて配置します。横並びの配置をするよりも、効果的な風の通り道を作ることができます。

プラス アイデア

水回りは機能的な窓で通風

トイレ

縦すべり出し窓で換気もスムーズ

トイレなどの狭いスペースにもぴったりな縦すべり出し窓を設置しました。風を取り込みやすく換気にも最適。室内に光を採り込む役割も果たします。

キッチン

勝手口で風の通り道を作る

キッチンに風が通るように、採風タイプの勝手口を設置しました。勝手口を閉めたままで通風ができるので、防犯上も便利です。

洗面

高窓からの風は室内干しにも効果的

洗面室に開閉可能な高窓を取りつけて室内干しの洗濯物を乾きやすくしています。自然の風が通り抜け、明るい光も差し込むので湿気対策にも効果的。

Point

3 吹き抜けのリビングで風の通り道を作る

風の抜け方は季節や時間帯によっても変わり、家を取りまく敷地環境によっても違ってきます。設計者の見立てを取り入れながら、最大限に風が通り抜ける工夫を凝らしていくことが大切です。

高低差をつけた窓を設けられる吹き抜けのリビングは、風通しにとって最適なプランです。開放感を感じながら新鮮な空気と光も十分に採り込めるので、暮らしに快適さをもたらしてくれます。

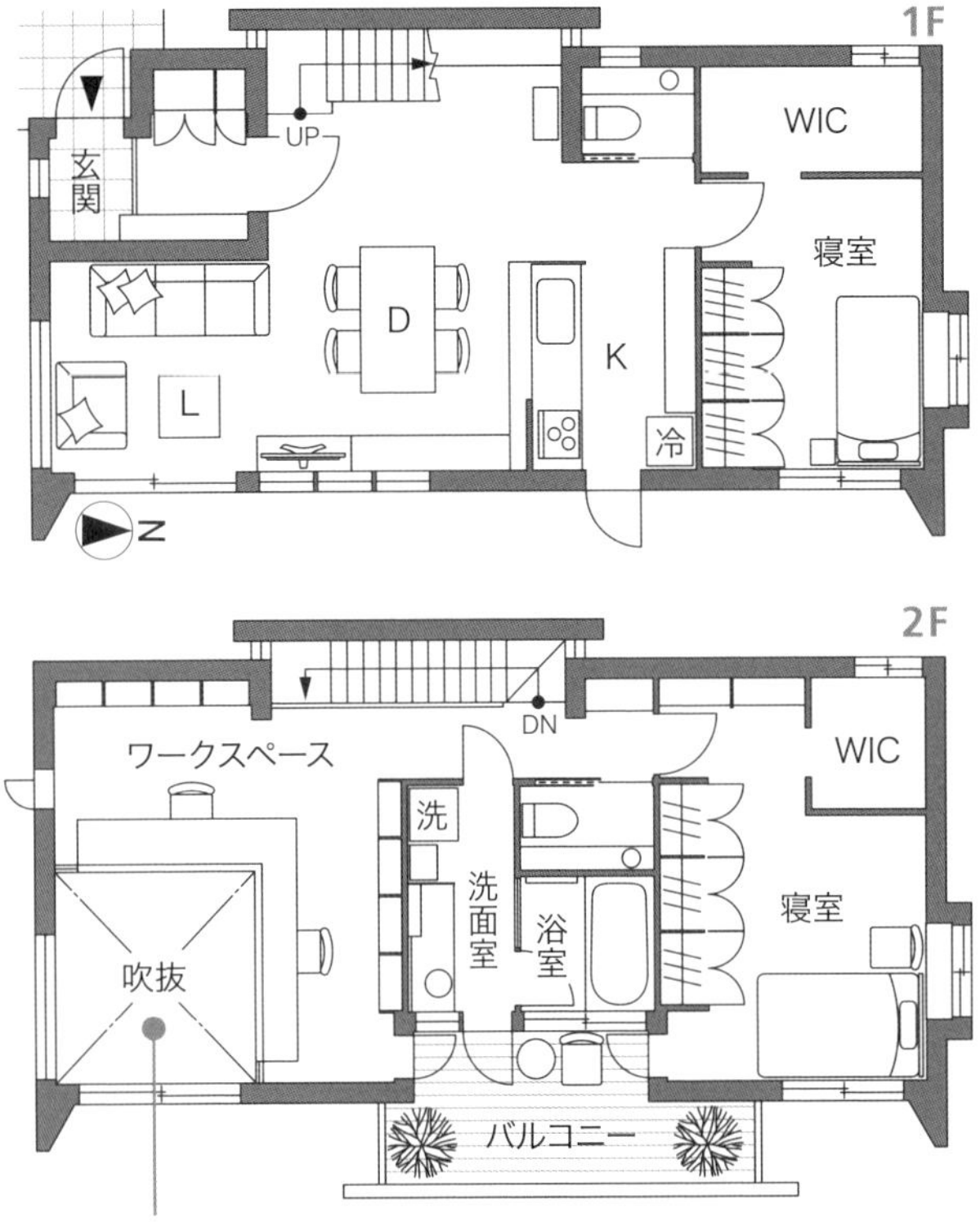

1階の空気が吹き抜けを通ってバルコニーへ抜ける

1階リビングを吹き抜けにした間取りです。1階の窓と2階窓の高低差が光と風の通り道を作ります。

スケルトン階段を組み合わせて風の流れをスムーズに

リビングから通じる階段は1階から2階へ風を送る通り道。階段は通風を遮らないスケルトン階段にして、風通しの良さを高めています。階段下のコーナーも空気がこもることはありません。

風の吹き抜けるリビングは光も差し込む心地いい空間

床から天井まで広がる大きな窓を設けた吹き抜けのリビングは光が燦々と降り注ぐ開放的な空間。吹き抜けを通して1階の窓から入った自然風が2階バルコニー窓に抜け、家全体に風が行き渡る工夫をしています。

Column

広々とした空間をかなえる工夫

勾配天井のリビング

日当たりが良く、採光を確保しやすい2階リビングは、ここ最近の人気の間取り。中でも勾配天井のリビングは、天井を高く取ることができるので、開放感が得られやすいプランです。また屋根の形状を生かし、一部にロフトスペースを設けると、天井に変化がつき、屋根裏部屋として活用するなど、間取りの組み合わせの幅も広がります。高い位置に開閉可能な窓を設置すると、風通しを良くするメリットも。開閉窓を取りつけられない場合は、天井にシーリングファンやサーキュレーターを設置して、空気を循環させるのが効果的。

視覚的開放感を楽しむ

勾配天井の抜け感のあるわくわくするような雰囲気を生かして、子どものプレイスペースにしています。コンパクトな空間ですが、天井が高くスリット窓とベランダからの光が入るので、実際よりも広さを感じられます。

天井の趣がもたらす、くつろぎの空間

高窓から取り込んだ光のグラデーションで、勾配天井ならではの素敵な空間を映し出しています。リビングのソファ側からは日当たりを感じながら視線が窓の外へ向くので、開放感とゆったりとした心やすらげる居心地の良さが味わえます。

長く暮らせる二世帯住宅の家にしたい

二世帯住宅で同居を始めるとき、期待とともに不安な気持ちになる人も多いはずです。家族みんなが笑顔で暮らせる、最適なプランを見つけましょう。

Point 1 希望するプランを考える

二世帯住宅の間取りは玄関・浴室・キッチンなど**何を共有して、何を分けたいか明確にすることでタイプが分かれます。間取りのタイプは大きく分けて、「完全分離型」「完全同居型」「部分共有型」「流動型」の4つ。**ここ最近ニーズが高いのは、各世帯が自由に生活空間を持てる分離型の間取りです。

両世帯が元気であれば、「完全分離型」がおすすめ。2階建ての住宅を上下で分離させる場合は、水回りを上下同じ位置にすると、お互いの生活音が気にならずに済みます。

住まいの一部を共有するのが「部分共有型」の間取りです。例えば、リビングは別にして、キッチンや浴室などを共用にすると水回りを2カ所設けずに済むので、予算を抑えるメリットもあります。

高齢化が進み、二世帯住宅の需要も高まるばかり。親・子世帯が自由で快適なライフスタイルを送れるよう我が家に合った間取りのプランを選びましょう。

二世帯住宅の主なタイプ

二世帯住宅の間取りの代表的なタイプはこの4つ。それぞれの特徴を把握して、暮らし方にあった家作りのヒントにしましょう。

1 完全分離型

玄関から浴室まで全て分離して、親・子世帯が完全に独立しているタイプ。お互いを身近に感じられて必要なときはすぐに会える安心感があります。独立性の高い間取りにして、将来的に賃貸として貸し出すケースもあります。

2 完全同居型

玄関、LDK、水回りなど、住まいの多くの部分を共有して、それぞれの個室だけを専用スペースとする間取りです。一つの大家族として暮らせる安心感があり、親世帯が高齢の場合やおひとりの場合などに適したスタイル。

3 部分共有型

住まいの一部を必要に応じて共有するタイプです。家族やライフスタイルによって、さまざまなバリエーションがあります。同居の便利さや安心感、別居の気軽さの両方のメリットをバランスよく両立することができます。

4 流動型

親・子世帯がそれぞれに可変性がある場合に有効なプランです。親が歳をとる、子世帯に家族が増える予定があるなど、現在と何年後かの先を見据えた可変プランを設定します。家族の将来に寄り添った間取りの捉え方です。

Point

2

上下階にそれぞれが暮らす完全分離型

玄関、キッチン、浴室など全て親・子世帯で居住空間を別々に設けた間取りです。気兼ねなく暮らしながら、近くにいる安心感を感じたいという家族にぴったりのプランです。

プライバシーを保てる外階段

外階段を設け各世帯の玄関を別にしました。生活リズムが違う場合、お互いに気兼ねすることなく、出入りできます。

水回りは上下階同じ場所に

水回りを上下階同じ場所に設けることで、家作りの予算を抑えられるメリットがあります。生活音も気にならずプライバシーの配慮にも。

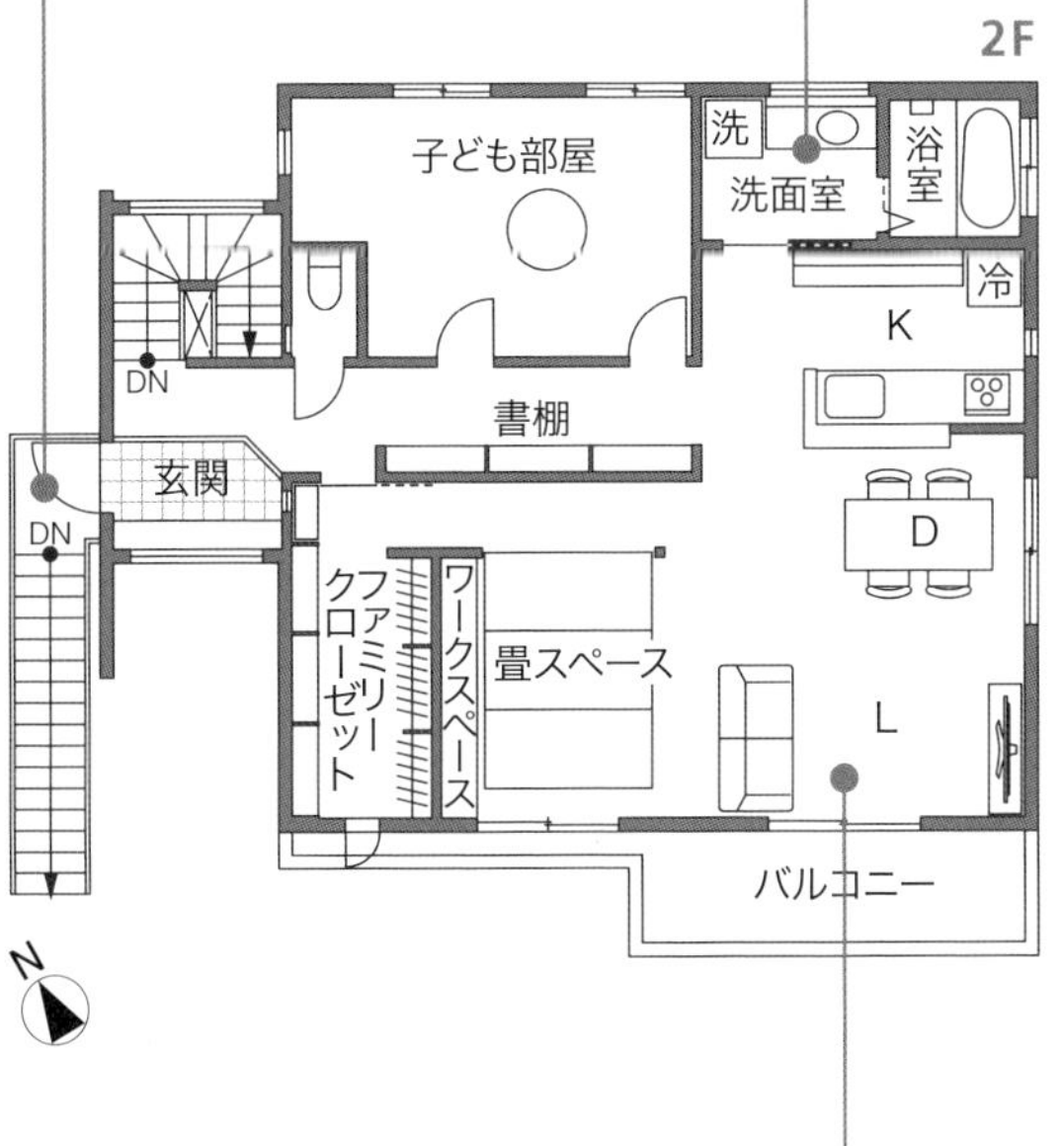

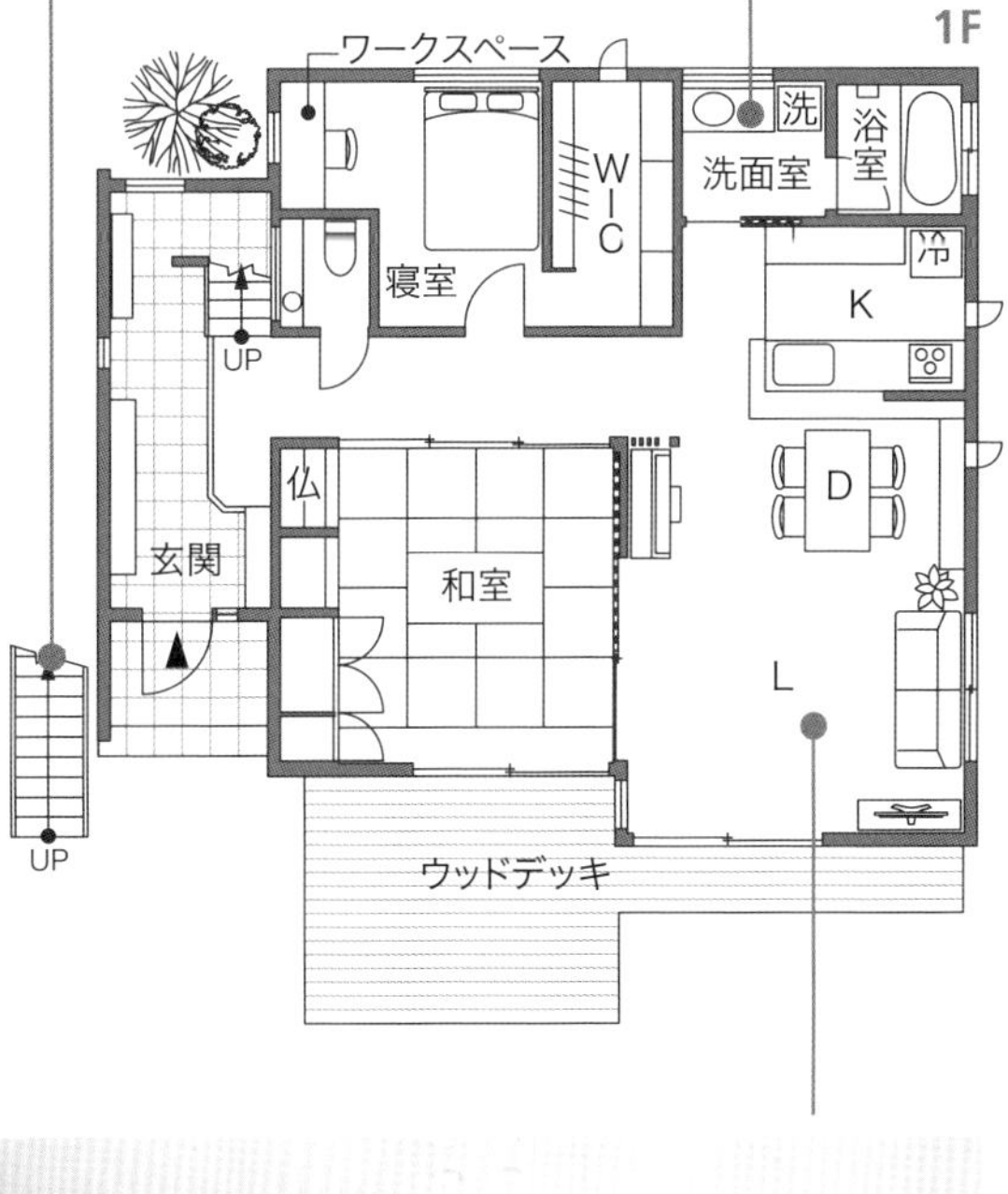

各階が独立性のある間取りで賃貸にも活用可能

1階に親世帯、2階に子世帯が快適に暮らせる居住スペースを確保しています。子世帯が家を離れることになった場合、2階を賃貸住戸として活用できるメリットがあります。

Point 3

ほどよい距離感で暮らせる部分共有型

LDKは共有でも子世帯専用のリビングを設け、プライバシーを確保することが快適さの秘訣。家族全員が過ごす共有スペースは、ゆとりのある空間にすると両世帯の絆も深まります。

共有スペースを回遊動線の間取りに

親、子世帯で生活動線がなるべく重ならないように、キッチン、ダイニング、水回りの共有スペースを回遊型の間取りにしています。親子でキッチンに立てるので便利です。

1F

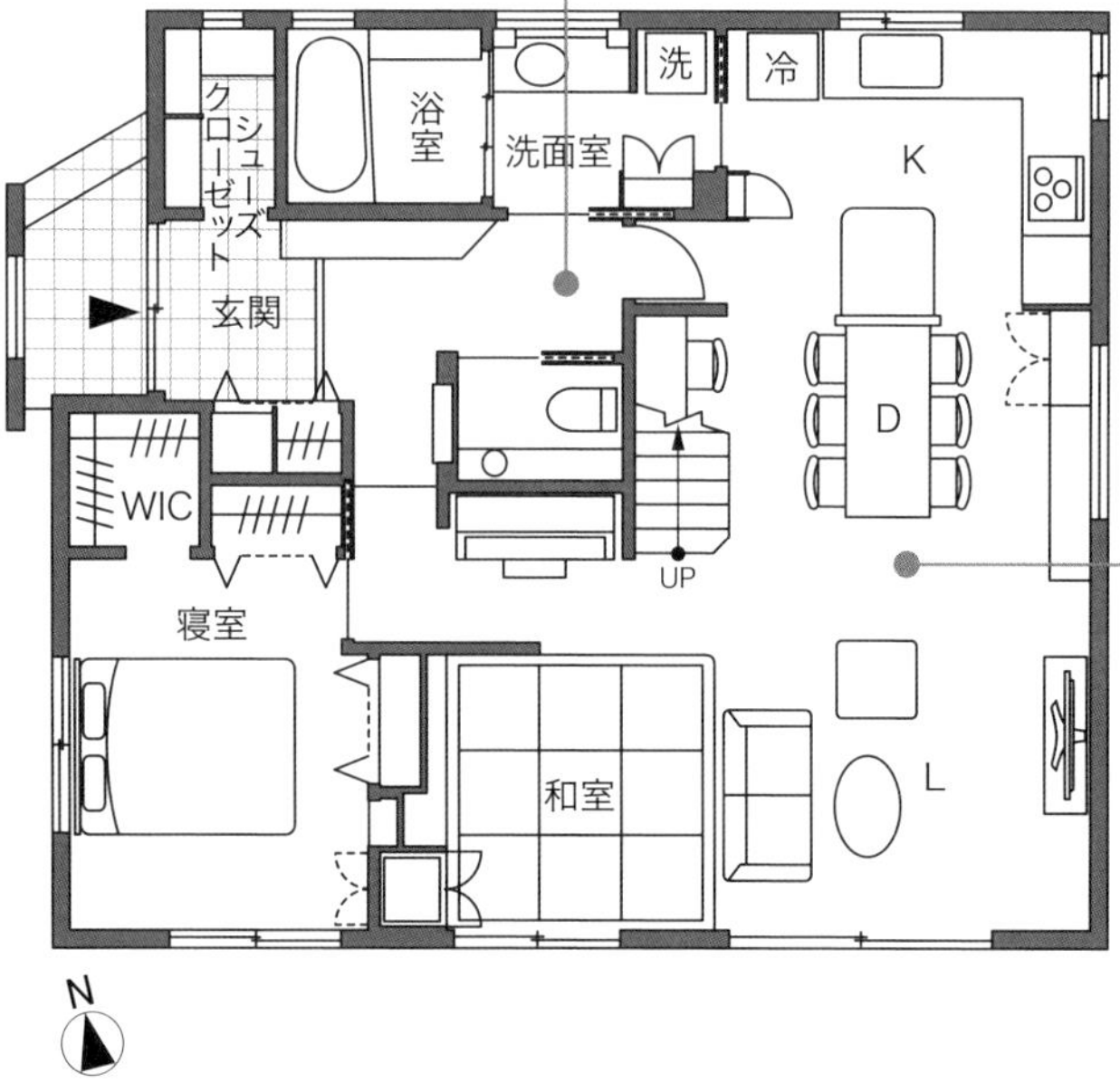

家族全員が気ままにくつろげる広めのリビング

リビングを共有スペースにするプランであれば、両世帯そろってコミュニケーションがとれるように、広さを確保。家族それぞれが思い思いに過ごせるコーナーを作ります。

子世帯専用のシャワールーム

子世帯は朝が早く、帰宅の時間が遅くなる日も多いので、間取りに専用のシャワールームを取り入れました。暮らしのリズムが異なる親世帯へ気兼ねすることがなくなります。

2F

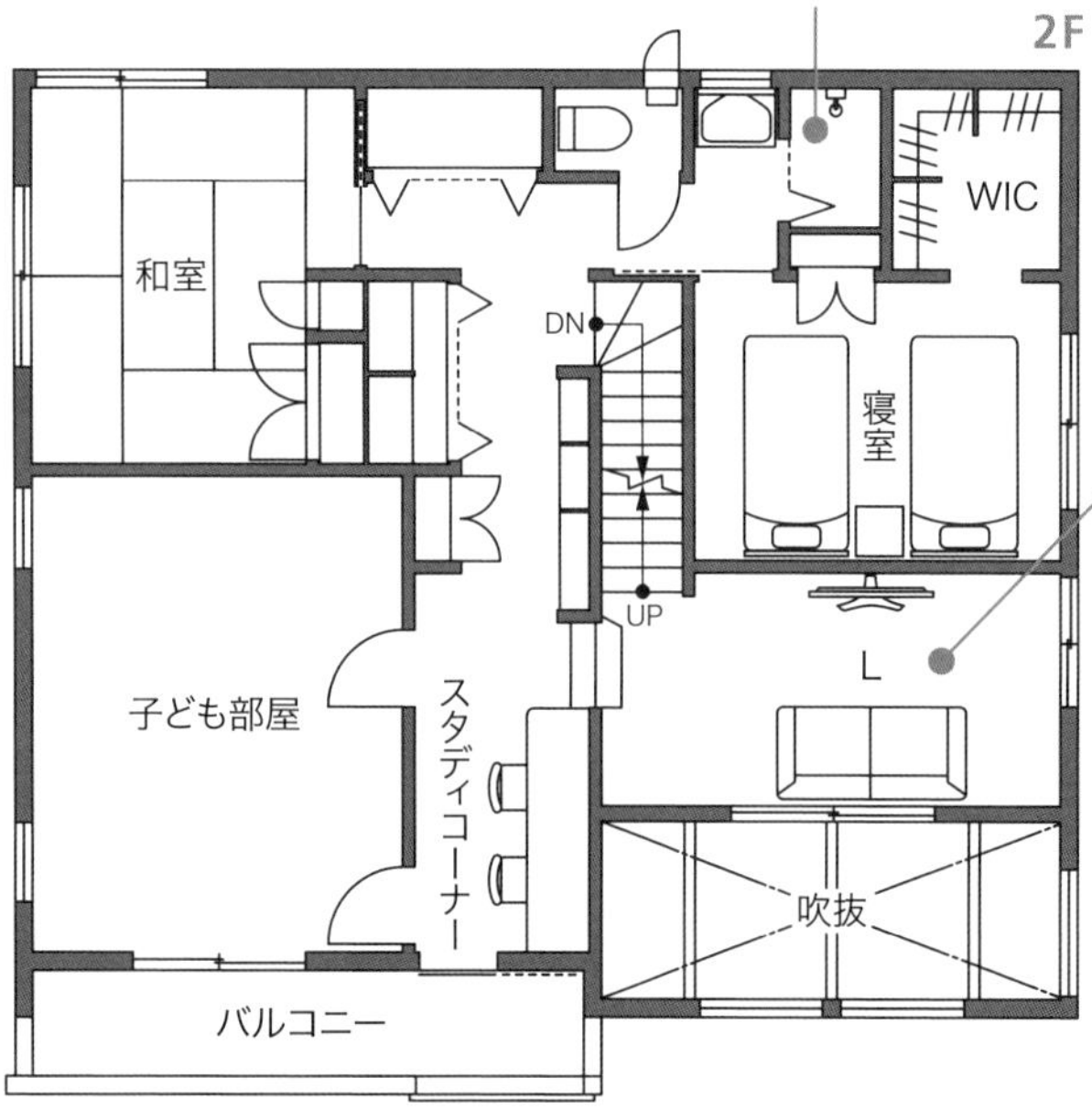

子世帯がリラックスするためのプライベートリビング

寝室、子ども部屋が2階にある子世帯。同じ階に専用のリビングを設けて、生活動線の中でくつろげるプランにしました。親世帯とほどよい距離感を保つためにも効果的です。

ロフト

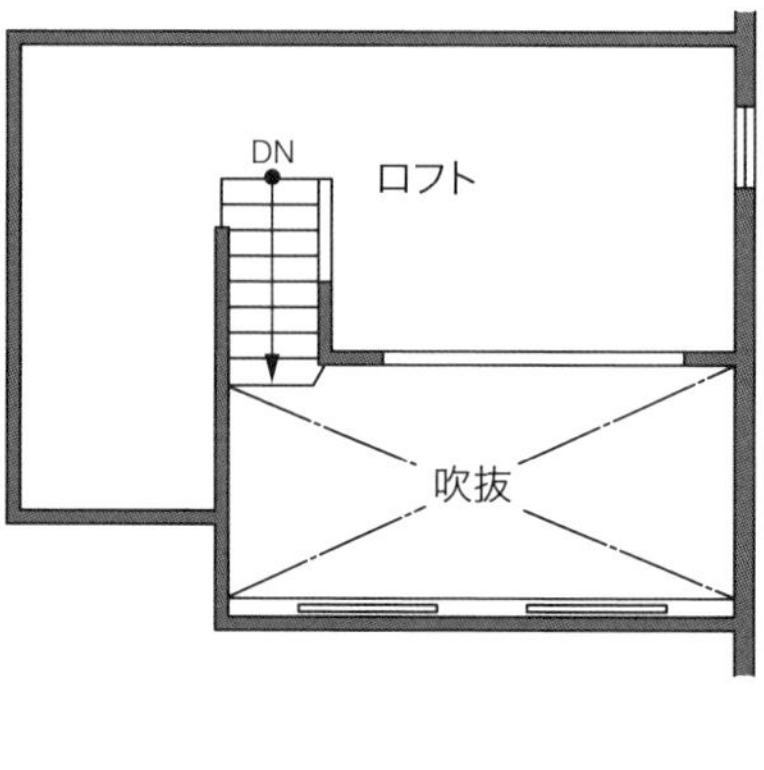

Point
4
将来の可変性を見通した流動型

両世帯の変化に合わせて、先々を見通すのが流動型のプランです。将来、親世帯が歳をとったとき、家族が増えたときのために備えて、計画的に間取りを変更していきましょう。

現在

1階が子世帯のメインフロア

完全分離型の1階を子世帯の生活の場にしました。夫婦二人暮らしなので、広さをとったLDKを中心にシンプルな間取りにしました。

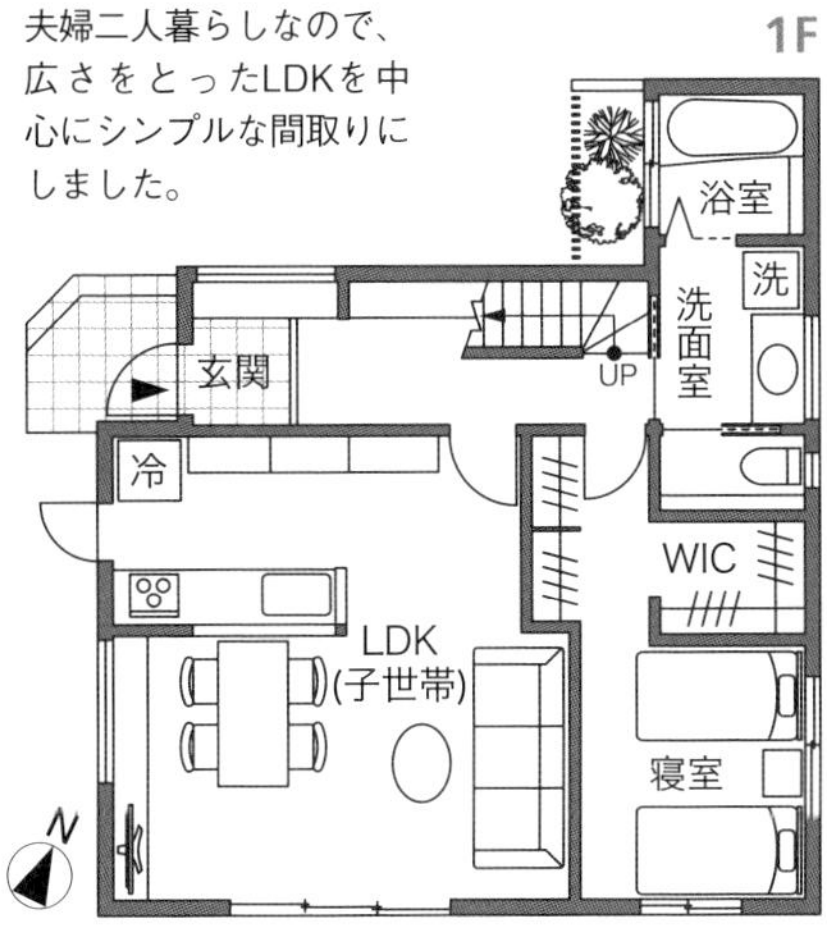

2階が親世帯のメインフロア

母が一人で暮らす親世帯のための間取りを2階に設けました。親が元気なうちは完全独立型にし、それぞれ自由に過ごします。

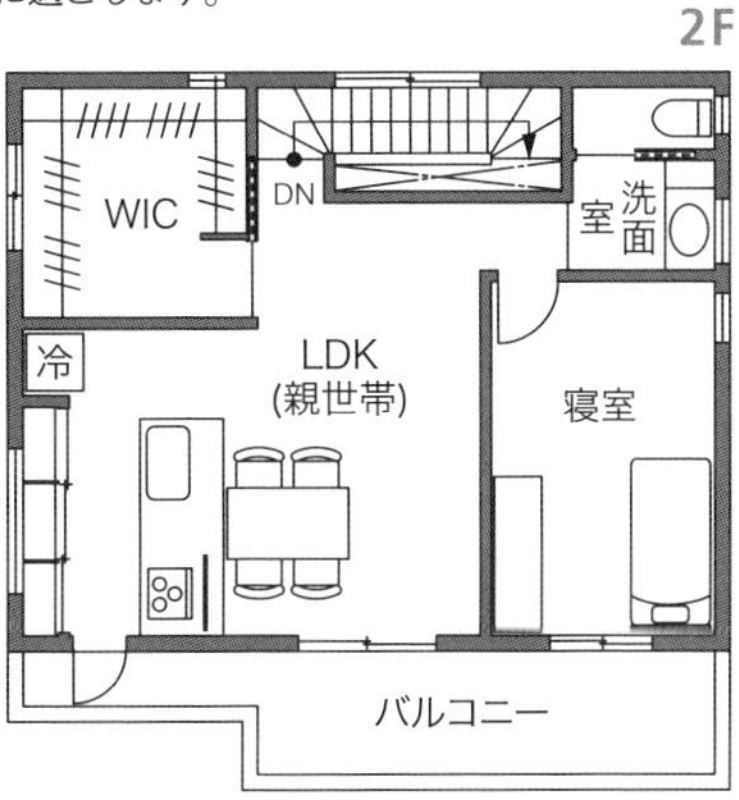

15〜20年後のプラン

将来は1階を親世帯の居住空間に

母が高齢になり階段の上り下りが億劫になった際を考慮して親世帯を1階へ。LDKは母のために寝室を含むオールインの間取りに変更予定。

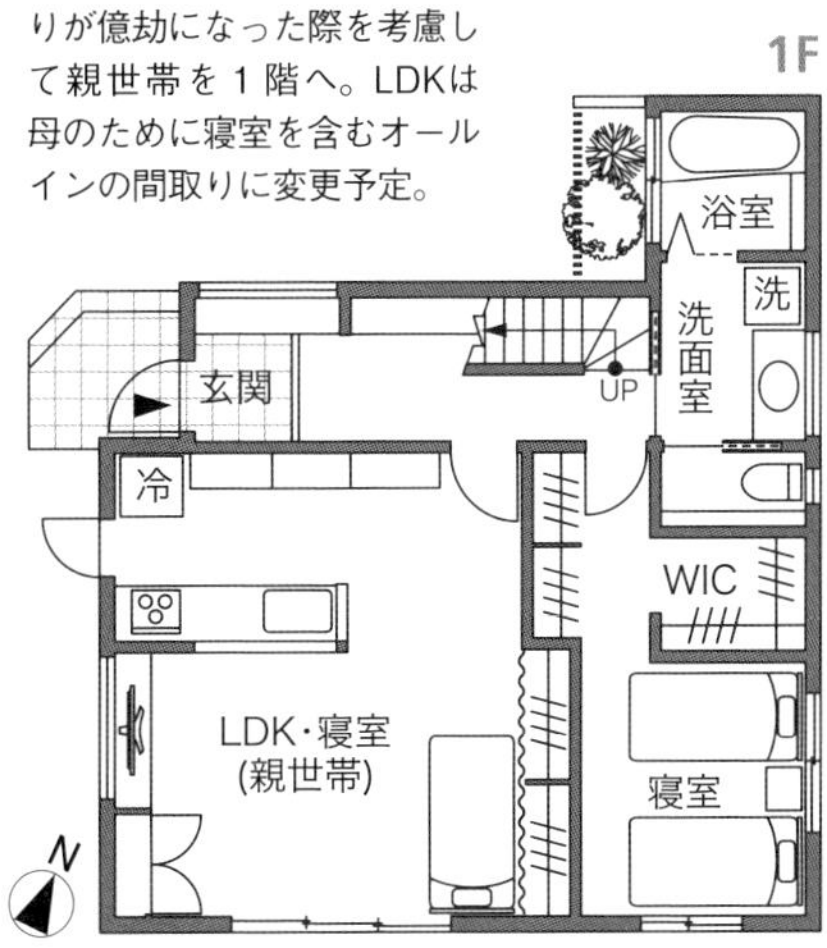

子世帯の生活スペースは2階へ。寝室は1階のままに

仕切りをなくして、2階を開放的な子世帯のLDKに。ウォークインクローゼットの母の荷物は減らして1階に移動。母の寝室だった部屋は子ども部屋に変更予定。

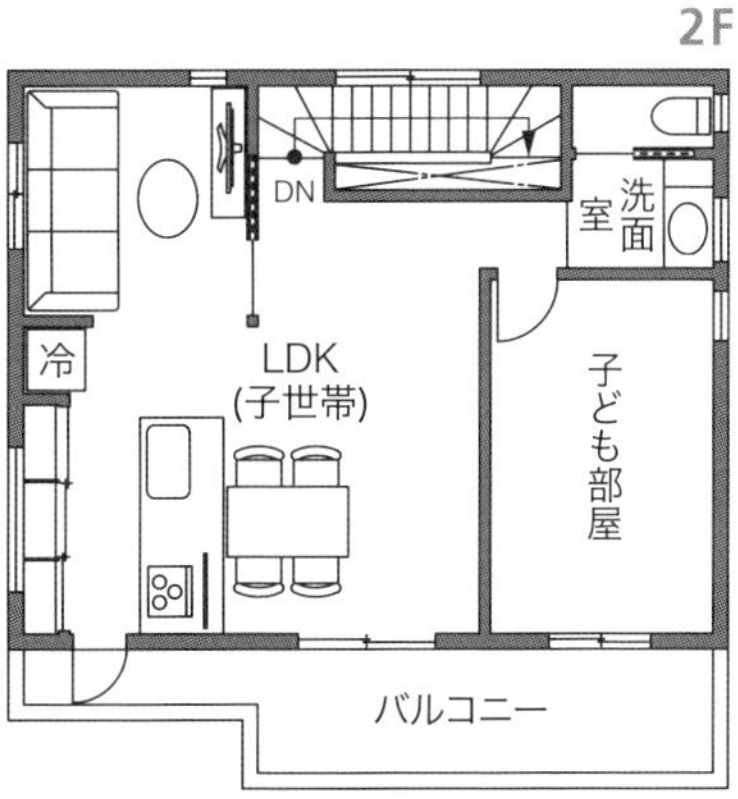

ペットと快適に暮らしたい

新しい家でのペットとの共同生活は、日々の暮らしと人生を豊かにしてくれるものです。猫や犬の気持ちに寄り添い、家族も快適な家作りのヒントを紹介します。

Point 1 ペットと暮らす家作りの考え方

猫や犬は大切な家族であり、毎日をともに過ごすパートナーです。新しい家の中にも、人と同じように快適な環境を用意してあげたいものです。健康や安全に配慮することはもちろん、室内で伸び伸びと暮らせるような間取りの工夫が大切です。

具体的なプランのためには**ペットの習性や行動をきちんと把握することが必要です。それぞれ個体差があるのでどのような一日を過ごすのかペットの特徴を設計者に伝え、家族の一員としてプランに盛り込みましょう。**

猫と犬のための間取りとして共通して意識したいのがトイレの場所。リビングなどの居室ではない換気扇の近くに置くのがおすすめです。また年齢がいった猫や犬は劇的な環境の変化は大きなストレスになるので、配慮が必要です。猫や犬のための生活動線や空間作りで、心地良いペットとの暮らしを実現しましょう。

Column

＼ペットを飼っている人に聞いた！／

ペットと暮らす家で大切なものは

フローリングの滑り止めで、家族もペットも心地良く

普通のフローリングは滑りやすいので、股関節などケガ防止のために滑り止めのコーティングをしました。キズ防止や防音効果もあるので、家族にとっても心地良く、我が家にとってもメリットです。（Mさん　40代）

家族が集まるリビングにくつろぎスペースを

家族と触れ合うのが大好きなので、居場所のケージはリビングの一角に置いています。リビングだと家族みんなで世話を分担しやすく、お互いの様子もいつでも確認できて安心です。（Wさん　50代）

ペット仕様の壁紙で猫も家族も快適

以前の住まいでは壁紙の凹凸におしっこの汚れが残ってしまうのが悩みだったので、新しい家にはペット仕様の壁紙を選びました。猫の爪研ぎにも強く、おしっこをかけても汚れが落ちやすく、シミにもなりづらいので快適です。（Aさん　50代）

猫目線も重視して、高さのある吹き抜けリビングに

猫も毎日楽しめるように、広さよりも高さを意識して間取りのプランを立てました。2階リビングは吹き抜け天井にして、さらにロフトを設けています。家全体を自由に歩き回れるので運動不足、ストレス対策にもなっています。（Iさん　40代）

Point
2

猫と人が心地良く暮らすための スペース配分を

好奇心旺盛で自由気ままな猫がリラックスできる心地いい居場所を作ってあげることが大切です。家族と猫が同じ行動ができるよう、空間を揃えるとお互い存在を感じながら過ごせます。

家族のくつろぎの場所に猫のベッドも

寝室でくつろぐことが多い家族に合わせて、猫のベッドも寝室に設けました。いつでも気配を感じながら、自由に過ごしたい猫に寄り添ったアイデアです。

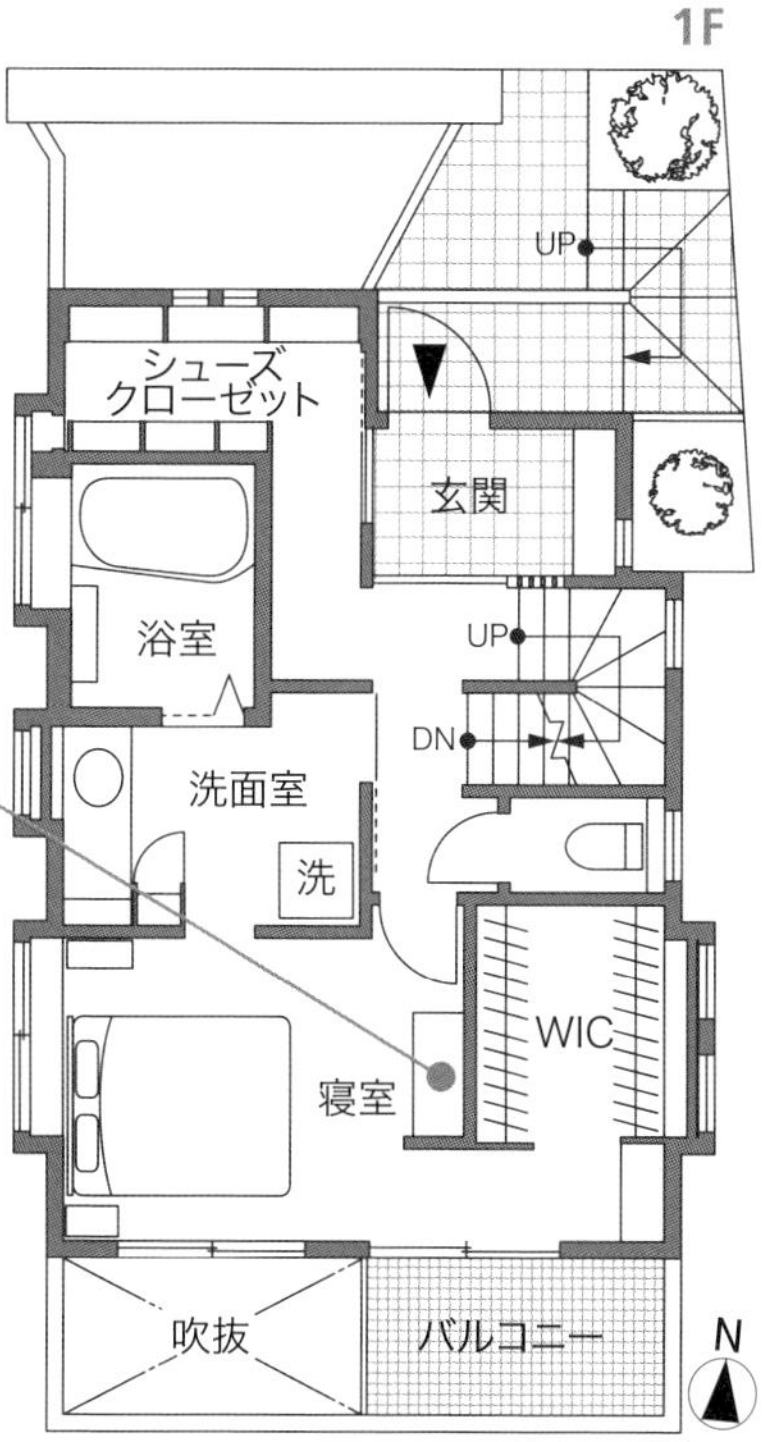

猫用トイレの上の壁に換気ガラリを設置。壁の向こうのトイレで換気扇を回しておくと、ニオイが解消されます。

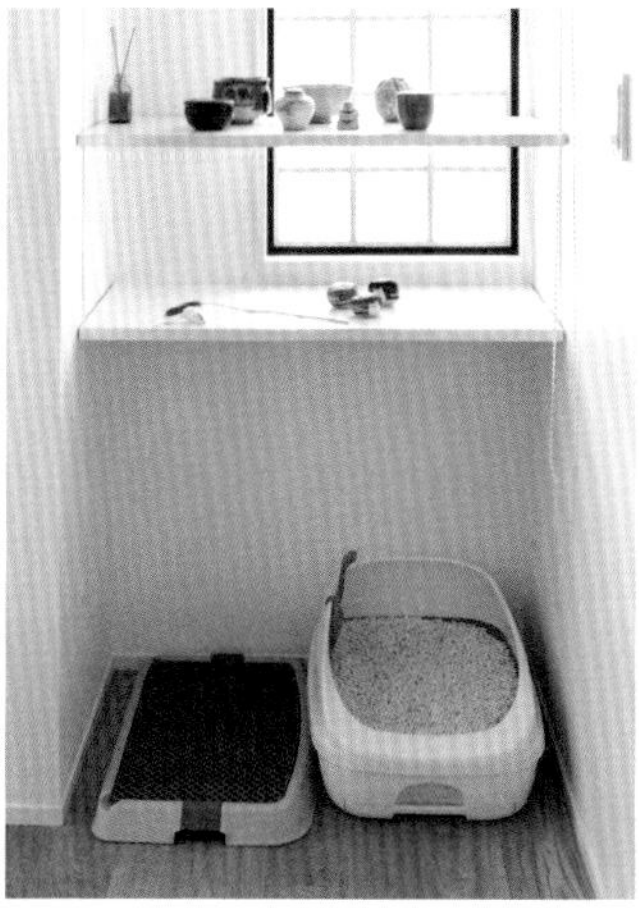

猫用のトイレスペースをトイレの近くに確保

人のトイレの近くに、猫のトイレ、爪研ぎを置く、猫のコーナーを作りました。猫の体臭は気になりませんが、おしっこのニオイ対策をしています。

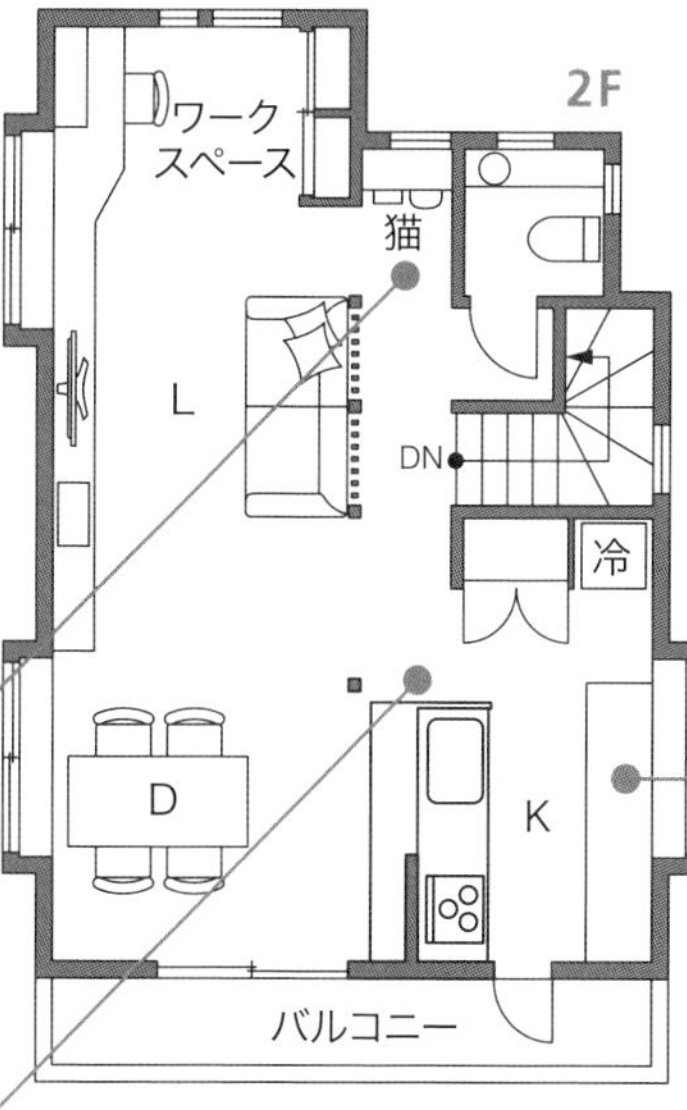

キッチンの一角が猫の食事スペース

猫の食事の用意と片づけがスムーズになるよう、キッチンの側に食事スペースを設けました。

ごはんのストックはキッチンの収納棚に

猫の食事スペースに近い、キッチンの背面の収納にキャットフードのストックを入れています。

Point 3

愛犬の動線で間取りを考える

わんぱくで運動好きな犬が家の中を動き回れる、安全に配慮した空間を設けましょう。犬は体臭があるので部屋にニオイがこもらないよう、換気対策を備えると家族も快適に過ごせます。

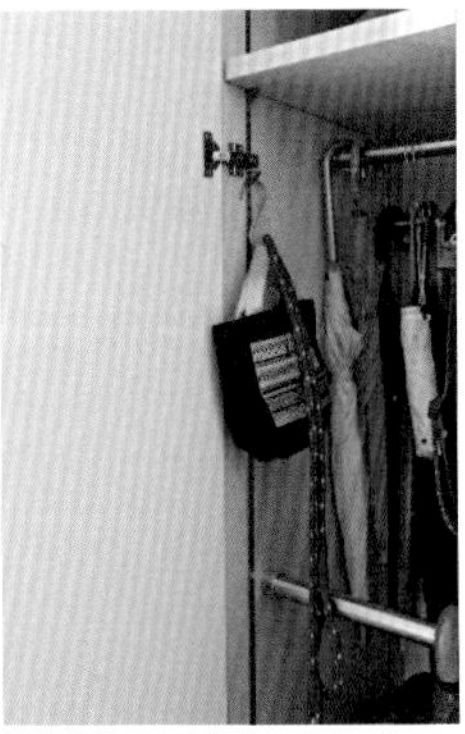

散歩用品が取り出しやすい玄関の壁面収納

リードや手さげなど散歩グッズが収められるコーナーを玄関の壁面収納に設けました。傘立てコーナーも兼ねているので、雨の日にも便利です。

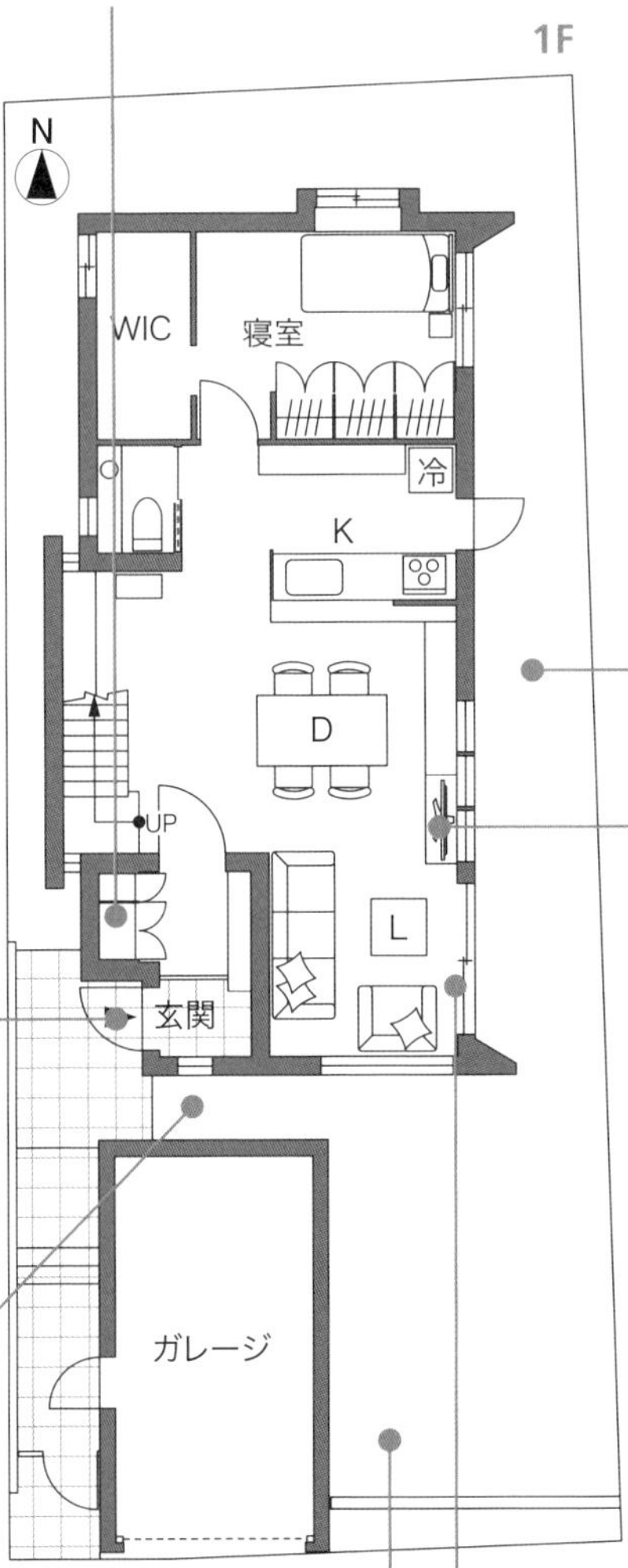

大きな庇がある玄関前のポーチ

雨の日に濡れた身体をタオルドライできるよう、玄関に大きめの庇を取りつけました。散歩に出かける際にリードを着けるときなどにも有効です。

ドッグランとなる家の外周をドライコートに

ドッグランをする家の外周をドライコートにしています。飼い主が出勤する前に自分でトイレを済ませ、外の空気に触れるのが朝の日課です。

リビングには床面から浮いた造作家具を

LDKは家族と愛犬が一緒に過ごす共有スペース。床面から浮くよう造作した家具は犬の抜け毛掃除もしやすく愛犬のくつろぎスペースも兼ねています。

玄関脇に脚の洗い場を設置

玄関の脇に犬の洗い場を設置。給湯システムを備えてお湯が出るようにすると、寒い冬に脚を洗うときにも重宝します。

庭は脚が汚れない石張りやコンクリートで快適に

家の回りや庭には石張りやコンクリートのドライコートを。脚が汚れずに済み、お庭でのお散歩後のケアがラクに。

吹き抜けリビングの窓から降り注ぐ光を浴びて、日向ぼっこ。

家にいながら外の空気が感じられるバルコニー

日当たりのいい２階に設置したバルコニーも絶好の遊び場。半分に庇がかかっているので、雨の日も濡れずに済みます。

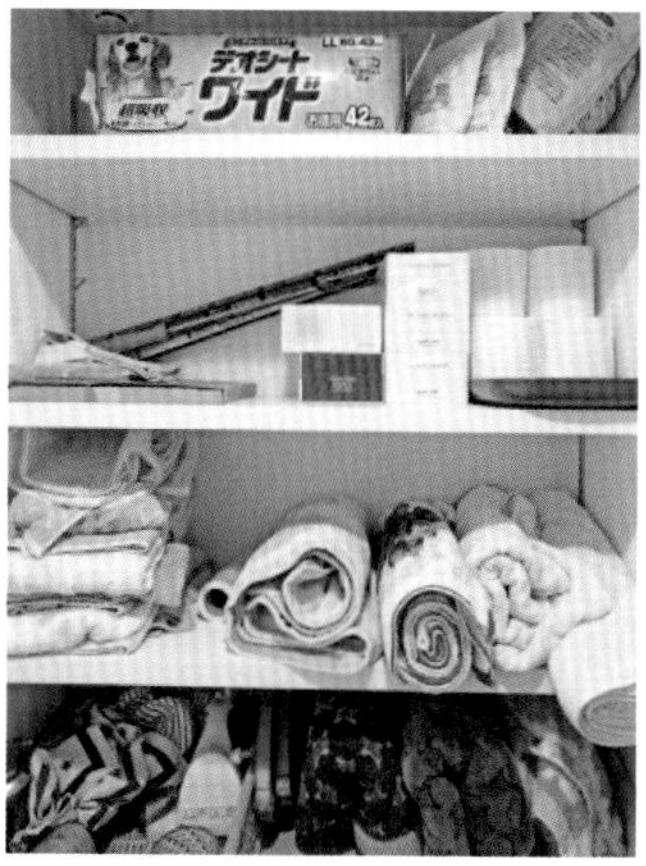

犬が過ごす場所の近くにペット用品の収納スペースを確保

洗面室側に設けた大容量の壁面収納にペット用品を収めています。１袋10㎏のドッグフードのまとめ買いにも十分な収納スペースを確保しました。

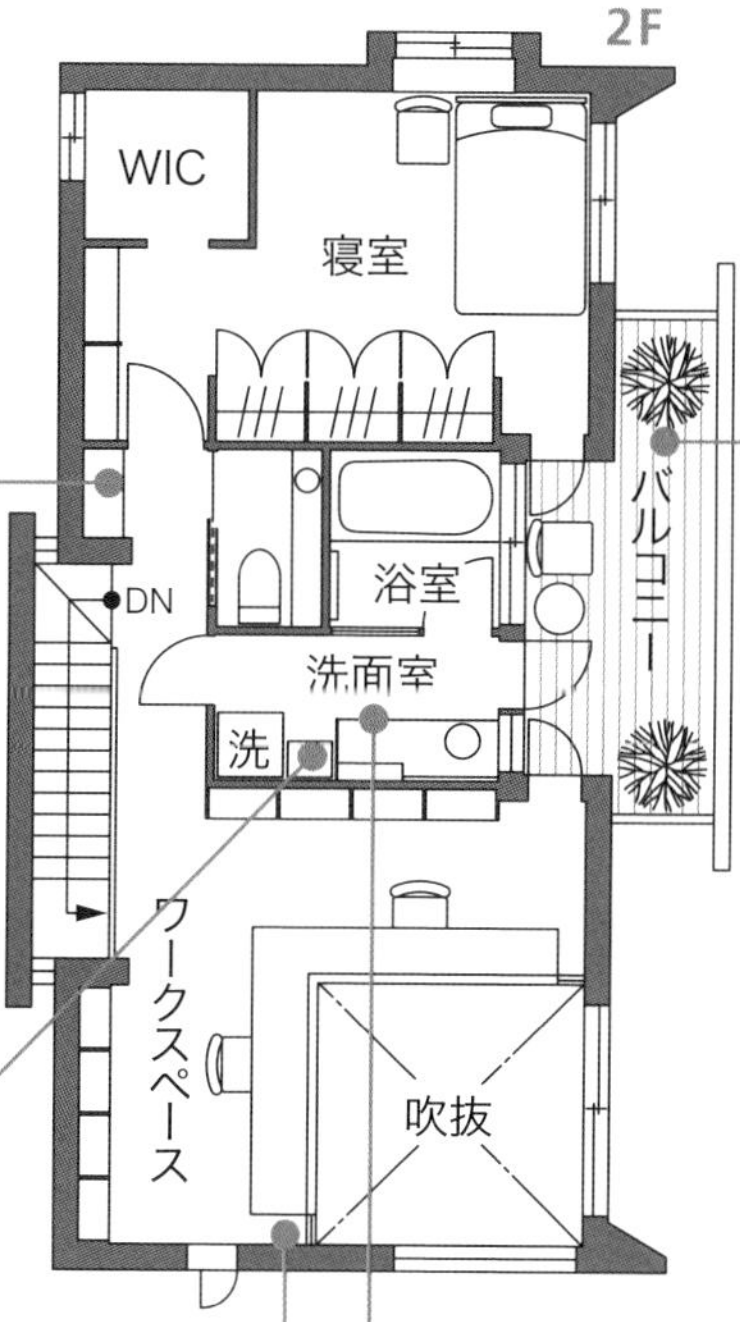

バルコニーは壁で囲われた半屋外空間となっているため、警戒心の強いペットにとっては安心しながら、外の景色が味わえます。

洗面室の収納コーナーにエアコンも完備

洗面室の収納棚を設置しました。犬の食事スペースも洗面室なのでペットフードや犬用の薬、また夏場の暑さに弱いペットのためのエアコンも完備しています。

吹き抜けを通じて１階にいる家族の様子を確認できるので安心。

衛生面でもメリットがある洗面室がくつろぎの居場所

洗面室に隣接した浴室の換気扇が消臭に効果的。水回りは掃除もしやすく、衛生面でもペットにとって利点があります。

洗面台下のスペースにマットを敷き、犬のベッドコーナーにしています。専用のベッド置き場がいらず、省スペースです。

我が家に合った収納が欲しい

家族みんなに負担がなく、きれいが続く収納は、快適な暮らしのための基盤です。
我が家に適した収納計画を立てて、新しい家作りに反映しましょう。

Point 1

使いやすく、片づけやすい〝適所収納〟を取り入れる

収納は〝大きければいい〟〝たくさん作ればいい〟というわけではありません。我が家にぴったりの収納を確保するためには、まず家全体の物を見直すことから始めましょう。具体的に収納場所、サイズを決めていくにあたって、今持っている物の種類と量を把握します。ビジュアル化することも一つの方法なので、写真を撮るだけでも構いません。設計者と相談する際に、我が家の持ち物を伝えられるようにしましょう。

そして、〝収納スタイル〟を知ることも大切です。隠す収納にするのか、それとも見せる収納にするのかなど、家族みんなで相談しながら、納得のいく収納計画を立てましょう。

物があふれてしまうのは、必ずそこに理由があります。使う場所から離れている、収納のサイズが合っていなくてしまいにくいなど、人は面倒臭いことはしなくなるもの。使いやすく、片づけやすい持続可能な収納を取り入れましょう。

適所収納のための手順

1 家全体の物を見直す

収納場所、サイズを決める際、最初は手間でも家族みんなの持ち物をリストアップすることが大切です。今持っている物の種類と量を把握することが、我が家に最適な収納作りの第一歩。

2 我が家の収納スタイルを知る

きちんと収納したい、大雑把なのでプラスαの余地がある収納にしたいなど、我が家の収納スタイルを見直しましょう。家族みんなが納得のいく収納のために必要なプロセスです。

3 使いたい収納を見極める

造作収納と手持ちの家具を見極めることも収納計画の一つ。作り込むのも良いですが、思い入れのある家具を大事に使っていくことも素敵です。自分にとっての心地良さを基準にすることも大切にしましょう。

場所別 適所収納のポイント

“使う場所”の近くに“しまう場所”を設ける適所収納のポイントを場所別に紹介。

場所が決まっていたら家族誰でも片づけられます。収納できることも適所収納のメリットです。

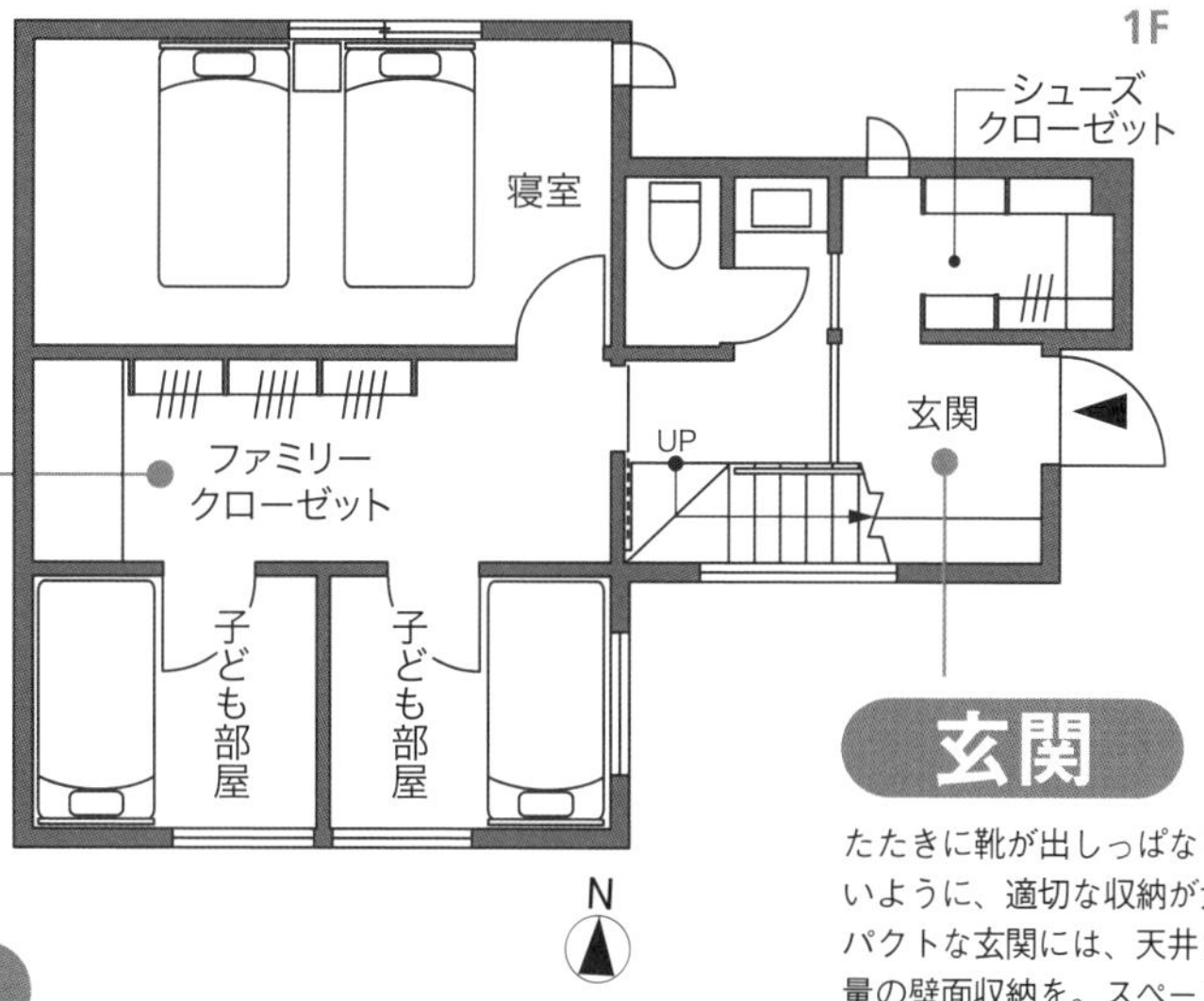

クローゼット

造作収納でニーズが高いクローゼット。収納システムは予算がかかるので、棚だけを造作して既製品の収納ケースと組み合わせるなど、できることはDIYするのがおすすめ。

玄関

たたきに靴が出しっぱなしにならないように、適切な収納が大切。コンパクトな玄関には、天井までの大容量の壁面収納を。スペースに余裕があれば、外回りで使う物を収納するシューズクローゼットも便利です。

ダイニング

家族みんなが顔を合わせて食事をする以外にもさまざまな作業をする場所。キッチンカウンターのダイニング側に収納を設け、カトラリー、パソコンや筆記具などを収めるスペースを確保しましょう。

リビング

リビングにはなるべく物を置かず、すっきり過ごしたいという人も多いはず。リモコンなど細々した物を収めるテレビ台、テレビボードを含む壁面収納を造作して心地良い空間を。

洗面室

洗面室が脱衣室も兼ねている場合、２つの動作に必要な収納場所を設けます。洗面に必要な物を収める収納棚、パジャマや下着、タオルなどを収納するリネン庫を造作しましょう。

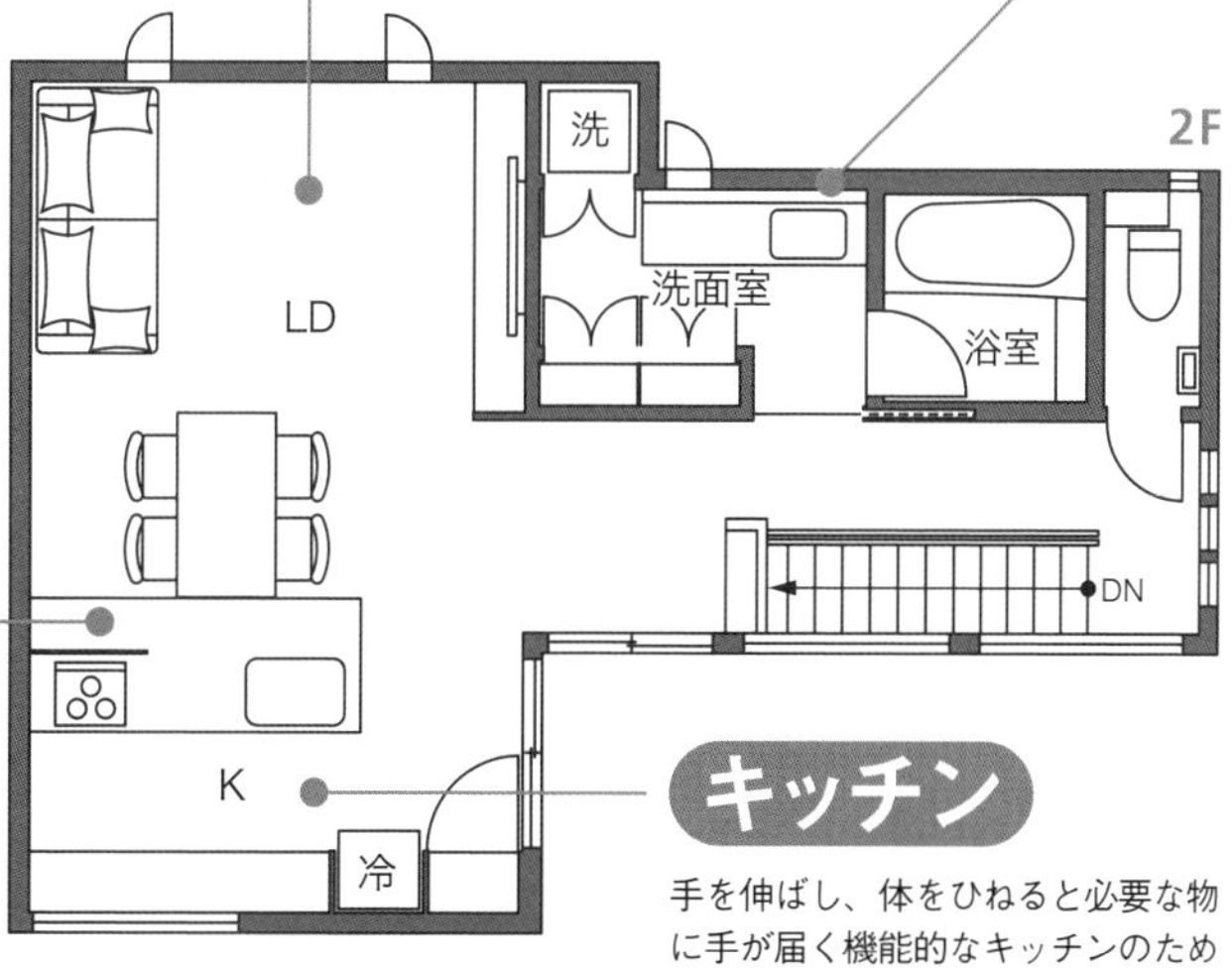

キッチン

手を伸ばし、体をひねると必要な物に手が届く機能的なキッチンのためには背面収納の配置が重要です。使う場所としまう場所を近づけると毎日の家事がぐっとラクになります。

Point

2 収納のサイズを把握する

家族の持ち物の量を把握したら、その次は物のサイズと適切な収納のサイズを確認しましょう。空間を有効利用する賢い収納が、ストレスフリーの暮らしやすい毎日につながります。

ダイニング

キッチンカウンター収納

ダイニングのカウンター収納はキッチン作業の手元が隠れるよう腰壁を設けて、キッチンより高さを出すのがおすすめ。ダイニングで使用するカトラリー類や食器、書類や筆記具など、日用品を収めると配膳もスムーズで、テーブルの上がすっきり片づいた状態を保てます。

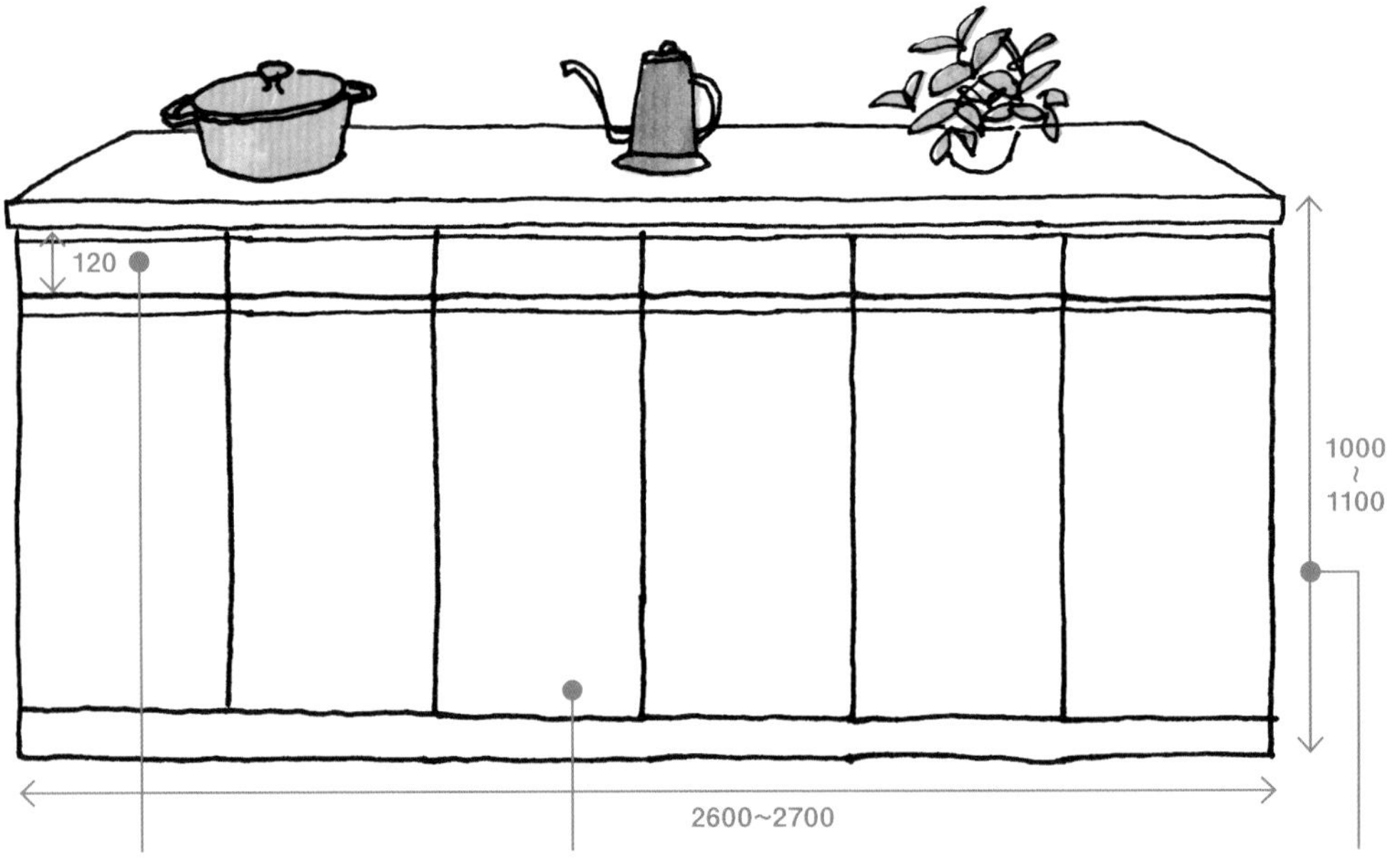

上段の引き出しにはカトラリー類や筆記具などの小物を収納すると便利。

外に出ているとごちゃついてしまう書類は、ファイルケースなどに入れて扉つきの収納棚へ。すっきりと片づき、すぐに取り出せます。

キッチンカウンターの高さは、高過ぎると圧迫感が出てしまうので、背面のキッチンの手元が隠れる程度に抑えるのがおすすめです。

キッチンカウンターに収納する主な物のサイズ

取り皿　径120㎜
小皿　径100㎜
湯飲み　径70～90×高さ50～80㎜
カップ&ソーサー　径150×高さ50～70㎜
ランチョンマット　縦300×横400㎜
書類ケース　縦320×横100～150×高さ318㎜

その他収納する物
本、雑誌、裁縫道具、文房具、薬箱など

リビング

テレビ台

据え置きテレビの場合は、奥行きを400㎜程度設けましょう。壁づけタイプの場合は、奥行き250㎜程度あれば大丈夫です。

テレビ台の幅はスピーカーなどテレビ周辺機器の置き場スペースも考えて決めます。リビングに少しでもゆとりを持たせたい場合、テレビを壁づけにするとテレビ台の奥行きを狭くできます。

テレビ台がオープン棚の場合、テレビの配線は壁の中に埋めて露出しないようにすると見た目にもすっきりしてほこりもたまりません。

オープンスペースにはデッキ類を置きます。100㎜程度の高さを確保。

テレビ台に収納する主な物のサイズ

DVDプレーヤー　幅300～400㎜
DVD　縦125×横142㎜
スピーカー　縦230×横135×高さ230㎜
リモコン　長さ215㎜

その他収納する物
ゲーム機、
テレビ周辺機器の取扱い説明書など

キッチン 背面カウンター

食材のストックなどをしまうパントリーには、トール収納が最適。すぐに見渡せて、収納量も高まります。

キッチンに二人で立つときは作業台にしたり、配膳に利用したりもできるので、背面カウンターの奥行きは深めがおすすめです。スペースが許せば冷蔵庫と並べて置いたとき面が合うようなサイズにしてもいいでしょう。

カウンターと上の棚は、置く家電のサイズに合わせて設置高さを決めましょう。収納量が足りない場合、奥行き300〜350㎜程度の吊り戸棚にするのがおすすめです。

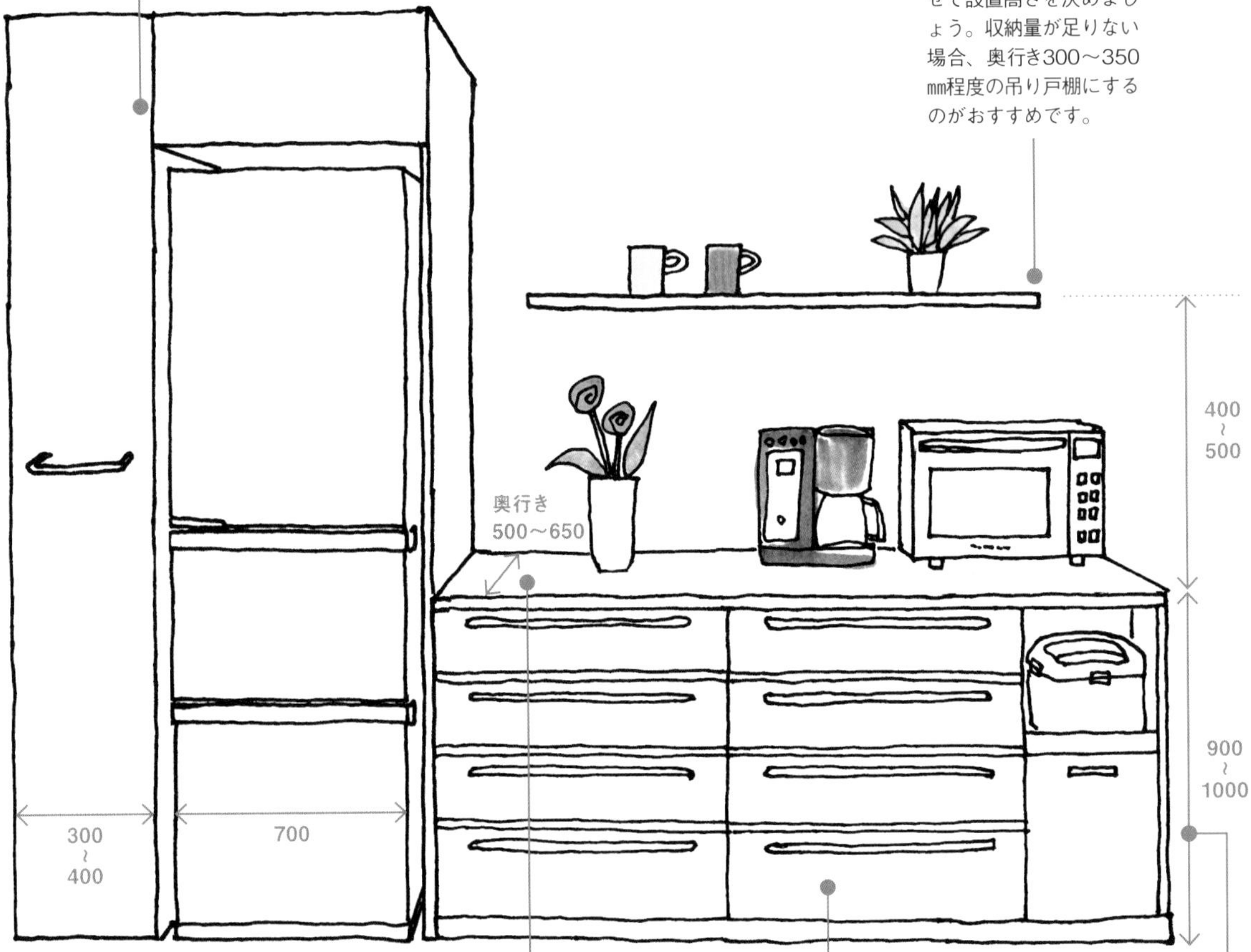

カウンターは配膳にも使うので、奥行きは600㎜くらいあるのが理想です。

引き出し収納であれば、奥行きのあるカウンターを有効利用できます。引き出しは深すぎないほうが、食器の出し入れがしやすくなります。

キッチンの高さより100㎜ほど上げると、収納量も増えて使いやすさもアップします。男性が調理する際にも使いやすい高さになります。

背面カウンターに収納する主な物のサイズ

炊飯器　縦375×横255×高さ205㎜
電子レンジ　縦380〜450×横475〜500×高さ300〜420㎜
オーブントースター　縦235×横400高さ235㎜
電気ケトル　縦215×横153×高さ180㎜
コーヒーメーカー　縦145×横310×高さ300㎜
ワイングラス　横70×高さ185㎜
グラス　横90×高さ85㎜
ティーポット　横200×高さ110〜130㎜

その他収納する物
大皿、マグカップ、茶碗、汁椀、コーヒー、紅茶、日本茶など

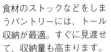

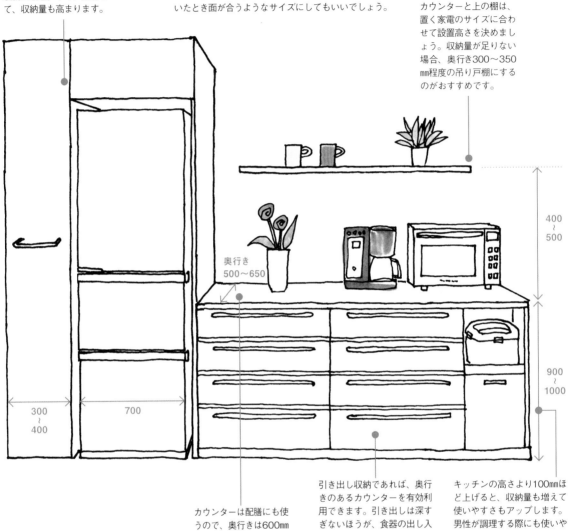

クローゼット

壁面タイプとウォークインタイプの2種類があります。ウォークインタイプは人が作業できるスペースをどのくらい確保できるかで使いやすさに差が出ます。通路幅としては600㎜程度、ここで着替える場合は900㎜程度確保するようにしましょう。

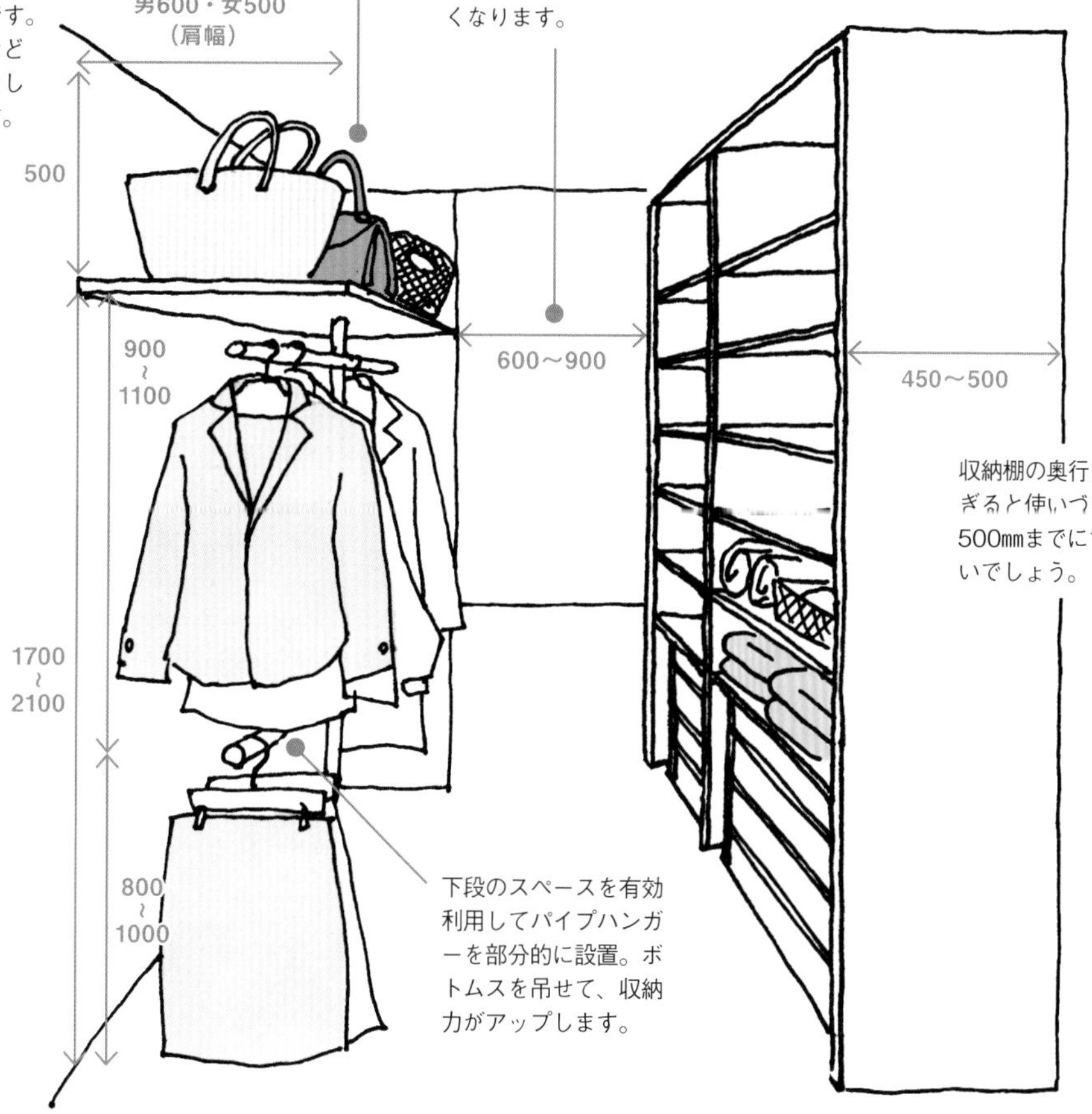

上段にバッグを収納できるスペースがあると、管理もしやすく便利です。季節の布団類など置くスペースとして活用できます。
男600・女500
（肩幅）
500

1000
通路幅を600㎜くらい確保できると通りやすく、洋服が見渡しやすくなります。
600～900
450～500
収納棚の奥行きは深すぎると使いづらいので500㎜までにするとよいでしょう。
下段のスペースを有効利用してパイプハンガーを部分的に設置。ボトムスを吊せて、収納力がアップします。

クローゼットに収納する主な物のサイズ

スーツ・ジャケット　横550×高さ800㎜
パンツ　長さ1100㎜
スカート　横400×長さ800㎜
ワンピース　横450×1400㎜
コート　横550×高さ1300㎜
シャツ（たたみ）　横250×高さ400㎜
バッグ　横400×高さ450㎜

その他収納する物

布団、キャリーバッグなど

1700

2100

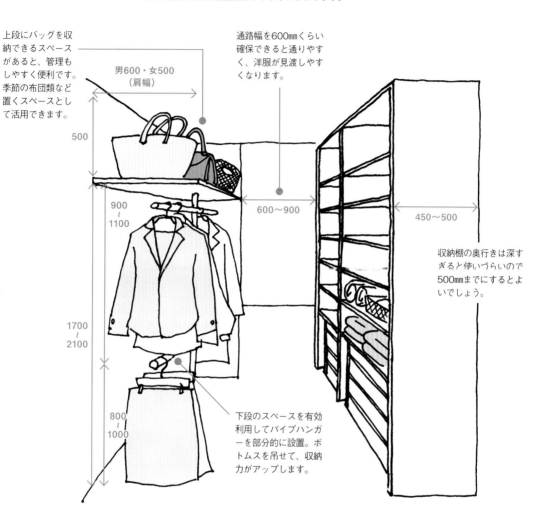

玄関

玄関収納は下駄箱としての機能だけではなく、スペースに余裕がある場合は傘立てやコートかけがあると暮らしの快適さがアップします。床から天井までの壁面収納にして棚は収納にする物に合わせられる可動式にすると長靴なども収まり空間を有効活用できます。

収納棚は靴の高さに合わせて調整できる可動式が有効で、子どもの成長や家族の変化に合わせて調整ができます。成人男性の靴で150～200mmの高さがあれば十分です。

傘立てスペースの高さは1100㎜程度あると出し入れしやすいでしょう。また、ドアの近くに設けるとよりスムーズです。

下段はブーツや長靴が置けるよう、棚幅を高くします。

玄関に収納する主な物のサイズ

パンプス　幅170×高さ150㎜
男性の靴　幅220×高さ120㎜
ブーツ　幅200×高さ150 ～ 350㎜
スリッパ　幅180×長さ240㎜
傘　長さ850～1050㎜
古紙　縦210×横310×高さ410㎜

その他収納する物
シューケア用品、帽子、梱包用品、手袋など

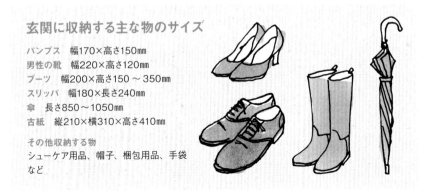

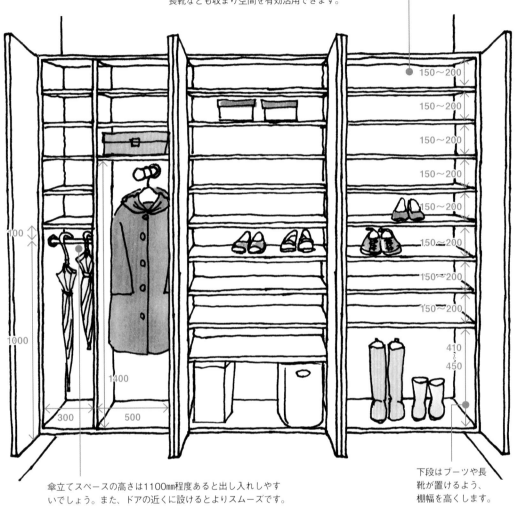

洗面室

洗面室で使うものは種類もサイズもさまざま。生活動線に添った機能的な収納が快適さの秘訣です。浴室と隣接している場合はパジャマや下着類のための収納棚を設けて。オープン棚は収納ケースを活用すると洗剤などの収納に便利です。

洗面室内にリネン庫を設けて収納量をアップ。家族それぞれのパジャマや下着類の収納スペースとしても便利です。
一面鏡にすると、すっきりとして空間も広く見えてホテルライクなイメージになります。

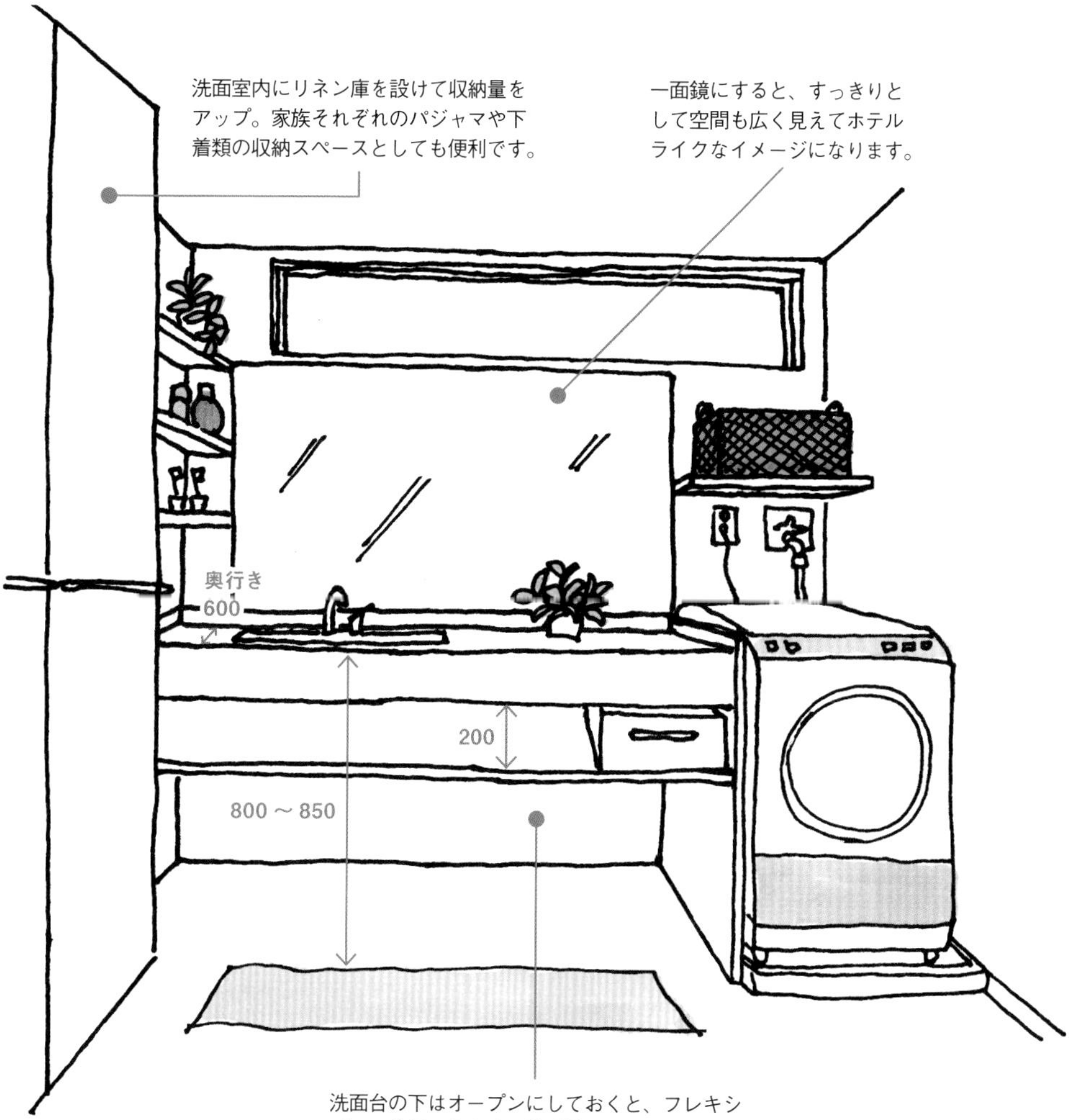
洗面台の下はオープンにしておくと、フレキシブルに使用できます。体重計やランドリーケース、ペットのトレイなどの置き場所としても。

洗面室に収納する主な物のサイズ

歯ブラシ立て　横80×高さ170㎜
ハンドソープ　幅50～100×高さ100～170㎜
ドライヤー　縦230×横210㎜
洗剤　横160×高さ260㎜
浴室用ブーツ　縦285×横210×高さ105㎜

その他収納する物
コンタクトレンズケア用品、メイク道具、シェーバー、パジャマ、下着、入浴剤、石鹸など

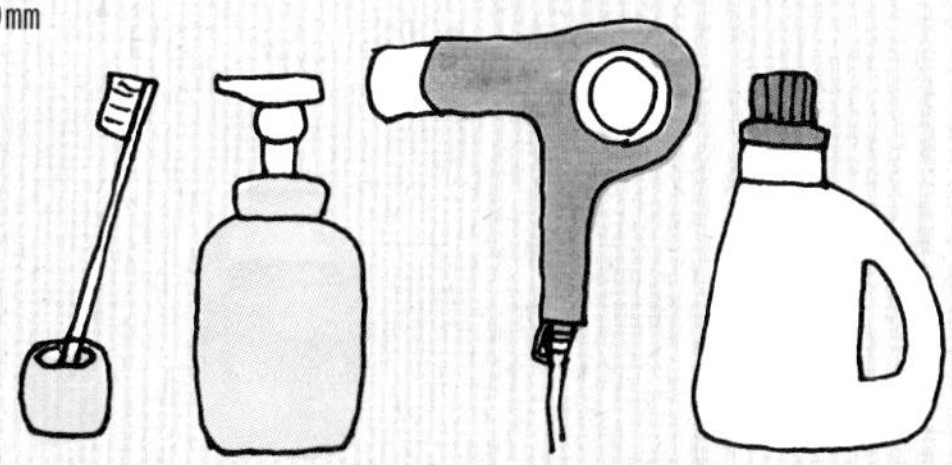

Pick up! 3

見えない収納

見えないほうがいいものが、毎日、見えると小さなストレスになります。
Part1の実例で紹介しきれなかった、それぞれの方のアイデアが光る、
見えない収納を紹介します。

階段下の収納は、掃除道具などちょっとしたものを入れるのに便利です。ロールスクリーンを目隠しに使えば、中は見えません。

洗面室の脇にある収納棚は、正面に立ったときは見えません。歯ブラシなどよく使うものは、扉のないオープン棚が便利なので、位置を工夫しました。

リビングのインテリアの邪魔になりがちなエアコンは、ルーバーで目隠ししました。床や建具と同じ色を使い、ルーバーもインテリアの一部に。

廊下に設けた収納は、本棚がプリントされたファブリックで目隠し。お気に入りの物を使うと、その人らしいインテリアになります。

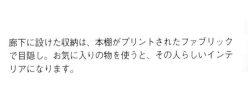

Part 4

知っておきたい！

理想の
間取りのための
家作りの基本

理想の間取りのための家作りのポイント3

一生に何度もない大きな買い物なので、検討することはたくさんありますが、ここでは、その中でも大切な三つのポイントをピックアップします。

Point 1 土地

土地によって間取りが変わる

理想の間取りの家を建てるために、土地選びは重要です。土地の広さ、形、方角などによって家の間取りが変わってくるからです。他にも、周囲に家が密集しているか、地盤は弱くないかなども気になるところです。さらに、通勤・通学に便利か、近くにスーパーや病院はあるのか、子育てしやすいかなど周囲の環境も選ぶポイントに。**土地そのものの条件と周辺環境を併せて、土地を選びましょう。**

Point 2 依頼先

理想の家作り実現の強い味方に

理想の家作りの強い味方になってくれるのが、家を建てるときのパートナーです。**ハウスメーカー、工務店、建築家のいる設計事務所など依頼先によって特徴があるので、自分に合ったパートナーを見つけましょう。**覚えておきたいのは、依頼先が理想の家を建ててくれるのではなく、自分自身が主体だということ。「どんな家を建てたいか」を自分で決めないと、理想の家にはなりません。

Point 3 予算

予算内に抑えるための工夫を

家にかけられる予算を、できるだけ早めに算出しましょう。家にお金をかけすぎて、毎日の暮らしが節約ばかりでは寂しいもの。さらに、子どもの教育費、車の買い替え代、家族旅行などのレジャー代なども大切な支出です。**住む人が生き生きした毎日を送れるように、暮らし全体を考えた予算配分をします。**家族の暮らしを守るためにも、予算内に抑えるような家作りをしたいですね。

家作りの主な流れ

「家を建てたい！」と考え始めてから、完成して実際に住むまで、
長い時間と手間がかかります。主な流れを紹介します。

1 どんな家を建てたいかを考える

「キッチンが広くて使いやすい家にしたい」「家族が集まるリビングにしたい」など、理想の家について家族で考えてみましょう。この後のプロセスで迷ったり悩んだりしたら、「どんな家を建てたいか」に戻って確認を。

↓

2 土地を購入する

どんな土地に家を建てるのか、家をとりまく環境は生活全般に関わってくることです。譲れない条件と予算を整理して、慎重に選びます。何度か実際に現地に足を運び、自分の目で確認することも大切です。

↓

3 依頼先の候補を検討する

本や雑誌、ネットなどで情報を収集し、気になるハウスメーカー、工務店、設計事務所（建築家）をピックアップします。セミナーや見学会に参加したり、面談をお願いするなどして、どこに頼むかを検討します。

↓

4 依頼先を絞って検討する

実際に、話を聞いたり、家を見るなどし、依頼先の候補を３～４社に絞ります。自分たちの希望の間取り、予算、スケジュールなどを伝え、それぞれにプランを提案してもらいます。

↓

5 依頼先を決定し、プランを相談する

プランと工事金額を検討して依頼先を決定します。設計契約後、本設計を開始し、詳細なプラン、スケジュール、工事金額を相談します。工事金額が予算オーバーになってしまったときは、プランを調整して予算に近づけることも。※契約の時期は依頼先によって異なります。

↓

6 プランと工事金額を決定して契約する

プランと工事金額が確定したら、工事請負契約などを結び、審査機関に建築確認を申請します。金融機関に住宅ローンを正式に申し込むのもこの段階です。

↓

7 着工する

依頼先とともに、家を建てている現場を数回確認します。①柱や骨組みが完了したとき②水道や電気などの配管配線が完了したとき、建物の基本部分を作るこの２過程は必ず。その他、仕上げの段階でも確認しましょう。

↓

8 理想の我が家が完成する

完成後、審査機関による完了検査を受けます。それから、依頼先とともに建物の最終確認をし、建物の引き渡しを行います。鍵を受け取り、住むことが可能に。住宅ローンの融資も実行されます。

Point 1
土地

土地選びの基本

土地選びをするとき、何から考えたらいいのか迷うものです。最初は、毎日の暮らしに直結することを考えましょう。

まずは通勤時間から考えてみる

土地を選ぶとき、広さ、形、方角よりは、周囲の環境が気になるという人は少なくありません。狭い敷地でも広く見える間取りなど、土地そのものの条件はプランによって乗り越えられることもあります。でも、最寄り駅までの時間やスーパーや病院、学校の有無などの周囲の環境は自分では変えられないから、気になるのは当然のこと。

条件がありすぎると、なかなか決まらないので、**まずは、生活の要になる仕事場への通勤時間をメインに考えてみてはどうでしょうか。**「通勤時間はできるだけ短くしたいから、会社の近くに」「週半分はテレワークになったので、会社から少し遠くてもいい」など、人それぞれの考え方があります。子どもが通う学校についても、同時に考えてもいいですね。

また、住みやすさを決めるのに意外に重要なのが街の雰囲気。子育て世代の多いエリア、店や会社が多い賑やかなエリアなど、自分たちの生活に合った場所なのか、実際に足を運んで確認してみましょう。

主な土地の探し方

一つの方法だけでなく、多方面からアプローチして。理想の土地に近づく可能性が高くなります。

不動産会社

購入したいエリアの不動産会社は、地元の情報に精通しています。中には、地主さんより公開前の土地の情報を得ていることもあるので、「こういう土地を探しています」とお願いしておくといいでしょう。

ハウスメーカー

ハウスメーカーと家を建てる場合、土地探しから依頼しても。グループ企業に不動産会社を持っていることも多く、土地購入→住宅建築とトータルで相談しやすい。忙しい人や時間がない人には向いています。

ネット検索

不動産ポータルサイト、不動産会社のサイトなどがありますが、気軽に検索できるのがメリット。希望のエリアの土地の広さや価格などの条件を入力し、検索できます。

自分の足で探す

住みたいエリアを自分の足で歩いて探すのも手。更地、建物を解体している土地、駐車場などがあったら、地元の不動産会社に確認を。公開前の掘り出し物が見つかるかも。

Column

＼土地を購入した人に聞いた！／

なぜそこを選んだの？

子育てを考えて実家の近くを選びました

子育てしながらの共働きなので、夫の実家の近くに土地を購入。子どもの保育園のお迎えなど、両親には何かと手伝ってもらっています。学校も近く、子育てのしやすさが決め手になりました。（Tさん　30代）

購入前に実際に住んで暮らしやすさを確認

夫の会社へ乗り換えなしで行ける駅を選びました。最寄り駅まで徒歩圏内、近くに学校があることもポイントに。購入する前に、2年ほど近くの賃貸の家に住んで、暮らしやすさを確認しました。（Yさん　40代）

土地選びのチェックポイント

家は建てたら終わりではなく、そこで快適に暮らせるかが重要。
土地選びの際に、チェックすべきポイントを紹介します。

1 利便性

□ 最寄り駅・バス停までどのくらい？

最寄り駅やバス停までの徒歩でかかる時間をチェック。通勤、通学は毎日のことなので、無理のない時間がいいでしょう。雨の日などの時間も測っておくと安心です。

□ スーパー・コンビニ・病院はある？

近くにあると便利なものをピックアップ。「買い物はスーパーに毎日行く」「週末まとめ買い派だから、近くにはスーパーよりコンビニ」など、それぞれの暮らしに合わせて考えます。

2 子育てのしやすさ

□ 学校・病院（小児科）・公園はある？

学校や小児科の病院は、子育て世代には近くにあって欲しいものです。他にも、公園、児童館などがある子育てにやさしい環境だと、同じような家族が集まるので心強いことも。

□ 家の近く・学校までの交通量は？

特に子どもが小さいうちは、交通量は気になります。家の近く、学校までの交通量を確認しましょう。通学路を実際に歩いてみると、道が狭い、歩道がないなどの状況がわかります。

3 安全性

□ 夜道は危なくない？

昼間は人通りが多くても、夜は静かになることもあります。残業や部活で遅くなったときに危なくないかを確認するために、夜の周辺環境、最寄り駅からの最終バス時間などをチェック。

□ 地盤は弱くない？

土地の履歴や地盤の固さは、ネットで調べられます。自治体のサイトでも、液状化危険度マップなどを公開しています。地盤が弱い場合は地盤調査を依頼し、地盤改良工事を行います。

□ 自然災害は多くない？

国土交通省のハザードマップポータルサイトや自治体のサイトでも確認可能。地元の不動産会社や周辺に長く住んでいる人に聞いてみても。自治体の防災対策も併せて調べましょう。

4 その他

□「用途地域」は確認した？

国が定めた都市計画法に基づき、その地域にどのような建物を建てられるかをルール化したのが「用途地域」。購入する前に、自治体のサイトで「用途地域」を確認しましょう。

□ 近隣の建物は確認した？

実際に購入する土地に足を運んで、近隣にどんな建物があるのか確認を。敷地周辺の建物の窓位置や敷地に落とす影なども、チェックしましょう。

Point 1

土地

知っておきたい土地選びQ&A

いよいよ土地探しをスタート！　でも、その前に、疑問に思うことを解決しておきましょう。

Q　4人家族ならどのくらいの広さが必要？

A　一般的には25～40坪と言われていますが、人それぞれです

国土交通省の「住生活基本計画（全国計画）」によると、理想の広さの目安は、4人家族で125㎡。坪数に換算すると約38坪です。ただ、**現実的には25坪くらいが多く、間取りとしては、広めのLDK、寝室1、子ども部屋2の3LDKくらいが目安。**でも、「広い＝暮らしやすい」ではないので、広さは人それぞれ。廊下をなくすなど、間取りの工夫で狭さを克服して、効率的に暮らせます。

理想の広さの目安

	3人	4人
都市居住型	75㎡	95㎡
一般型	100㎡	125㎡

国土交通省「住生活基本計画」における誘導居住面積水準（豊かな住生活のために必要だと考えられる住宅の面積）より。都市居住型とは都市部とその周辺の共同住宅居住、一般型はそれ以外の地域の戸建て住宅居住を想定。

Q　南向きの土地が住みやすいの？

A　日当たりはいいけれど、こだわりすぎなくても

南向きの土地とは、一般的に南側が道路に面していることを言います。道路幅分（建築基準法で公道・私道共に道路幅は4m以上がルール）は建物が建たないので、日当たりがいいのです。ただ、人気があり価格が高いので、あまりこだわりすぎなくても。**日当たりは、土地の方角だけでなく、立地条件にも関わり、北向きでも周囲に高い建物がなく意外に明るいという場合も。**できれば、朝、昼、夕方と時間帯を変えて、現地に行って確認するのがおすすめです。

方角別の特徴

南向き

季節を問わず、日当たりが良く暖かいのが大きな特徴。一方で道路に面した場所にLDKを作ると、プライバシーが気になります。床や壁などが日差しで褪色することも。

北向き

道路に面した北側に玄関、南側にLDKを配置すると周囲の視線が気にならない。価格が安いというのもメリット。夏は涼しい北側を、寝室などにしてもいいでしょう。

東向き

朝日が差し込むので、午前中は気持ち良く過ごせます。朝日で目覚めたいときは、寝室を配置。午後からは日差しが届きにくく、早い時間に暗くなります。

西向き

午後から日差しが差し込み、夕方や夜でも暖かい。洗濯物や布団を干す場所にしても。夏は強い西日で温度が上がるので、遮光の窓やカーテンなどで対策を。

Q 角地のメリット・デメリットは？

A メリットは多いけれど、注意すべきことも

角地は二面以上道路に面しているので、**日当たりが良く視線が抜けやすいのが特徴です。**玄関の位置を選べるので、間取りの自由度があります。また、人目につきやすいので防犯上、安全性が高いとも言えます。

ただし、**メリットがデメリットになることも。**道路からの視線が気になる場合は、窓の位置を考慮するなど工夫が必要に。

角地のメリットとデメリット

メリット

日当たりが良い

二つの方角が道路に接しているので、それぞれから光が入ってきて日当たりが良くなります。一方の隣に家がないので風通しが良く、開放感を感じられます。

間取りの自由度がある

角地は二方向道路に向いているので玄関の位置が選べ、家全体の間取りの選択肢が広がります。明るいLDKなど、希望通りの間取りになりやすいです。

角地緩和が受けられる

角地緩和という建ぺい率の緩和措置があり、通常の土地よりも10%広い建築面積が確保できる可能性が。自治体ごとのルールがあるので、確認しましょう。

デメリット

交通量が多い

道路に面した部分が大きいということは、交通量も多いということ。騒音や振動が気になったり、車が角を曲がるときに衝突事故を起こす可能性も。

価格が高い

同じエリアの通常の土地よりも価格が高くなります。その後に払う固定資産税なども高いので要注意。人気があってなかなか買えないのも、デメリットです。

隅切りがあることも

隅切りとは、角地の角の一部を切り取って道路や空き地にすること。交差点の見通しの確保や安全に曲がれるようにするために設けられたルールです。

Q 購入前に必ずチェックすることは？

A 「用途地域」をチェックし、高さや広さの制限を確認

自分が購入した土地でも、好きに建物を建てられるわけではなく、周囲のみんなが心地良く暮らすためのルールがあります。その一つが「用途地域」。国の都市計画法に基づいて、地方自治体が定めたルールです。**土地の用途は、13種類のエリアに分かれ、建てられる建物の種類、高さ、広さなどに制限があります。**大きく分けると住居系、商業系、工業系の3タイプ。商業系や工業系でも住宅を建てられますが、落ち着いて暮らしたい人には不向きです。

「用途地域」によって建物に制限が出たり、街の雰囲気も違うので購入する土地がどこなのか、自治体のホームページであらかじめ確認しましょう。

住居系地域８種類

1. **第一種低層住居専用地域**
2. **第二種低層住居専用地域**
3. **第一種中高層住居専用地域**
4. **第二種中高層住居専用地域**
5. **第一種住居地域**
6. **第二種住居地域**
7. **準住居地域**
8. **田園住居地域**

それぞれの地域にルールがあります。例えば、第一種低層住居専用地域は絶対高さ制限（高さ10mまたは12m）があるので、3階建て希望のときは、要チェックです。

Point 1

土地

土地購入前にチェック 家を建てるときのルール

「自分の土地だから何を建ててもいい！」は、ありません。日当たり、風通しなど周囲の環境を守るために、ルールや制限があります。

建ぺい率

敷地面積に対する建築面積の割合

土地いっぱいに建物を建ててしまうと、防災や風通しなど住環境に悪影響が出ます。そこで、「用途地域」（P159参照）ごとに建ぺい率が決められています。**建ぺい率とは、敷地面積に対する建築面積の割合で、住居系地域は、一般的な制限の範囲は30～80％。同じ広さの土地でも、エリアによって建物の広さが変わります。**

また、角地や防火地域の耐火建築物など条件によって、建ぺい率が緩和されるので、自治体のホームページなどで確認を。

建ぺい率

$$\frac{建築面積}{敷地面積} \times 100$$

建ぺい率50％の例

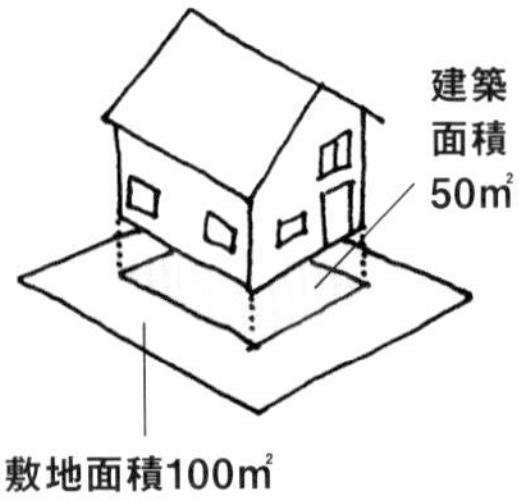

土地の広さが100㎡で建ぺい率50％ならば、建築面積は50㎡になります。

容積率

敷地面積に対する延床面積の割合

建ぺい率と同様に知っておきたいのが、容積率です。「用途地域」ごとに決められ、住居系地域は一般的には50～400％の範囲で制限されています。**敷地面積に対する延床面積の割合なので、何階建てにできるかを決めるのに重要な要素。**3階建てを希望しても、容積率によってはできないこともあります。

ロフト、バルコニー、地下室、吹き抜けなどは条件によって延床面積に不算入になるので、こういった場所を利用して、広さを確保してもいいでしょう。

容積率

$$\frac{延床面積}{敷地面積} \times 100$$

容積率100％の例

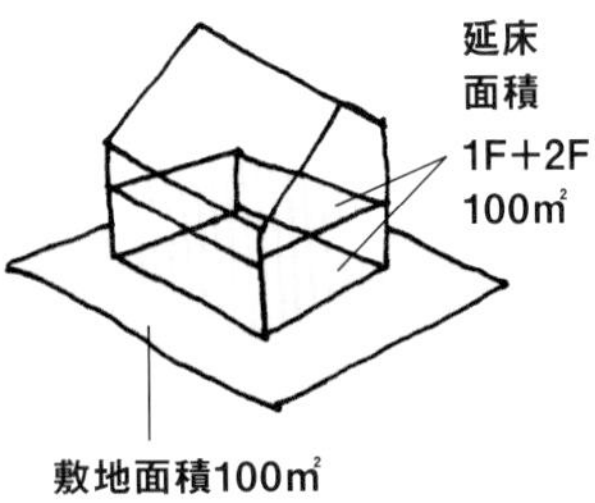

土地の広さが100㎡で容積率100％ならば、延床面積は1階と2階で100㎡になります。

高さ制限

建築基準法で決められた高さのルール

建ぺい率や容積率は範囲内であっても、高さ制限によって希望通りの建物が建てられないことがあります。**高さ制限とは、建築基準法で決められた建物の高さのルール。街の景観を守ったり、近隣の家の日照や通風を確保するなど住環境を保護するために設けられています。**

主な高さ制限は、絶対高さ制限、日影規制、斜線制限です。

絶対高さ制限とは、「用途地域」の第一種低層住居専用地域、第二種低層住居専用地域は、10mまたは12mまでの高さの建物しか建てられない制限のこと。これらのエリアは高い建物がない落ち着いた街並みなのは、この制限があるからです。

日影規制は、1年で日が一番短い冬至を基準に、周囲に建物の影が一定時間以上かからないようにする高さ制限です。斜線制限は、左で紹介するように3種類あります。もし、高さ制限が重なったときは、より厳しいほうが適用されます。

斜線制限の特徴

道路斜線制限

道路そのもの、さらに周囲の建物への日照や通風などを確保するために、道路に面した建物の一部分（適用範囲）の高さを制限します。前面道路からの勾配斜線（道路斜線）で高さが決まり、屋根の高さなどを調整する必要があります。道路斜線制限の適用範囲は、用途地域別に決められています。

隣地斜線制限

隣接する建物への日照や通風などを確保するために、建物の高さを制限します。隣地境界線上の一定の高さから勾配をつけた隣地斜線の範囲内で、建築物を建てます。高さや勾配角度は、用途地域別に決まっています。第一種低層住居専用地域、第二種低層住居専用地域は絶対高さ制限があり、適用されません。

北側斜線制限

北側の隣地の日照や通風などを確保するために、建物の高さを制限します。第一種・第二種低層住居専用地域、第一種・第二種中高層住居専用地域に適用されます。北側の隣地境界線上に高さ（5mまたは10m）をとり、一定の勾配をつけた北側斜線の範囲内で建築物を建てます。

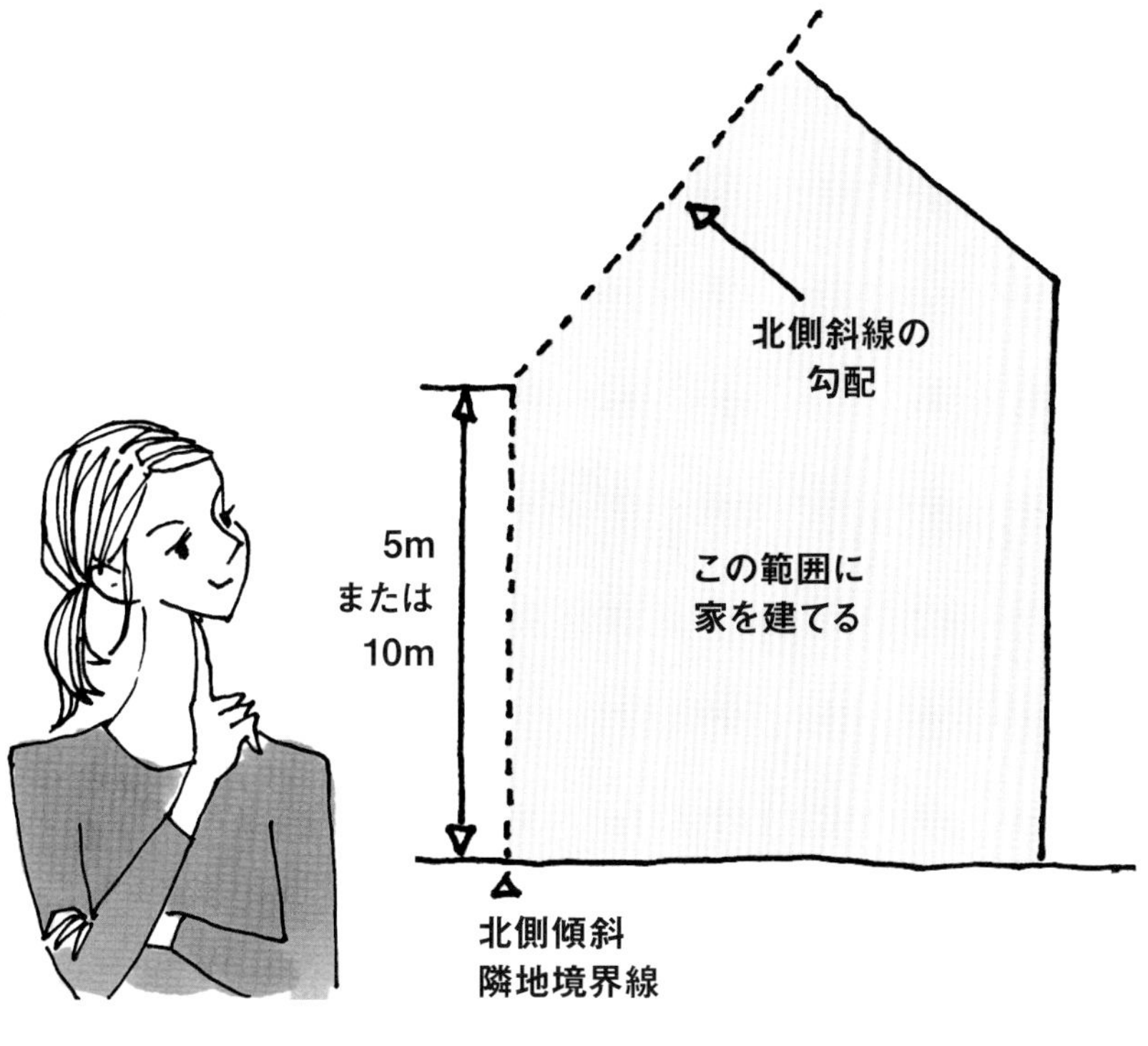

北側斜線制限が適用された場合

北側の隣地境界線より、5mまたは10m上がったところから一定に勾配をとります。北側の屋根の形状や間取りで対応。お隣りの日当たりを守るためのルールです。

Point 1

土地

土地のデメリットを克服した間取り

実際に土地のデメリットを間取りの工夫で克服し、心地良く暮らしている実例を紹介します。

Case 1 間口が狭く家に囲まれている

道路に面した部分が小さい、いわゆる間口が狭い土地です。玄関の場所が決まってしまうという制約があります。また、回りを家に囲まれて、光を採り入れにくく暗くなりがちです。

そこで、1階は広々としたLDKにし、南側に吹き抜けを設置。1階、2階ともに光が行き渡って家全体が明るくなりました。2階の吹き抜け上は、子どもたちのスタディコーナーに。明るく開放感があり、勉強もはかどります。

吹き抜け上はスタディコーナーに

吹き抜けの上の明るく開放感のあるスペースは、子どもたちのスタディコーナーに。個室にこもらないように、共有スペースを充実させて。

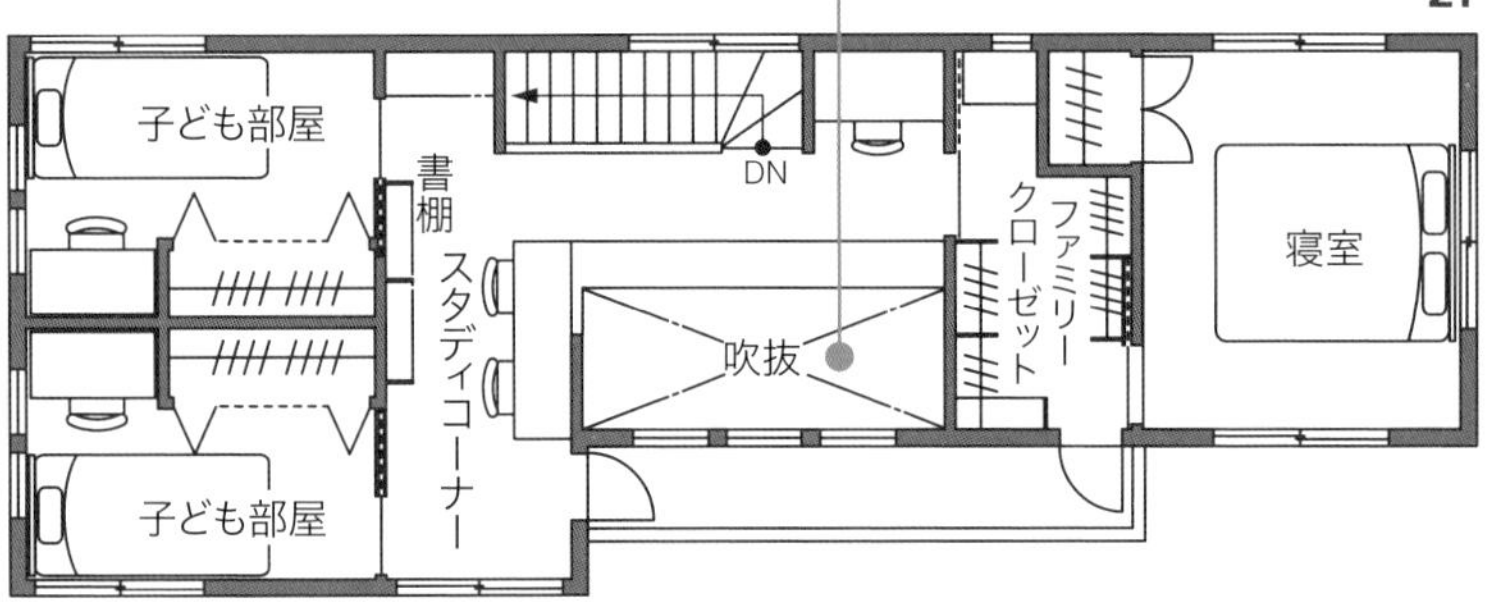

リビングインの階段で明るく

2階への階段はリビングの中に設けて、もう一つの吹き抜けに。

天井は吹き抜けにしてLDKを明るく

1階のリビングには吹き抜けを設け、家全体を明るくしました。天井が高くなり、見かけにも開放感があります。

視線が気にならない高窓に

高窓にすると、周囲の視線が気にならず、光を採り入れることができます。

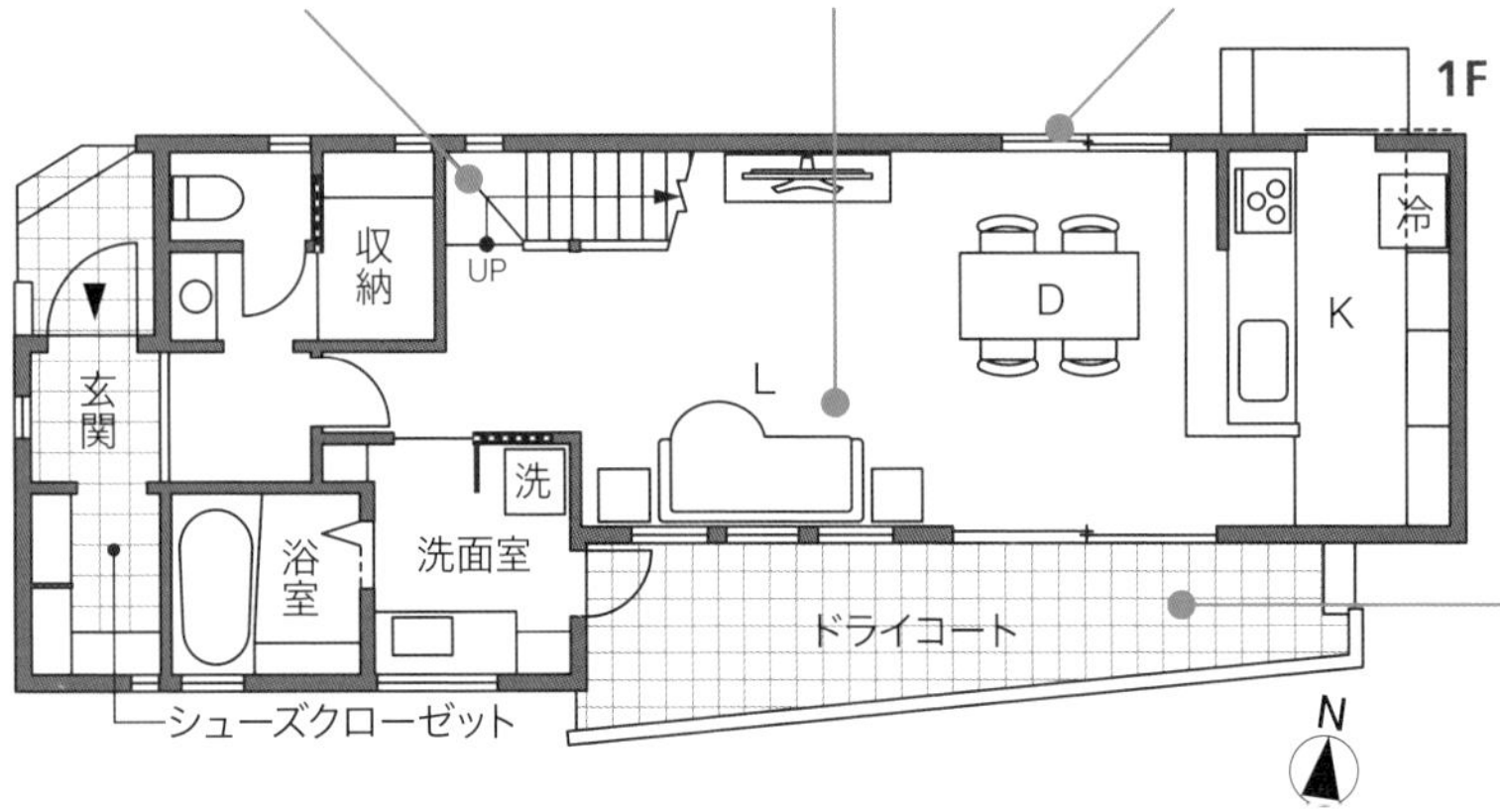

ドライコートは目隠しの役目も

南側のドライコートは光を採り入れるのと同時に、周囲からの目隠しにも。目線より高い壁を周囲に設けました。

Case 2

北側に隣家があり、北側斜線制限が適用される

敷地の北側に隣家があり、北側斜線制限が適用されます。2階にリビングを配置した間取りにし、北側の屋根を低くしました。勾配天井にすることで、屋根の高低差をインテリアの一部に。また、道路に面した東側の道路斜線制限は、開放感のある玄関アプローチでかわします。

リビングの北側は勾配天井で違和感なく

北側斜線制限によって、北側の高さが抑えられるので、リビングは勾配天井にし、高低差を生かします。

洗面室の収納なら天井が低くても大丈夫

北側斜線制限の影響が出る部分は洗面室の収納に。天井が低くなっていても、問題ないような間取りの工夫です。

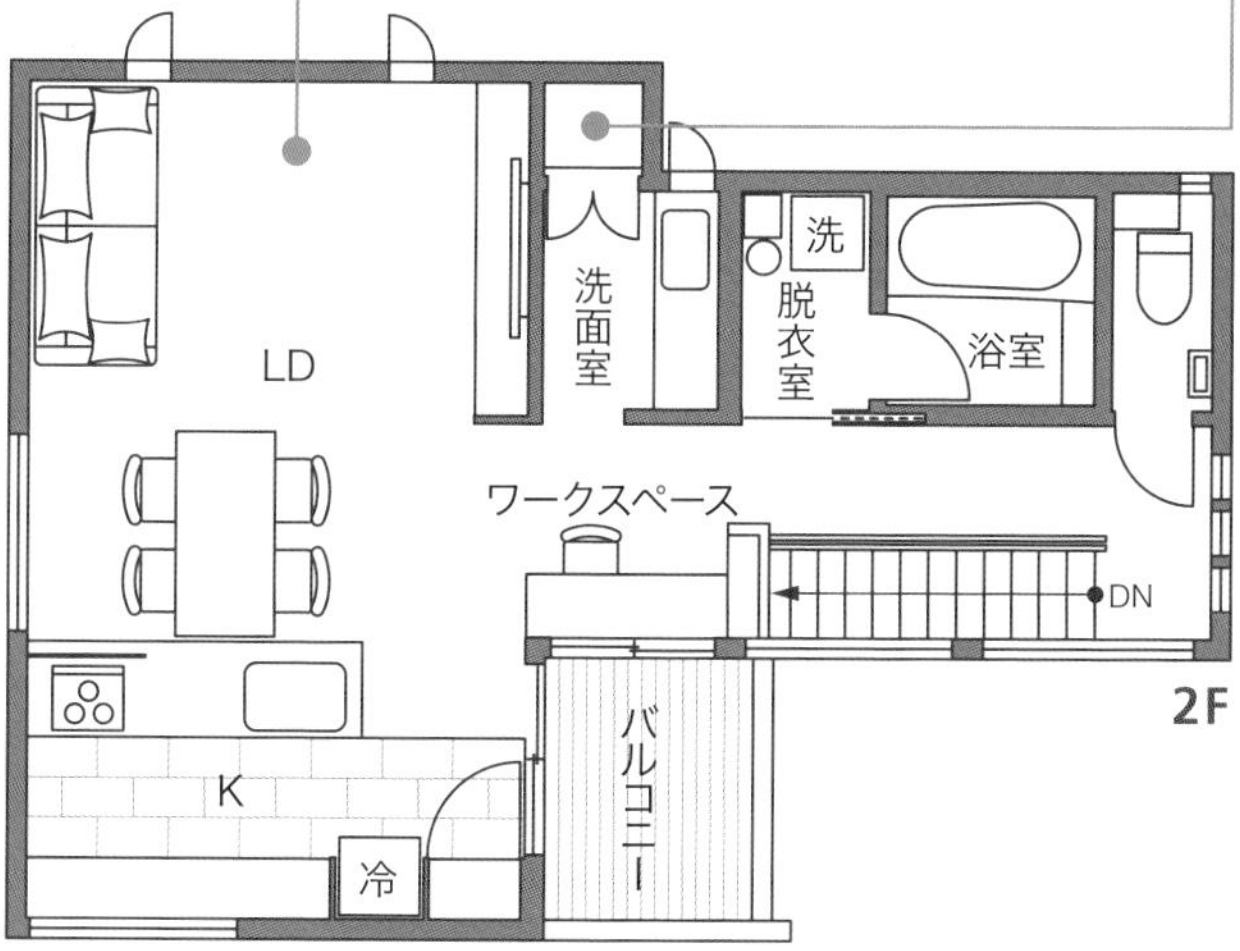

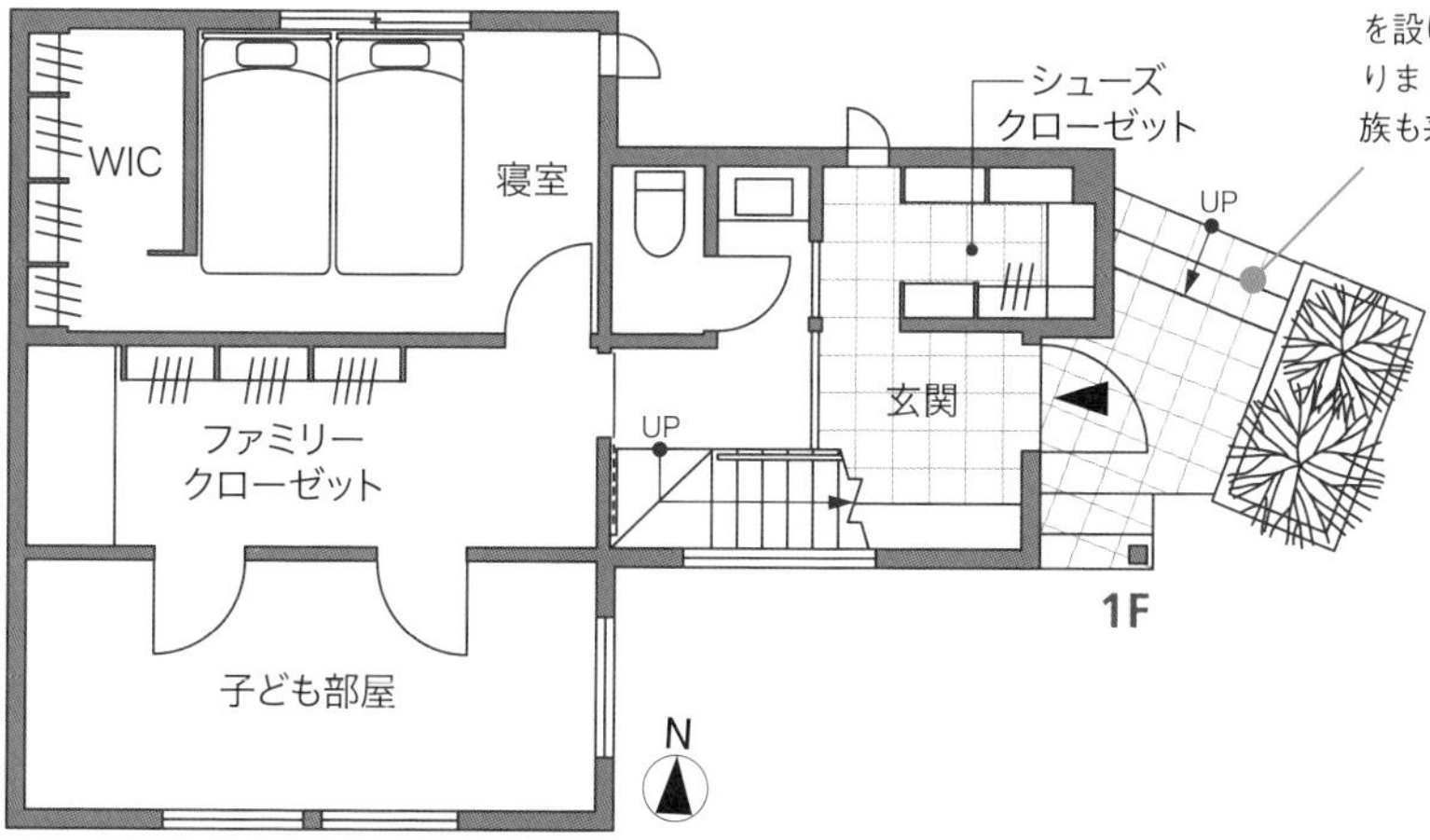

道路に面したゆとりのある玄関アプローチ

道路斜線制限には、玄関アプローチを設けて、道路境界線から距離をとりました。ゆとりのある空間で、家族も来客もほっとできます。

Point 2

依頼先

依頼先の選び方の基本

家を一緒に建ててくれるパートナー選びは、迷いがちです。基本的な考え方、それぞれの特徴を紹介します。

自分に合った依頼先を探そう

家を建てるための主な依頼先は、ハウスメーカー、工務店、設計事務所（建築家）があります。それぞれ特徴があるので、自分に合った依頼先を決めるのがいいでしょう。

ハウスメーカーは設計から施工まで一貫して行います。自社工場で建材を生産し、現地で組み立てるというシステム化された方法で、工期が短く合理的。また、技術開発に力を入れていて、最新の技術を取り入れやすいのも特徴。ただし、決められた建材の中から選ぶため、自由な家作りは難しく、特注にすると、割高になる傾向があります。

工務店は、設計も施工も一緒に行うところ、施工だけを行うところなど規模や内容がさまざま。工務店がある地域で評判を聞いたり、実際に建てた家を見るなどしてから依頼しましょう。地域密着型の工務店は、地元ならではのきめ細かいサービス、価格を抑えた家作りが期待できます。

設計事務所は、設計の自由度が高いのが何よりのポイント。既製の間取りではなく、建てたい家の間取り、日当たりが悪いなど土地のデメリットを克服した間取りなど、豊富なアイデアによる提案が受けられます。設計事務所によってスタイルがあるので、希望する家の条件や好みと合っていることが重要です。

雑誌やネットの情報、ホームページ、見学会などで情報を収集しましょう。

Column　\どこに依頼する？/

こんな人におすすめポイント

ハウスメーカー

手間がかからず、安心のサポートが欲しい人に

設計、施工とトータルでサポートしてくれ、完成するまで決まったプロセスがあるので、忙しい人や時間がない人向き。会社の規模が大きく知名度がある場合が多いので、信頼してお願いできる安心感があります。

工務店

地元密着店ならきめ細かい対応がメリット

困ったことにすぐ対応してくれるのは、地元の工務店ならでは。余計な経費をかけずにリーズナブルに家を建てることも。ただし、設計者がいるかどうかや技術力にも違いがあるので、確認してから依頼することがポイントです。

設計事務所

細部まで自分仕様にしたい人におすすめ

決められた家ではなく、こだわって自分の家を建てたい人に向いています。こだわる分だけ手間や時間がかかるので、それを楽しめる人にはおすすめ。また、家族みんなで、家作りに参加することになります。

Column

＼住まいのプロに聞いた！／

依頼先選びのポイントは？

整理収納アドバイザー・住宅収納スペシャリストとして活躍する伊藤美佳代さんに、
ご自身が二世帯住宅を建てた経験をふまえ、アドバイスをいただきました（実例はP58参照）。

1 家全体のイメージを明確にする

「“どんな家に住みたいのか”を明確にしてから依頼先を決めました」と伊藤さん。イメージに近い家の写真を雑誌やパンフレット、ネットで集めたら、その後、家全体で見て、情報を取捨選択しました。１枚で見ると素敵な写真でも現実の生活とは合っていないことも。伊藤さんは写真を切り貼りして場所別にまとめて、イメージボードを作成。パソコンでもノートでも整理の仕方はお好みで。

伊藤さんが作ったイメージボード。素敵だなと思った写真を集めましたが、家全体で見て合わない物を減らし、1/3くらいになったそう。

2 情報に振り回されすぎない

家のイメージが固まったら、ハウスメーカー、工務店、設計事務所など気になるところは、住宅展示場、見学会など、できるだけ実際に見に行って話を聞きました。ネットは情報があふれ、どんなところでも悪い評判が書かれています。「なるべく情報に振り回されすぎず、自分たちの目で確かめ、耳で聞いたことを信じることにしました」。

「二世帯住宅は、土地を探す手間や購入するお金を節約できるメリットも」と伊藤さん。昨今の社会状況からも、増えている住まい方です。

3 間取りが納得できた依頼先に決定

依頼してみたいと思った４社に絞り、希望を伝えてプランを出してもらいました。「決定する前の最初のプラン出しは無料のところが多かったですね。同じ希望を伝えましたが、それぞれ違う間取りのプランが出てきました。間取りが納得できた設計事務所にお願いすることに」と伊藤さん。二世帯住宅だったので、ご両親は信頼できる大手ハウスメーカーがいいと最初は考えていたそう。でも、実際に足を運んで話を聞くと、大手でなくても誠実に仕事をしてくれる会社があるとわかり、最終決定は家族で納得できました。

「最初に作ったイメージボードが役立ちました。家族で迷ったらここに戻り、依頼先に希望を伝えるときも指針になりました。自分たちが“どんな家に住みたいのか”を明確にすることが大切ですね」。

Point 2
依頼先

建築家に依頼するときに知っておきたいQ&A

設計事務所（建築家）に依頼したいけれど、敷居が高いなと思っていませんか？　多くの人が疑問に思うことに答えます。

Q　どんな人が向いている？

A　オリジナリティの高い家を望む人向き

自分ならではのオリジナリティの高い家を望む人は、建築家に頼むのがいいですね。**大きいことから小さいことまで、こだわる分だけ、打ち合わせの回数も多く、手間や時間もかかります。家作り自体を楽しめるかどうかが、鍵になります。**

建築家も色々なタイプがいますが、自分の考えを押しつける人や、逆に建て主の言いなりになるだけの人には依頼しないほうがいいでしょう。話をよく聞いてくれた上で、プロとしてアイデアを出してくれる人なら安心。建てたい家だけでなく、どんな暮らしをしたいかを建築家に話すと理想の家に近づきます。

Q　お金や期間がかかるイメージですが……

A　何を優先にするか考えると後悔しません

木造2階建てで30坪ほどの家を建てる場合、一般的にプランの打ち合わせに5カ月、着工してから完成までに5カ月、トータルで約10カ月。また、新築の場合の設計監理料は工事金額の10〜15%が目安です。設計と施工を同時に行う会社でも、設計料が経費に計上されていなくても、設計は必要なので経費の中に入っているはず。また、建築家に依頼すると一般的には「設計」と「監理」（P167参照）の両方になります。

家を建てるために、何を優先にすべきかを考えると、時間もお金も納得できます。

お金と期間の目安

新築住宅設計監理料	工事金額の10〜15%
プラン打ち合わせから完成までの期間	約10カ月

工事金額の内容は、依頼先によって変わります。依頼するときに確認をし、不明点は質問をしましょう。

Q 建築家の「監理」とはどういう仕事ですか？

A 設計図通りに家作りが進んでいるか確認します

家を建てるとき設計者と施工業者が違うことは、大きなポイントになります。建築家に依頼すると、設計は建築家、施工は工務店が担当します。家を建てるのは建て主なので、建築家、工務店とそれぞれ契約を結びます。建築家は、建て主の希望をかなえるプランを考えて提案するだけでなく、**設計図通りに建設が進んでいるか、工事現場で確認（監理）することも仕事の一つです。**

設計と施工を一緒に行っている会社は、同じ社内なので監理が甘くなる可能性があります。でも、建築家は建て主と契約しているので、建て主側の立場から適正に監理を行います。

工務店は、建築家が紹介したり、建て主自身が見つけるなど、依頼の仕方はさまざま。建て主を真ん中にして、建築家と工務店が良好の関係であることが理想です。

Q 途中で相談や質問はできますか？

A お任せではなくプロセスに参加するのが大切

家は建築家が建てるのではなく、建て主自身が建てるものなので、家作りのプロセスに積極的に参加してください。**家作りは、そのプロセスにこそ納得感があるとも言えます。**プランは作ったら終わりではなく、実現に向けてのスタート。設計図通りの家にするために、建て主、建築家、工務店の間でのコミュニケーションが大切です。

家が着工したら、建築家と一緒に現場にも足を運び、設計図通りに進んでいることを確認すると、家に対してより愛着がわきます。気になることは、現場で積極的に質問してみることです。また、造作家具などは現場で微調整が必要になることも。実物を見ながら、その場で決めたいことも出てきます。

出来上がった家が同じでも、プロセスに参加していると満足度は違うのでおすすめします。

Point 3

予算

お金のかけ方・抑え方の基本

予算を決めたらできるだけ守りたい。でも、こだわりは捨てたくない。お金をかけるべきところ、抑えられるところを一緒に考えてみましょう。

お金をどこにかけるかを見極めよう

希望プランを元に工事金額の見積もりを取ったとき、予算オーバーになってしまうことはよくあることです。一番初めのプランは、建て主の希望が詰め込まれたものなので、仕方がないかもしれません。ただ、プランを出してもらう前に、大体の予算を伝えておくと、予算から遠すぎない金額を想定して、プランを作ってもらえます。住宅ローンを払っていくのは、自分自身なので、冷静になりましょう。

建物にかかる本体工事費の中で、土台や軸組などの躯体工事費はコストダウンできません。耐震性にも関わる部分でもあります。

また、壁、床、屋根、窓などの断熱、24時間換気のためのシステムなど建物の性能部分もコストダウンしないほうがいいでしょう。住む人の健康や光熱費などのランニングコストにも影響してきます。

一方で、本体工事費の中の仕上げ工事費、設備機器費はコストダウンできる部分です。例えば壁は、塗り壁ではなくクロスに、キッチンや浴室の設備のランクを下げるなど、少しの工夫で効果が出ます。

他にも、玄関の植栽工事は必要最小限にして住みながら完成させる、カーテンは自分でそろえるなどコストダウンできる部分は、意外にあります。

家のために覚えておきたい法律

シックハウス対策

2003年に建築基準法が改正され、シックハウス対策を強化。化学物質の濃度を下げるために、全ての建物に24時間換気を行う仕組みの導入が義務づけられました。内装に使うホルムアルデヒドの量も規制の対象に。

建築物省エネ法

2021年4月から建築物省エネ法の改正により、建築家から建て主に住宅の省エネ性能の説明が義務化されました。高断熱・高気密はもちろん、発電システム、蓄電装置などを備えた省エネ住宅が推奨されています。

予算オーバーにならないためのQ&A

予算オーバーにならないためのアイディア、なったときの対策法を紹介します。

Q そもそもコストダウンできる間取りはあるの？

A 不要な物をなくすことはコストダウンに

壁やドアのないオープンな間取りのほうが、個室よりもコストダウンできますが、その分、構造を強くするためにコストがかかるので、一概に言えません。間取りを制約するよりも、「和室があったほうがいいかな」「収納を一応、ここにも作っておこう」というように、**あったら便利かなとあいまいに作ることをやめましょう。結局使わないことが多いので、お金が無駄になる可能性も。**こういう部分を減らすだけで、かなりのコストダウンになります。

本当に必要か見極めたいもの

窓

明るい家にしたいからと、窓をたくさん作るとコストがかかります。採光、風通し、風景を眺めるなど窓の目的をはっきりさせ、本当に必要な部分だけにしましょう。

ドア

部屋の出入り口に、必ずドアが必要かどうかを考えましょう。また、引き戸は省スペースで便利ですが、開き戸よりもさらにコストがかかります。必要な部分に効果的に使用を。

和室

一般的に洋室よりも和室のほうが、コストがかかります。さらに、障子や襖のメンテナンス費用も必要。「あってもいいかな」くらいの感じなら、作らなくてもいいでしょう。

Q まずはどこから見直すのがいいの？

A 収納の造作を減らして既製品を上手に取り入れて

まず、最初に見直すのは造作収納です。しまう物の場所を考えた造作収納は、家をすっきりと居心地良くしますが、コストがかかります。「リビングの目立つ部分は造作収納にするけど、クローゼットの中の棚を自分で作ろう」「キッチンは棚だけ作って引き出しは既製品を組み合わせよう」など、既製品、DIYを取り入れるとコストダウンできます。**引き出しや扉をつける造作収納は、家具専門の職人さんによる「家具仕事」でコストがかかります。棚だけなら「大工仕事」として、他の部分と一緒に大工さんにお願いできるのでコストダウン。**収納にメリハリをつけ、コストを調整しましょう。

ウォークインクローゼットの造作は最小限に

棚とハンガーパイプなど、最小限の造作に。必要に応じて棚板を増やしたり、コストがかからない既製品の引き出しなどを追加します。

Q 設備にはどのくらいお金をかけたらいいの?

A 数年で交換が必要なので、予算の抑えどころです

キッチン、浴室、洗面室、トイレなどの水回りの設備は、進化が著しい部分です。「お風呂でリラックスしたいから、テレビつきにしたい」「キッチンの水栓は、デザインがおしゃれで、手を近づけると自動で水が出る物にしたい」というように、最新型やオプションにこだわると、コストアップになります。便利な機能やスタイリッシュな見かけは、本当に必要なのか、検討しましょう。

また、**水回りの設備の耐用年数は10~20年と言われています。高価な物を選んでも、いずれは取り替えることになるのも忘れないで。**

コストアップになっても、効率よく暮らすために必要な家電があります。中でも食器洗い乾燥機は、忙しい人の強い味方。必要な家電を見極めて導入しましょう。

家事の効率アップ 人気の家電

食器洗い乾燥機

朝から夜まで1日の食器を一気に洗える大容量の物、夕食分だけのコンパクトな物など、状況に合わせて導入を。いずれの場合も、キッチンの中で場所の確保が必要です。

衣類乾燥機

スピーディに乾かすガス乾燥機が人気ですが、洗濯機の側の配置を考える必要があります。また、洗濯物を干すバルコニーは不要など、導入することで間取りに影響します。

ロボット掃除機

外出中などに、自動でお掃除してくれるので人気です。段差のない間取り、造作家具は床から浮かせるなど、ロボット掃除機が稼働しやすい工夫をします。

Q お金をかけずに満足度をアップすることはできる?

A お気に入りの家具を置いたり、DIYを楽しむのもおすすめ

ずっと使っているお気に入りの家具はありませんか? **新しく家を建てるからと全てを新しくする必要はありません。前の家で使っていて愛着がある物、両親から譲られた物などは、ぜひ活用しましょう。** 家具を造作しなくて済むのでコストダウンになるだけでなく、インテリアのポイントになり、その人らしい家になります。例えば、お気に入りの家具をリビングのメインに配置して、それに合わせて他の部分のインテリアを考えることも可能です。

また、**玄関回りの植栽、ウッドデッキなどの外回りの部分などは、暮らしながらDIYをすることもアイデアです。** 自分で少しずつ作れば、家への愛着は深くなります。週末に家族と一緒に作業すれば、楽しい時間になります。

もちろん、プロが作れば完成度は高くなりますが、家じゅう全てでなくても。経年変化で味わい深くなった家具や、家族の思い出が詰まったウッドデッキなどが、居心地の良い家を作ってくれます。

好きな家具をLDKのポイントに

お気に入りの家具をLDKに置きたいと希望すれば、設計時に、プランの中に組み込んでもらえます。インテリアのポイントにも。

外のウッドデッキはDIYで完成

あったらうれしい部分は、期限を考えずに気長にDIYできます。完成するまでに手間と時間がかかりますが、それも楽しみの一つに。

Q インテリアの要の床や壁を こだわりながらコストダウンできる?

A コストダウンのアイデアがたくさんある部分です

スペースが広く目につく部分なので、コストダウンするとインテリアに影響が出ないか心配になりますが、実はアイデアがたくさんあります。まず、**床や壁、天井の素材や仕上げを部屋ごとに変えずに、統一したほうがコストダウンになります。**素材の種類が変わるとそれぞれ専門の職人さんにお願いすることになりコストアップになるからです。特にこだわりのあるスペースを除いて、同一素材にするのがおすすめです。

壁の仕上げは、塗り壁よりもクロスのほうがコストダウンできます。塗り壁の風合いは魅力ですが、クロスでも素敵に見せることは可能。色、柄が豊富で抗菌や消臭などの機能性も充実しています。一面だけ色を変えたクロスを張れば、素敵なアクセントウォールに。

床の材質は、木の風合いを楽しめる無垢材が人気ですが、コストアップになります。そこで、水回りなどは、お手入れがラクな塩ビタイルやシートにしても。木目、タイル、大理石など色々な模様があります。

また、表層の数ミリが天然木で、その下は合板などを使っている突き板という物もあります。見かけは木の風合いが楽しめますが、無垢材よりはコストダウンになります。

床・壁・天井の素材は進化し、コストダウンしても見かけや機能性はアップしています。

壁はアクセントクロスで変化をつける

全体的に落ち着いた白いクロスですが、部屋の一面に色つき、ストライプのアクセントクロスを使いました。雰囲気を変えたいときは、手軽に張り替えることも可能です。

床は1階と2階を変えても楽しい

LDKがある2階は気に入ったフローリングを使いましたが、1階はフシのあるフローリングにしてコストダウン。経年変化でフシはなじんでいきます。

＼住まいのプロに聞いた！／

予算内に収めるコツは？

P165「依頼先選びのポイントは？」に続き、整理収納アドバイザー・住宅収納スペシャリストの伊藤美佳代さんに、ご自身が二世帯住宅を建てた経験をふまえ、アドバイスをいただきました（実例はP58参照）。

1 最初の「どんな家に住みたいのか」に戻る

依頼先を決めたら、いよいよ本格的に家作りがスタート。「希望を詰め込んだ間取りプランを試算したら、1000万円も予算オーバーに。最初は諦めかけましたが、払うのは自分たちなので予算内にこだわりました」と伊藤さん。ここでも役に立ったのが、最初に作ったイメージボード。優先すべき物がわかると、取捨選択ができました。「両親も『せっかくだから少しオーバーしても』と言っていましたが、今は『予算内にこだわって良かった』と満足しています」。

伊藤さん夫婦が暮らす2階は、コンパクトで暮らしやすい間取りに。「元々両親が住んでいた場所なので、両親を優先に。そう考えたら色々なことがスムーズでした」。

2 優先したい部分にはお金をかける

伊藤さんの優先順位の高い物の一つは、猫との暮らし。猫が心地良く暮らせるように、キャットウォークを設置。上り下りできる階段も作りました。

家の土台に関わる建物躯体には、優先的にお金をかけました。ご両親の希望で、耐震等級3に。地震の揺れも以前より感じにくくなり、安心です。「生活時間が違うので、1階と2階の完全分離型は譲れない条件です。普通の一戸建てよりもコストは1．5倍かかると言われましたが、これは必要な部分。他にも、高齢の両親が住みやすいように、1階には床暖房や手すりなどをつけました」。優先したい部分は、しっかり守ります。

Column

3 諦めるのではなく 必要な物を見極める

コストを削るために諦めると考えると、寂しい気持ちになります。でも、伊藤さんは「仕事で収納アドバイスするときも、『いらない物を捨てるのではなく、必要な物を選んで残しましょう』と伝えます。家作りも同じです。必要な物を見極めると考えると、無理なくコストダウンに」。実際に、4年たった今、取り入れなかった部分で後悔している物は、ほぼゼロだそうです。

コストダウンのためドアは減らしました。洗面室をすっきりした収納にしたら、ドアがないからこそ、絵になるスペースに。

4 収納は暮らしながら作っていく

収納のプロである伊藤さんのお宅の収納は、意外にシンプルです。「収納はコストダウンできる大きな部分です。引き出しや扉はお金がかかるので、本当に必要なのかを見極めることが大切。我が家の収納は棚だけ作って、中の構成は自分で。使いながら調整していこうと考えました」。最初に決めすぎず、少しずつ作っていくことは、コスト面だけでなく、暮らしやすさにもつながります。

ウォークインクローゼットは住みながらDIY。可動棚のためのレールも後づけするために、壁に下地を入れておいてもらったそう。

5 照明にこだわると 心地良さがアップ

照明アドバイザーでもある伊藤さんは「照明を少し工夫すれば、お金をかけずに家の心地良さがアップします」と言います。家全体でなくても、リビングだけでもOK。照明に詳しくなくても、「夕食を食べた後、リビングでほっとしたい」など暮らし方を伝え、それに合った照明を考えてもらいましょう。

ワークスペースにもなるダイニングテーブルの上に、ペンダントライトを設置。これだけでも、食事のときに雰囲気が変わります。

Pick up! 4

インテリアのアクセント

好きな雑貨、ポストカード、本、食器など、
家のどこかに飾るスペースがあると、インテリアのアクセントに。
お気に入りの物が並んだコーナーは、いつまでも眺めていたくなります。

玄関の土間に、タイルと同系色の椅子を置きました。靴を履くときに座ったり、荷物の置き場にもなります。

玄関に入ったとき、最初に目がいく場所にお気に入りのポストカードを飾りました。

キッチンの出窓に、お気に入りの花器や雑貨を並べました。料理をしながら、目に入る場所が素敵だと楽しい気持ちになります。

ダイニングのカウンターの上は、表紙が印象的な本を飾ります。左の壁には、建具と同色のタイルを使って、インテリアのアクセントにしました。

Part 5

もっと快適に暮らすための
リノベーションの間取りのポイント

基本編

知っておきたいリノベーションQ&A

リノベーションでできること、できないことって？
リノベーションをする前に知っておきたいことをご紹介します。

Q 新築と比べて中古物件のリノベーションのメリットは？

A 物件の問題を解決して、住みやすくできる

新築の場合は、建物が完成してからでないと、使い勝手がわからない点があります。しかし、中古物件をリノベーションする場合は、**物件がすでにあるため、住んでいるならもちろんのこと、実際に生活していなくても「ここをこうすれば住みやすくなる」という、具体的な問題解決点がわかりやすいというメリットがあります。**例えば、家全体の間取り、窓からの光の入り方による各部屋の明るさ、キッチンや洗面室、トイレや浴室の設備など、どこが問題点で、どうしたら今の自分たちの暮らしに合うようにできるかが明確です。

またコスト面でも新築に比べて安く抑えられるという利点もあります。ただリノベーションは壊してから作るため、かけた費用に対して出来上がりが満足できるかどうか、コストパフォーマンスの観点からも考えてみることをおすすめします。

リノベーションのメリットとデメリット

メリット

価格が安い

新築の購入にはかなりの費用がかかります。リノベーションも安くはありませんが、中古物件を改装したほうが、新築を購入するよりも少ない予算で、理想の間取りの家が手に入る場合があります。

住みたい場所に住める

人気エリアは価格も高く、新築に絞って探すと物件探しが進まないことも。しかしリノベーションを視野に入れれば、住みたい場所にある中古物件も候補になるため、住める可能性が高くなります。

優先順位をつけやすい

すでに家があるので、「この部分はこだわって変えよう」「ここはこのままでいい」など、優先順位がつけやすいことも。メリハリをつければ、新築よりも低予算で自分のこだわりを実現できます。

デメリット

購入してもすぐに住めない

すぐに住める新築物件と異なり、リノベーションが終わるまでは住めません。家の引き渡し後、リノベーション期間中は今住んでいる家賃と住宅ローンを二重に払うことにも。

解体して建物の傷みがわかることがある

物件購入時には状態が良さそうに見えていたのに、解体してみると排水管に水漏れがあったり、柱にひびが入っていたりなど、予期せぬダメージが見つかることもあります。

希望のリノベーションができないことも

工法や構造によって、「この壁は抜けない」「抜くと構造的に弱くなる」など制約があります。マンションは、水回りの移動はハードルが高いので、よく確認して購入を。

Q 中古物件を購入するときに注意することは?

A 法律や工法の変更を知っておこう

「新耐震基準」は、1981年に制定された法律なので、その年より前の物件は要チェックです。以前の耐震基準は震度5程度でしたが、新耐震基準では震度6～7の地震で倒壊、崩壊しないようにすることが定められました。また**阪神淡路大震災を受けて改正された2000年**には、耐力壁の配置、柱や梁などの金物接合、基礎などの基準が、強化されました。

また、**1980年以降、外壁の仕様を「通気工法」にするのが一般的に。**「通気工法」とは、建物の外壁と内壁の間に隙間を設け、室内で発生した湿気による結露を防ぐもの。後から外壁仕様を変更するのはコストがかかるため、物件を購入するときに確認をしましょう。

覚えておきたい変更

法律

1981年に新耐震基準になり、2000年にさらに改正

住宅の耐震性の大きな転機は、1981年と2000年。それぞれの年に行われた建築基準法の改正で、住宅に求められる耐震性能が大きく強化されました。

工法

1980年以降、外壁の仕様が変わってきた

現在の住宅の主流である高気密、高断熱という進化にともない、外壁の仕様も変化。水蒸気の逃げ場がなく結露を生みやすい「直貼り工法」から、結露を防ぐ「通気工法」が誕生。

Q 全面リノベーションか部分リノベーションにするか迷います……

A 予算だけでなく今後のライフスタイルも考えましょう

現在の暮らしで、何が使いにくいか、これからどんな暮らしをしたいのかなど、**自分のライフスタイルを考えると、どんなリノベーションが必要なのかがわかります。**全面ではなく部分でも、暮らしやすくすることは可能。特に、大きな変化をもたらすのは水回りです。ここだけでも使いやすい間取りにし、最新設備に取り替えると、暮らしが変わります。

今後は、ライフスタイルが変わる可能性があって大きなリノベーションに踏み切れないときは、不便な場所だけを部分リノベーション。全面リノベーションは、子どもが独立するなどライフステージの変化が確定したときに、改めて考えましょう。

リノベーションの価格の目安

全面リノベーション

一戸建て	2000万円台～
マンション	1000万円台～

部分リノベーション

キッチン	100万円～
浴室・洗面室・トイレ	70万円～

一戸建ては物件の構造によって費用が異なりますが、全面の場合、およそ2000万円台。マンションは1000万円台が目安です。部分の場合の価格は、より抑えられます。

Q 物件は購入したのだから家じゅう自由に変更できる？

A 構造的にできること&できないことがあるので確認を

一戸建てのできること&できないこと

建て方（工法）にもよりますが、マンションより自由度が高いのが一戸建て。
住まいのあらゆるところにこだわりを詰めることができます。

❶ 間取りの変更 △

一戸建てはその建て方（工法）によって、間取り変更の自由度や難易度が異なります。木造住宅で多い工法が「木造軸組工法」と「2×4（ツーバイフォー）」。「木造軸組工法」は柱と梁をしっかり結び、斜め方向に筋交いを設置するという「軸」で建物を支える構造なので、構造補強すれば壁を取り外すことが可能。一方「2×4」は2インチ×4インチの角材と木製パネルという「面」で床、壁、天井を構成して建物を支えているため、壁を抜くのが難しく、間取り変更には大きな制約があります。

❷ 耐震補強 ○

耐震診断をし、建物の耐震性を確認します。診断の結果によって、基礎や壁、床の増強など、補強工事が必要になります。

❸ 断熱 ○

経年劣化した壁や床などの断熱材を交換したり、断熱材を新たに設置することも可能。断熱性能や気密を高めることで、室内の温度が一定に保ちやすく、暑い夏だけでなく寒い冬も快適に暮らせます。

❹ 水回り ○

一戸建ての場合、キッチンやトイレ、洗面室、浴室などの水回りの位置や設備を変えることは可能です。配水管などが劣化していると取り替える必要があり、工事費が予定よりかかってしまう場合もあります。

❺ 窓 ○

構造補強をしつつ、暗い部屋に窓をつける、窓の位置を変えるのは可能。年々建材の性能が上がっているので、例えば古いサッシを最新のサッシにすると断熱効果が上がるなど、結露対策にも役立ちます。

❻ デッキ ○

リノベーションを機会に、デッキを導入する事例も増えています。例えば庭の一部をウッドデッキにして、アウトドアリビングのような心地良い空間を作ることも可能です。

❼ 吹き抜け ○

マンションと異なり、吹き抜けを作ることができるのは、一戸建てのリノベーションならでは。暗くて狭苦しいLDKに、上から光を採り入れて明るくしたり、天井を高くして開放感あふれる雰囲気にすることも可能。

マンションのできること&できないこと

中古マンションのリノベーションは、一戸建てに比べるとコストは安くできますが、
集合住宅のため、建物の管理規約内で進める必要があります。

❶ 間取りの変更 △

マンションはRC造（鉄筋コンクリート）が多いのですが、居室内の間仕切りは木軸か軽鉄で躯体壁ではないので、撤去も増設も自由です（まれに広い物件などで、間仕切りが躯体壁のこともあるので要確認）。注意点は、共用の配管を配置しているパイプスペースの位置は変えられないこと。また、間取り変更で生活音が変わるので、下の階の方からのクレームにならないように床の遮音対策をすること。万が一に備えて、間取り変更した部分の床の工事写真は撮っておくなどの対策を。

❷ 断熱 ○

マンション自体に断熱材は採用されていますが、物件が古ければ断熱材が薄かったり、劣化している場合も。建材の性能は向上しているので、壁や床などに最新の断熱材を使うと、夏も冬も快適になります。

❸ 水回り ○

水回りの位置の変更は可能ですが、マンション共有の配管までの排水勾配や給水ルートを考えることが必要です。大きく移動すると配管までの距離が長くなり、排水勾配のために床を上げるなど床下スペースを確保することになり、ハードルが高くなります。

❹ 窓 ×

窓を新たにつけることはできません。サッシが単板ガラスで古い場合は、内側に窓をつけて断熱効果を上げることは可能。暗い部屋を明るくするときは、既存の窓の手前に室内窓を増設して対応しても。

❺ バルコニー ×

マンションは複数の世帯が使用する共同住宅。共有部分は変更できません。各戸のバルコニーは共有部分にあたるため、自由に変更ができないことを覚えておきましょう。

❻ 玄関ドア ×

バルコニー同様、玄関ドアもマンションの共有部分にあたるため、個人で手を加えることはNG。インターフォンの取り替えは管理会社に相談する必要があります。

❼ 床暖房 ○

床暖房は、自由に取りつけることができます。ただし、ガス暖房の場合、パネルの厚み分（12mm程度）床が高くなります。他の床と段差が出ないように、下地を調整するか、段差の部分に床見切り材を設置します。

応用編

リノベーションして快適になった実例

ここからは、さまざまな問題をリノベーションすることで解決し、快適な暮らしを手に入れた実例をご紹介します。

Case 1 一戸建てならでは、フロア構成を変更する

リノベーション前の間取りは、1階はLDK、2階は家族の個室や寝室でした。1階のLDKは光が入りづらく暗い雰囲気。一方で、昼間はあまり使っていない2階は日差しが入って明るかったのです。そこで、思い切ってLDKを2階に移動させ、フロア構成を変更しました。こんなふうに大きく変更できるのは、一戸建てならではのリノベーションです。柱や壁の少ないオープンなLDKを2階にし、1階は個室にして柱や壁を作ると、建物がより安定。耐震性が良くなります。

DATA

全面リノベーション
家族構成：夫婦
間取り：4LDK→3LDK
構造規模：地下＋木造2階建て
延床面積：112.3㎡

BEFORE

生活の中で長い時間を過ごすLDKがある1階は光が入りにくく、使っていない個室がある2階のほうが、明るく快適という間取り。

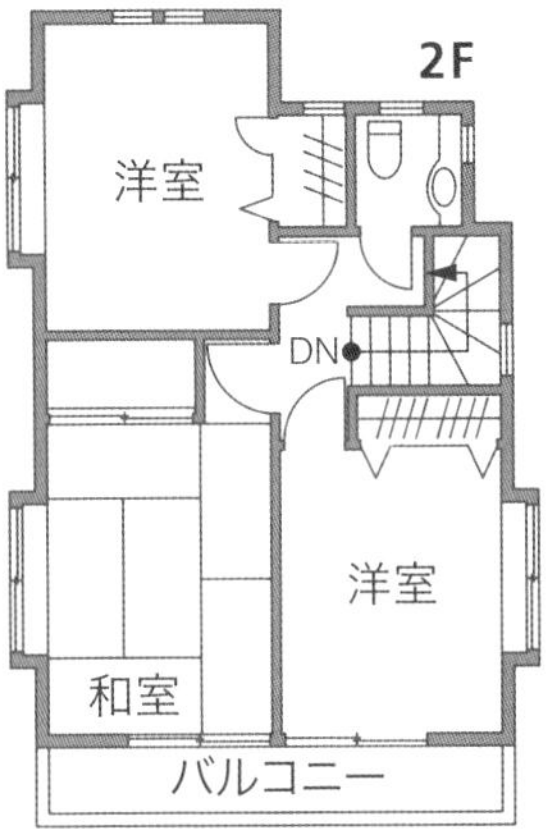

明るいけれど、使っていない個室

日差しが降り注ぐ2階には、洋室が2部屋、和室が1部屋。ほとんど使っていない個室も。

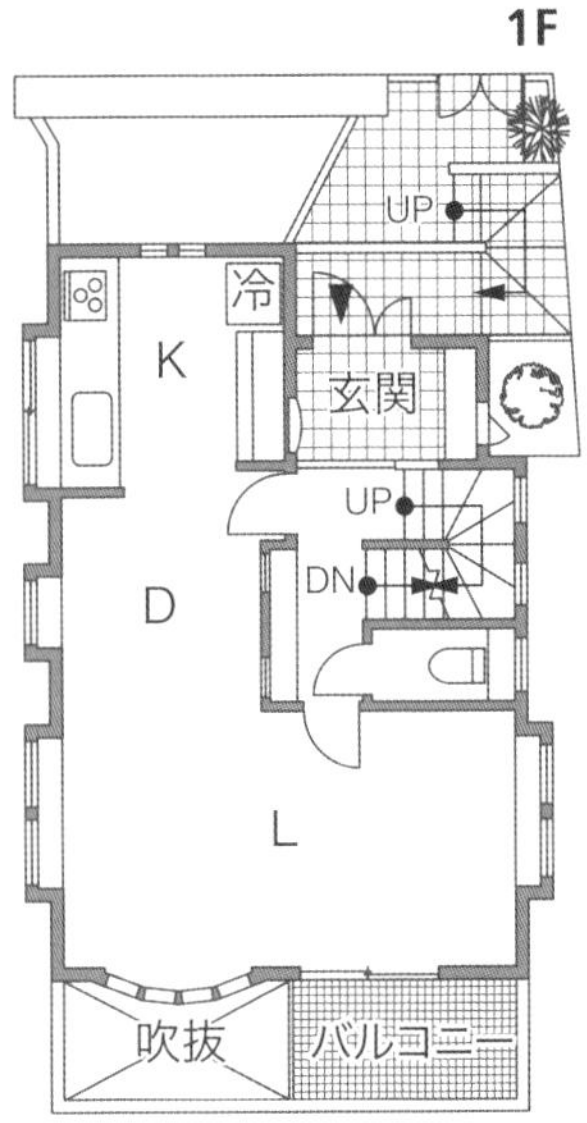

1階のLDKは日差しが入りにくい

1階は仕切りのない1フロアのLDK。周辺に住宅が建ち並んでいるため、光が入りづらく、暗い印象。

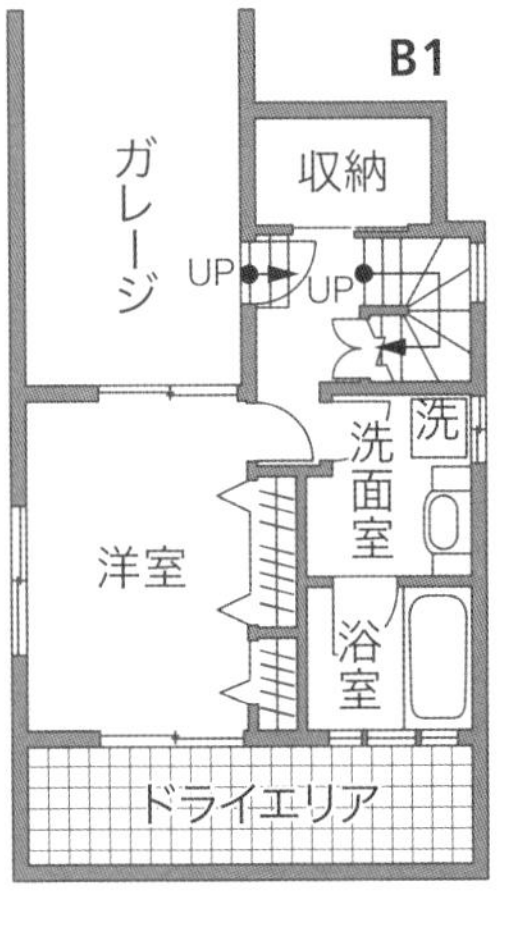

地下の水回りは家事がしにくい

浴室や洗面室、洗濯機などがあった地下。洗濯物を持って1階へ上がらなければならず、家事動線にも難あり。

AFTER

居心地の良さを優先させた２階LDK。１階は寝室や浴室、洗濯機置き場など家事動線を考えた構成。地下は趣味のための部屋に。

猫も一緒にくつろげる間取りに

LDKで飼い猫と共にくつろぎます。気になる猫のトイレのニオイ対策のために、換気ガラリを設置しました。

すっきりLDKを実現する適所収納

LDKを居心地のいい空間にするために、リビング、ダイニング、キッチンの収納は造作。物が必要な場所に収まっています。

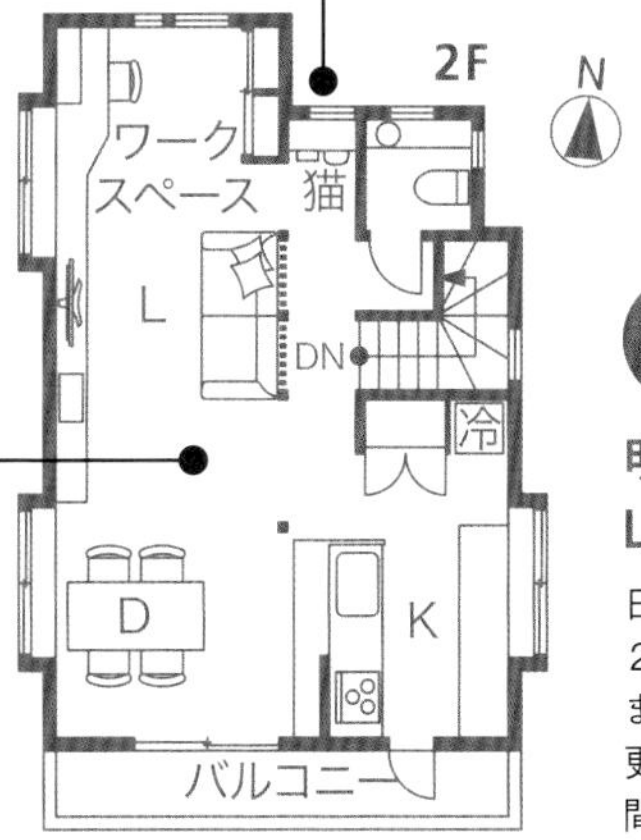

Point

明るい2階にLDKを移動する

日差しが入って明るい２階にLDKを移動。まずは、この大きな変更を決めて他の部屋の間取りを調整しました。

大容量シューズクロークも便利

玄関を入ってすぐの所にシューズクローゼットを作り、下駄箱はなくしてすっきり。帽子やバッグ、アウトドア用品などの収納もここに。

洗濯動線をスムーズにする

浴室、洗面室、洗濯機置き場を近づけたことで、洗濯動線がスムーズに。バルコニーにも近いため、移動するのもラクに。

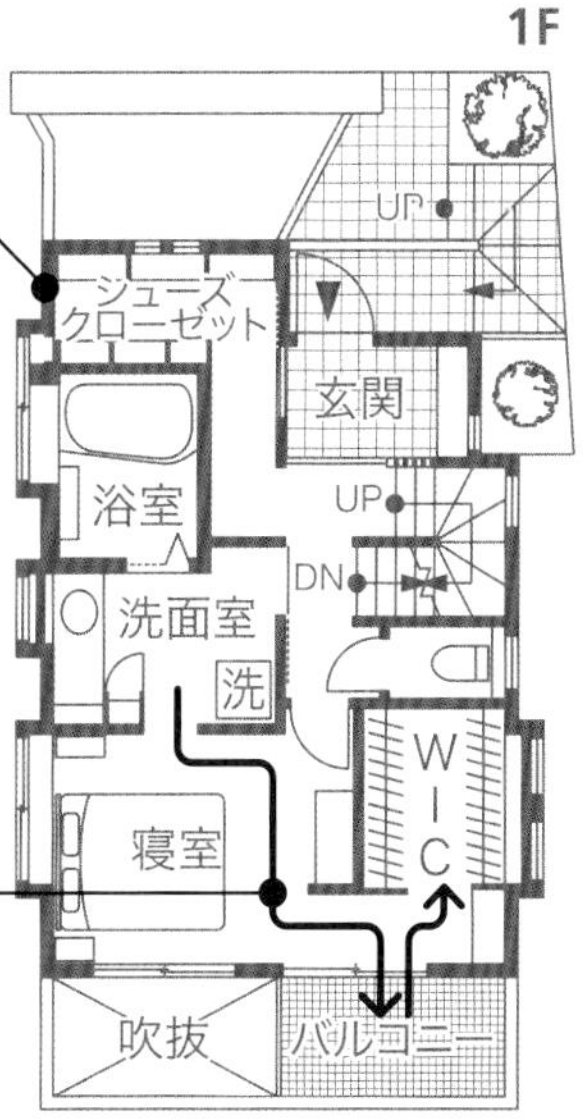

Point

寝室と家事スペースは1階にまとめる

寝室や浴室、洗面室、洗濯機置き場など、LDK以外の部屋は１階にまとめることで、動線がスムーズに。家事も効率的に行えるようになりました。

来客が泊まれるゲストルーム

元からあった洋室は、家族や親戚など、ときどき訪れる来客のゲストルームに。収納もゲストの布団などを入れる場所に。

こもり感がある地下は趣味部屋に

浴室や洗面室だったスペースは、こもり感を生かし趣味の部屋に。既製品のデスクと収納を生かして、秘密基地にしました。

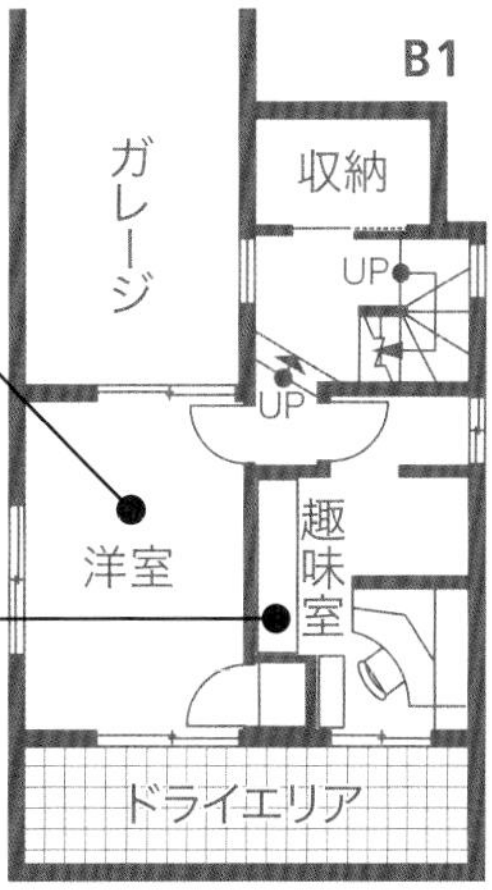

Point

日差しが入りにくい地下は、趣味の部屋と客室に

クローズドな趣味の部屋と、使う頻度が少ないゲストルームに。湿気対策には換気扇をつけ、床下の防湿効果もアップしました。

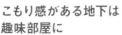

Case 2

リビングを和室から洋室にし、水回りを移動する

リノベーション前はダイニングの隣に和室のリビングが配置された、典型的なマンションの間取り。まずは、仕切っていた襖を取りはらい、和室を洋室にして、広々したオープンなＬＤＫにしました。また、子ども部屋をＬＤＫの近くに設けたいという希望があったため、家の中央にあった浴室などの水回りを北側へ大きく移動。水回りを移動することは、配管を考えるとハードルが高いリノベーションです。実績のある工務店に工事を頼み、希望を実現しました。

DATA

全面リノベーション
家族構成：夫婦、子ども２人
間取り：３DK→２LDK
構造規模：RCマンション
占有床面積：56.28㎡

BEFORE

廊下をはさんで両側に部屋や水回りがあり、南側に和室やダイニングキッチンが配置された、典型的なマンションの間取り。

個室にするには暗い

家の北側に位置する洋室は暗い印象。子ども部屋をLDKの近くに設置するために、水回りを移動。

洗面室が狭い

家事効率を上げるため、乾燥機つき洗濯機を導入したいが、それには狭すぎる洗面室。

リビングが和室で使いにくい

ダイニングと仕切られた狭い個室で使いづらかったです。

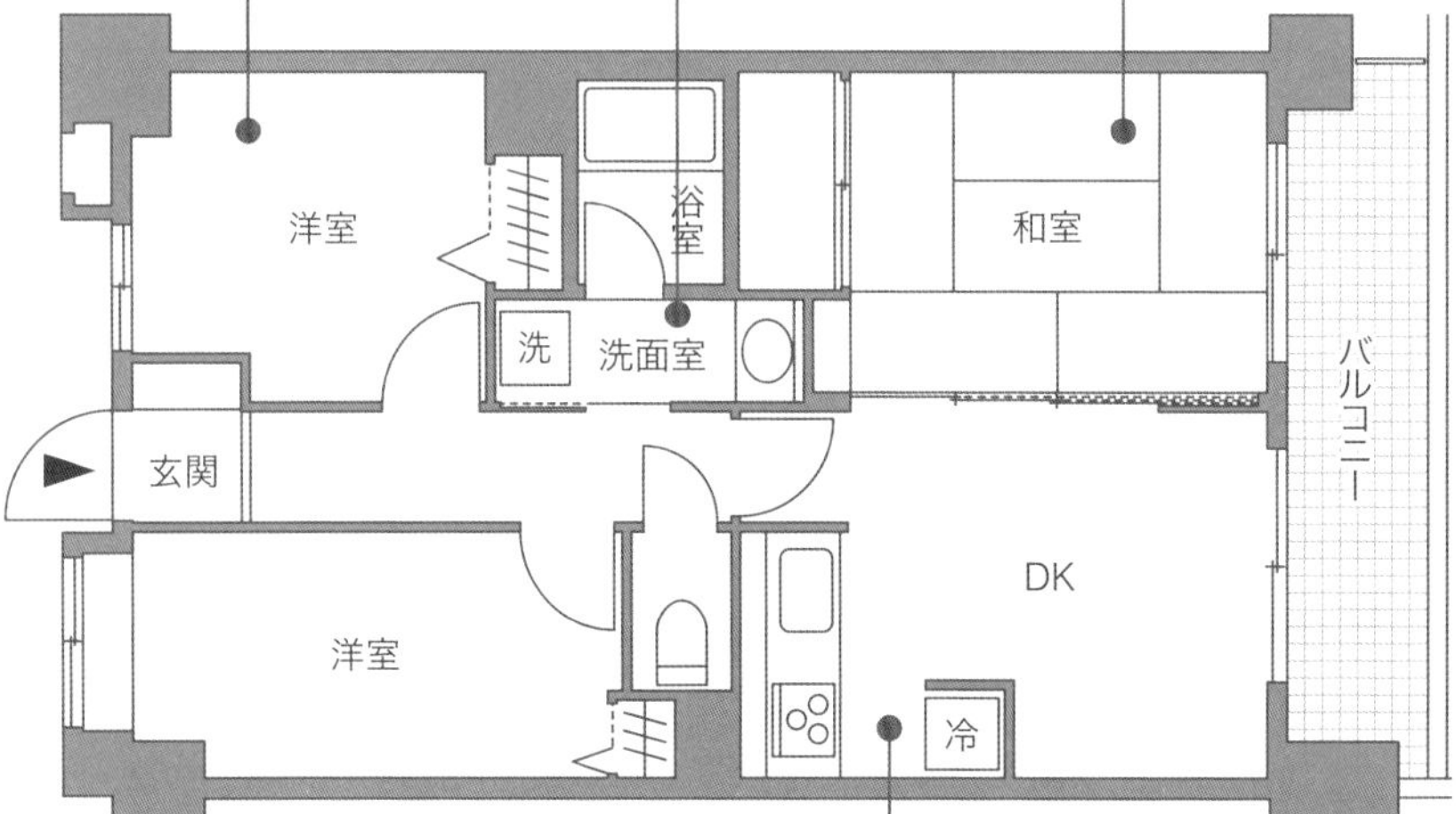

キッチンが使いにくい

ダイニングに背を向けるタイプなので、調理中に子どもたちの様子がわかりにくい。収納も足りませんでした。

Column

天井の換気のダクトを隠すために下がり天井に

換気扇の配管がリビングの天井を横切るため、それを隠すのに天井の一部が下がっている場合があります。この下がり天井に造作を施し、間接照明を設置しました。やわらかな光が、インテリアを素敵に演出します。

AFTER

家族が集まるリビングは和室から洋室へ変更。
水回りを大きく移動して子ども部屋を作り、
居心地が良く、機能的な家になりました。

洗面室＋ファミリークローゼットにする

洗面室はスペースを広くし、造作収納を取りつけ、機能性をアップ。クローゼットが近いので、洗濯物をしまうのがラクに。

気配を感じる子ども部屋にする

子ども部屋は、LDKの隣に配置。室内窓を設け、LDKから子どもの気配を感じられるように。

LDKは広さ以上に開放感がある

和室リビングを洋室にし、ダイニングとつなげてLDKに。余計な仕切りがなく、広くなりました。

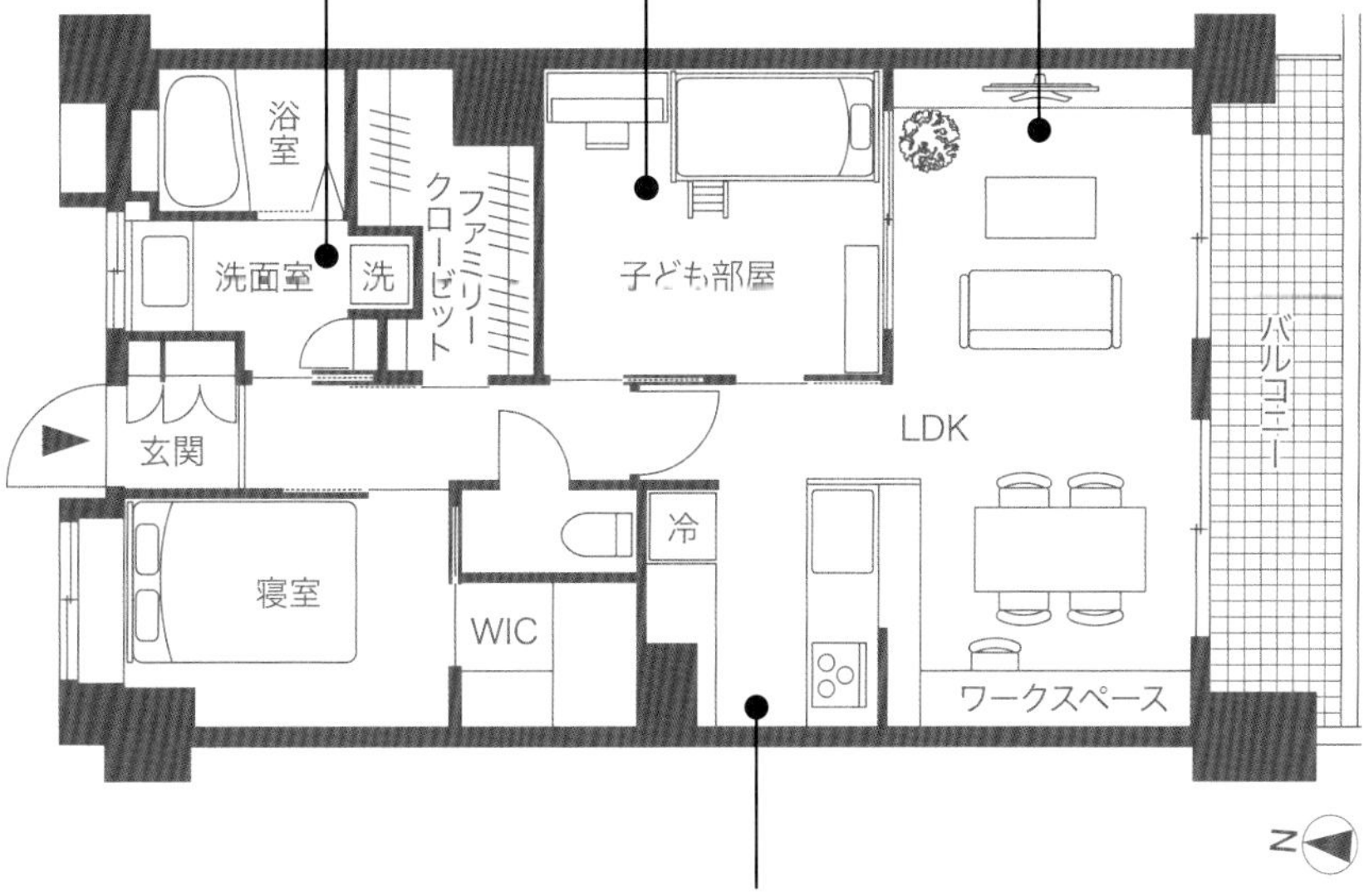

キッチンは対面型にする

キッチンは対面型にし、LDにいる子どもの様子がわかるように。背面に造作収納を設置したら、料理がしやすくなりました。

Point

1 3DK→2LDKにし、広くする

使いにくかった3DKを、暮らしに合った2LDKに。個室を減らし、LDKを広々と使いやすくしました。

2 洗面室・浴室を機能的で家事しやすく

洗面台を広くし、洗濯乾燥機を置けるスペースも確保。洗濯物はここで完結します。造作収納を設け、洗剤やタオル、パジャマの収納もできるようにしました。

3 各部屋をコーナーにし、子ども部屋を中心に

子ども部屋は、子どもが閉じこもらないように家の真ん中に。LDK、水回り、寝室の生活に必要な場所をコーナーにまとめ、真ん中のスペースを確保しました。

Case 3

LDKを広く＋書斎を新設する

築5年ほどの中古物件を購入してリノベーションした実例です。もともと築浅でグレードの高いマンションだったため、必要な部分のみを変更しました。

LDの隣にあった和室を洋室にし、スペースを拡大。和室だった部分には床暖房も追加で設置し、全面床暖房に。

ご主人が書斎を希望していたので、納戸と和室の押し入れだった場所を書斎と家族共有の収納に。クローズドな場所なので、一部を収納に使うのは、スペースの有効活用になります。

BEFORE

リビング・ダイニングに洋室2部屋、和室1部屋の3LDK。和室は今の生活には不要ですが、家で仕事ができる場所はありません。

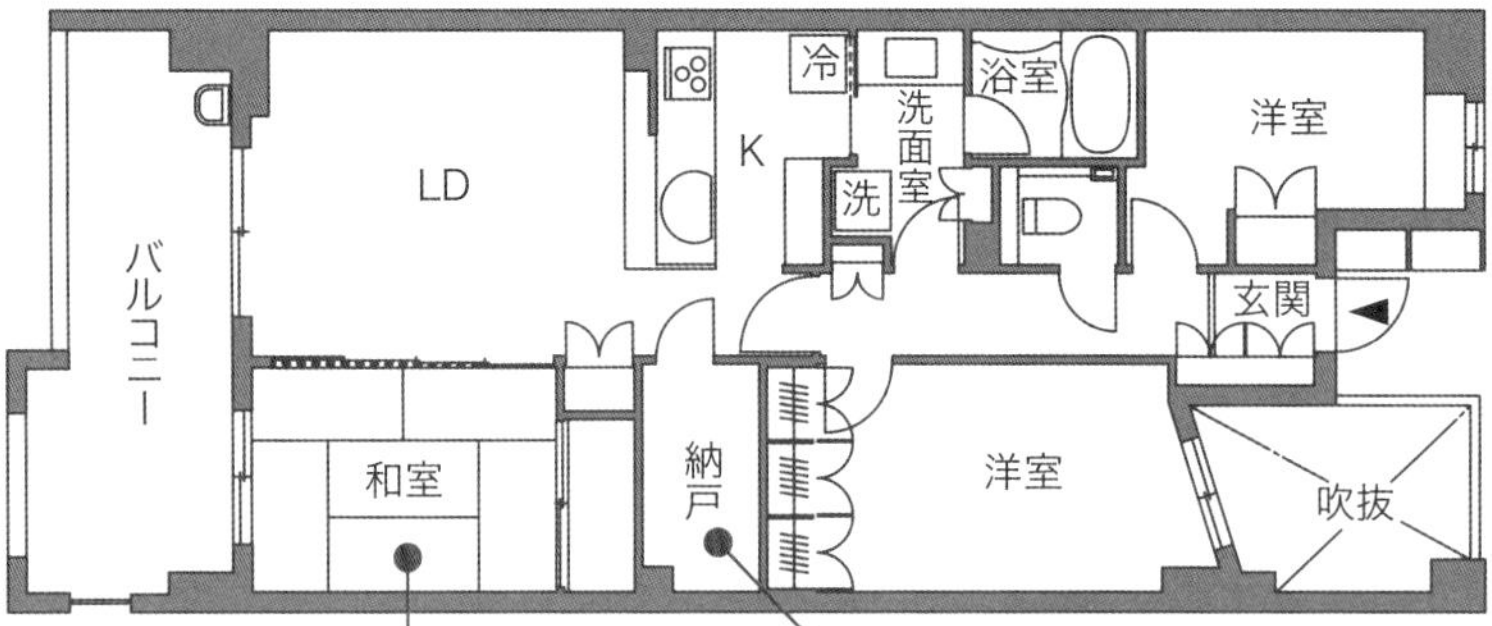

LDK横の和室は不満

引き戸で仕切られた和室は、今の生活には必要ないスペースになっていて悩みの種に。

納戸が中途半端で使いにくい

それなりにスペースがあった納戸ですが、中が整理整頓しにくく物が散乱しがちでした。

↓

AFTER

和室をなくしてリビング・ダイニングを広げ、開放感がある空間に。書斎を新設したり、書棚なども新しく設置。

廊下に書棚を作る

通路だけの廊下に、書棚を設置して有効活用。廊下の幅15cmほど広げ、スペースを作りました。

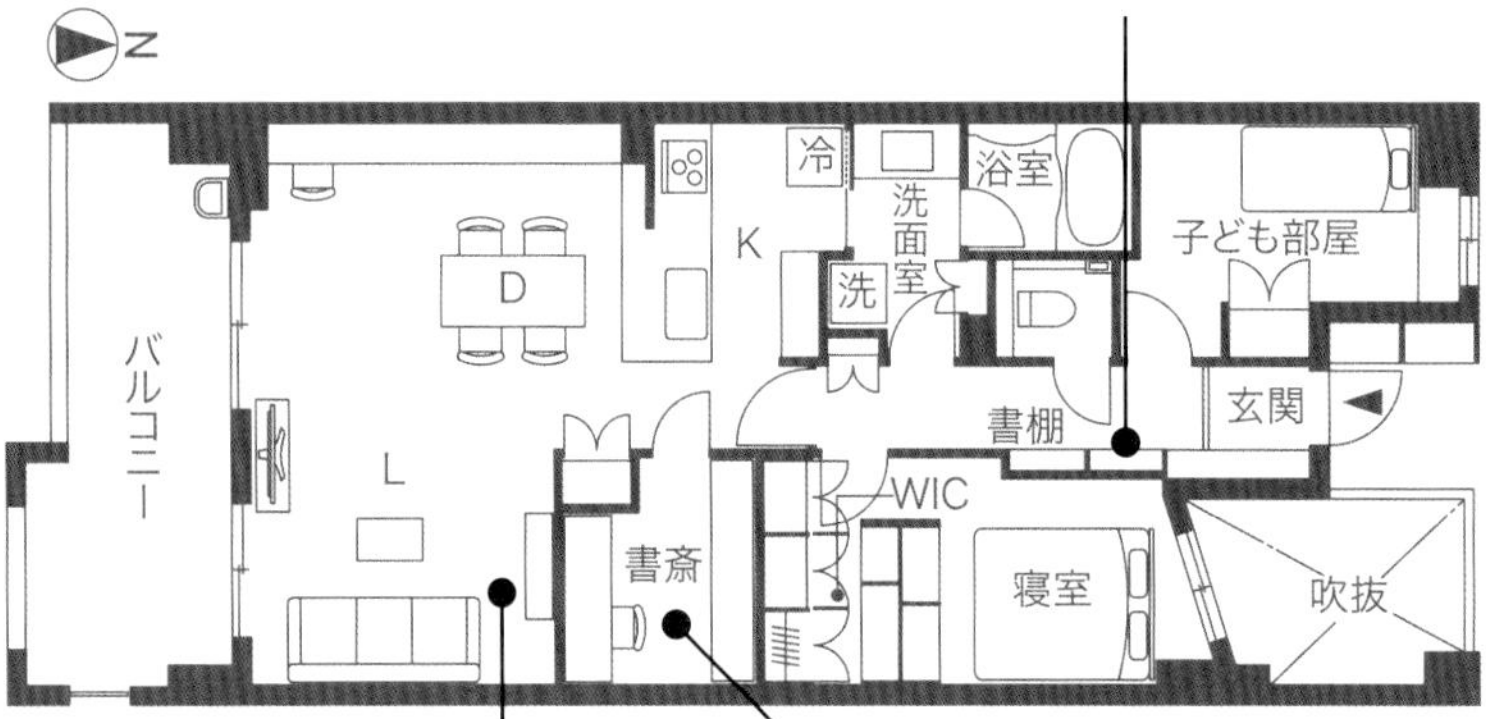

床を張り替えて広いLDKに

畳をフローリングに張り替えて、洋室に。マンションの場合、下の階の人へ生活音が響かないように、決められた「遮音等級」に従い、床材を選びます。

夫の書斎と家族の収納スペースに

和室の押し入れと納戸を変更。押し入れは、人が歩くスペースではなかったので床の張り替えには要注意。LDK同様に「遮音等級」に従って。

DATA

部分リノベーション
家族構成：夫婦、子ども1人
間取り：3LDK→3LDK
構造規模：マンション
占有床面積：80.98㎡

Column

マンションのリノベーションで気をつけること

床を張り替える

⇒ 下の階に響かないよう遮音に気をつける

マンションの床の張り替え工事には、マンションの管理規約が関わってきます。特に畳は防音性が高いため、和室をフローリングにする場合などは、下の階に響かないような遮音等級を確保する必要があります。

スタートする前に

⇒ マンションの管理規約をしっかりチェック

マンションは共同住宅なので、変更できないことが。玄関ドアやサッシの交換、パイプスペースの移動、バルコニーの増改築、エアコンの配管用穴を壁にあけるなど、不可あるいは制限があるので、規約をチェックします。

エアコンを増設したい

⇒ 壁の配管の穴の位置を確認

エアコンの設置には、室外機までエアコンの配管を通すための穴が必要です。マンションの場合はその配管の穴の位置が決まっていて、動かすことができないので、位置を確認してから行いましょう。

水回りを移動する

⇒ 勾配排水が長いと水漏れのリスクにも

排水には勾配が必要で、その勾配は床下で取っています。排水管まで1m離れると約2㎝の勾配が必要に。この距離が長いほど勾配が必要になり水漏れなどのリスクやコストも高くなります。慣れた施工業者に相談を。

Case 4

水回りメインのリノベーションで家事を効率的に

初めからリノベーションをするつもりで中古の一戸建てを購入。中古なので水回りの設備が古く、セミクローズドだったキッチンや狭かった洗面室などの間取りや設備を変えて、使いやすくしました。間取りを変えることができなくても、水回りの設備は日々進化しているので、設備を取り替えるだけで、使い勝手は良くなります。部分リノベーションは、全面リノベーションよりコスト面で抑えられます。予算が少ないときは、部分だけでもおすすめです。

BEFORE

中古物件のため、特に、キッチンや洗面室、浴室、トイレなど水回りが使いづらい。他の場所にも問題点はあるが、まずは一番の不満を解消したい。

洗面室が狭くて不便

洗面室は設備も古く、狭いために身支度や家事の効率がダウン。

キッチンがセミクローズドで使いにくい

LDに背を向けたキッチンは、狭くて窮屈な印象。収納も少なくて使いづらい。

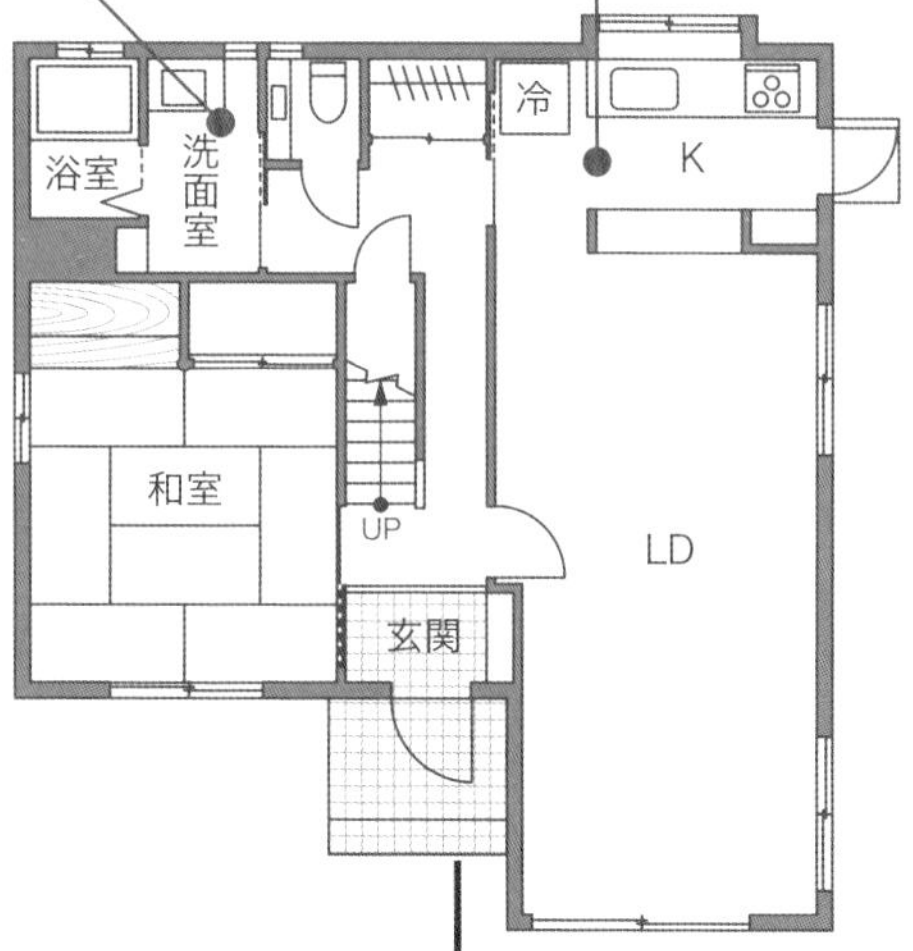

AFTER

水回りを、使いやすさを考えた間取りと最新設備にする部分リノベーション。LDKは床と壁を張り替えて、インテリアを自分好みに。

不要なスペースをなくし洗面室を広く

元は収納場所だったところにトイレを移動。その分、洗面室のスペースを広くしました。身支度がしやすく、家事の効率もアップ。

対面式キッチンで使いやすく

シンクやコンロの位置を変え、LDと対面式にしたオープンキッチン。収納力や機能性もぐんとアップしました。

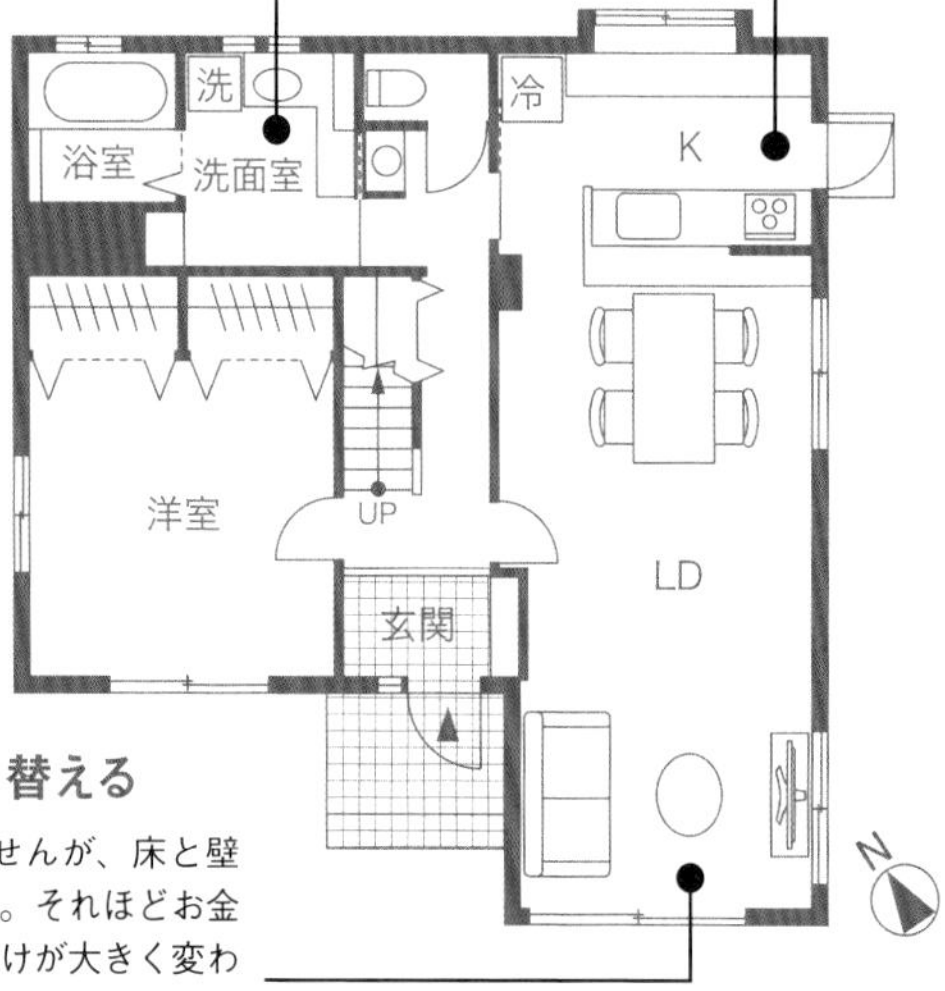

床・壁を張り替える

LDの変更はしませんが、床と壁を張り替えました。それほどお金がかからず、見かけが大きく変わる効果があります。

DATA

部分リノベーション

家族構成：夫婦

間取り：3LDK

構造規模：木造2階建て

延床面積：119.14㎡

Case 5

吹き抜けを作り、暗いLDKを明るく

新築の建て売りを購入し、しばらく住んでからのリノベーション。家の回りを民家に囲まれており、1階は光が入りにくく暗いのが悩みでした。そこで、2階の床を抜いて吹き抜けを設けました。1階の和室を洋室に変えて、明るく開放感のあるLDKを作りました。

床を抜いて、狭くなった2階の部屋を補うために、大容量のファミリークローゼットを設けました。洋服を収納できるスペースが他にあれば、部屋が狭くなっても大丈夫です。

BEFORE

住宅密集地区のため、1階のLDが暗く、使いこなせない和室もありました。洗面室や浴室は問題がなかったので、そのまま残します。

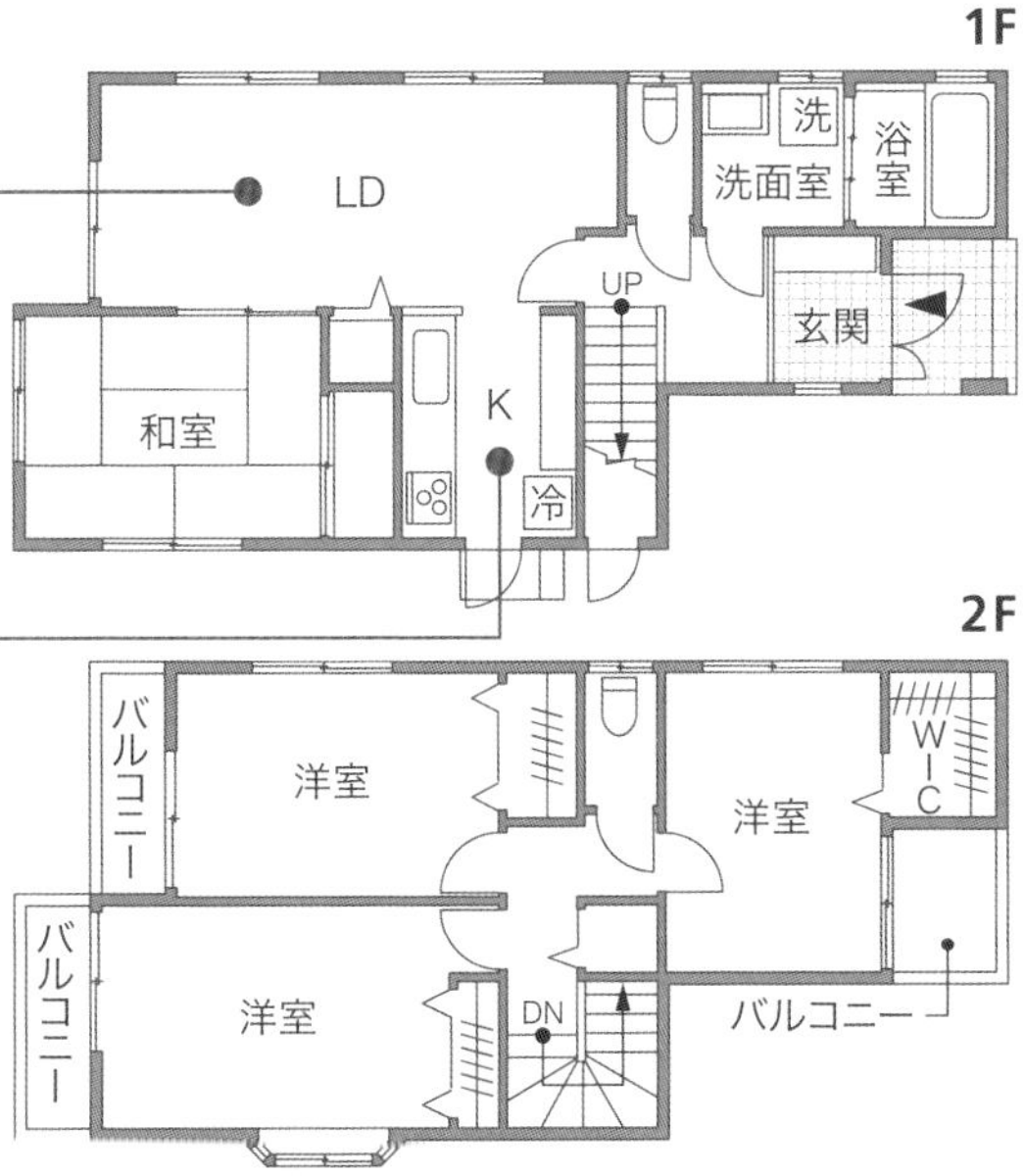

リビングが暗い

回りを家に囲まれているため、LDや隣の和室にも光が入りづらくて暗い印象に。

キッチンがLDから離れている

キッチンは独立型。LDへの、行き来が不便で使い勝手も悪かったです。

AFTER

部屋数は減ったものの、光が入って開放感のある使いやすい空間に。吹き抜けを設けられるのは、一戸建てならではの変更です。

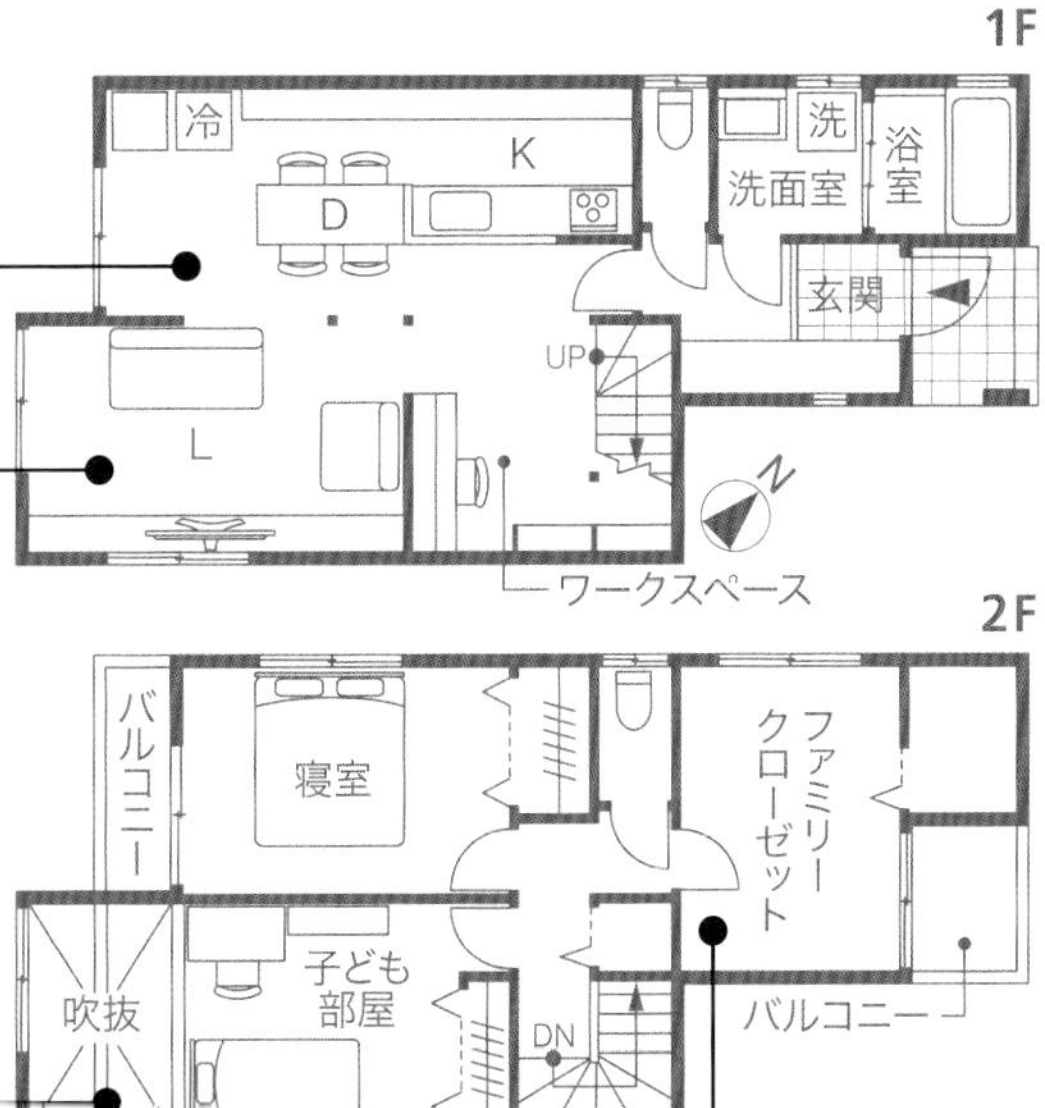

キッチンをオープンにする

キッチンを移動させ、ダイニングテーブル隣接のタイプに。配膳がラクになりました。

洋室にして吹き抜けを作る

和室を洋室にして吹き抜けを作り、開放感のあるLDKに。上からの光が採り込めて、明るくなりました。

床の一部を抜いて吹き抜けに

2階の一部の床を抜いて、吹き抜けを設置。これで1階のLDKがグンと明るくなりました。

ファミリークローゼットを作る

吹き抜けを作ることで部屋が狭くなった分、ファミリークローゼットを設けて、洋服の収納は別のスペースに確保しました。

DATA

部分リノベーション
家族構成：夫婦、子ども1人
間取り：4LDK→2LDK
構造規模：木造2階建て
延床面積：102.65㎡

Case 6

キッチンが主役の広々LDKに

今まで住んでいたマンションより、広めの中古物件を購入し、リノベーションしました。独立型の狭いキッチンを広くて使いやすい、暮らしの中心になるようなオープンキッチンに。家族全員が料理できるように、キッチンカウンターは広めにし、作業台兼テーブルとして使えるようにしました。オープンなLDKを居心地良くするため、収納を充実。LDKに物があふれないように、広めのウォークインクローゼットを作りました。

BEFORE

3LDKと部屋数は多いものの、各部屋が狭くて使いにくかった間取り。全体的に収納も少なく、物が収まりません。

キッチンが使いにくい

クローズドの独立型キッチンは狭く、家族で料理することができません。

全体的に収納が少ない

各部屋に収納スペースが少なく、物があふれそうでした。

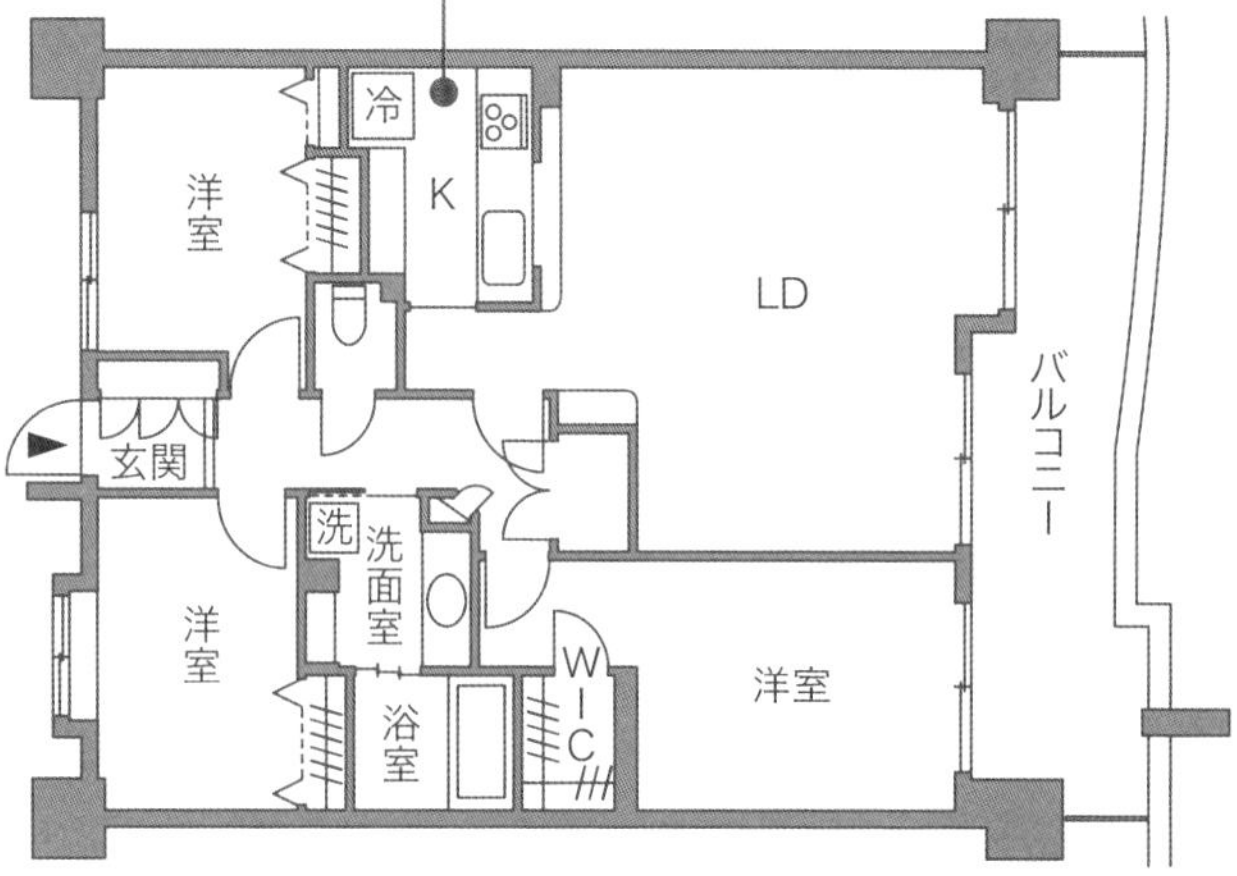

↓

AFTER

間取りを大きく変えて、オープンキッチンにし、広めのLDKに。1部屋をウォークインクローゼットにして収納を充実させました。

二つの収納で物を一括管理

玄関を入ってすぐの洋室をシューズクローゼットとウォークインクローゼットに。洋服のコーディネートができるテーブルの高さの収納を中央に設置しました。

キッチンを広めにする

家族が使いやすいように、キッチンは左右どちらからも入れるレイアウトに。スペースを広くしたからこそできる配置です。

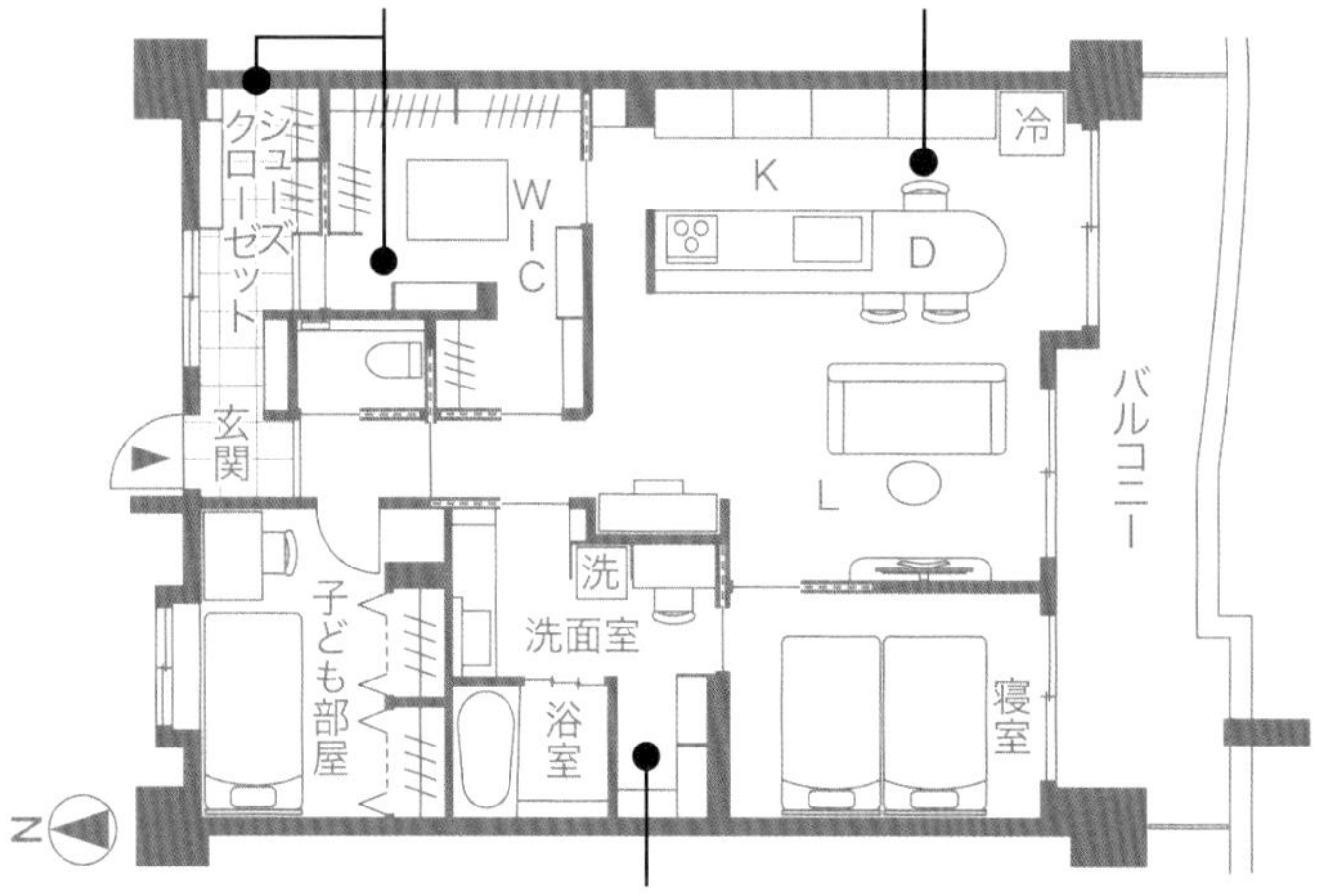

洗面室の収納を充実させる

狭かった洗面室はスペースを広げ、家事効率がアップ。洗濯機横には作業台を設置し、洗濯物をたたんだり、アイロンがけもできます。

DATA

部分リノベーション
家族構成：夫婦、子ども1人
間取り：3LDK→2LDK
構造規模：RCマンション
専有床面積：83.62㎡

Case 7

2階を増築して二世帯住宅にする

実家だった一戸建てを二世帯住宅にリノベーション。2階を子世帯が住むように増築して間取りを変更するという大がかりなものになりました。2階には、子ども夫婦+孫2人の4人家族が住めるように、増築してLDKと寝室、子ども部屋を作りました。最近の社会状況から、子ども夫婦だけで土地を購入し、一戸建てを建てるのは経済的に難しいことも。土地代がかからない二世帯住宅は、今後検討する余地がある住まい方です。

BEFORE

親世帯の生活スペースだった1階はほぼ変えず、あまり使っていなかった2階をリノベーションして子世帯の住居に。

親世帯の生活スペース

1階はDKと和室の間取りですが、特に不便はないので、ほとんど変えませんでした。

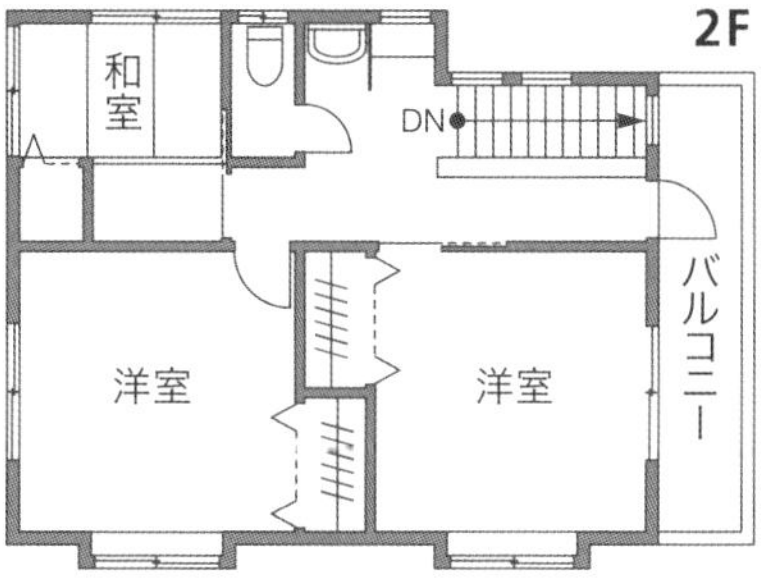

子ども達の個室だった

2階は、子どもが独立前までは個室として使用。独立後はほとんど使っていませんでした。

↓

AFTER

2階の増築にともない、1階にサンルームを増築。2階は、子世帯の家族で共有できるLDKとワークスペースを広めにしました。

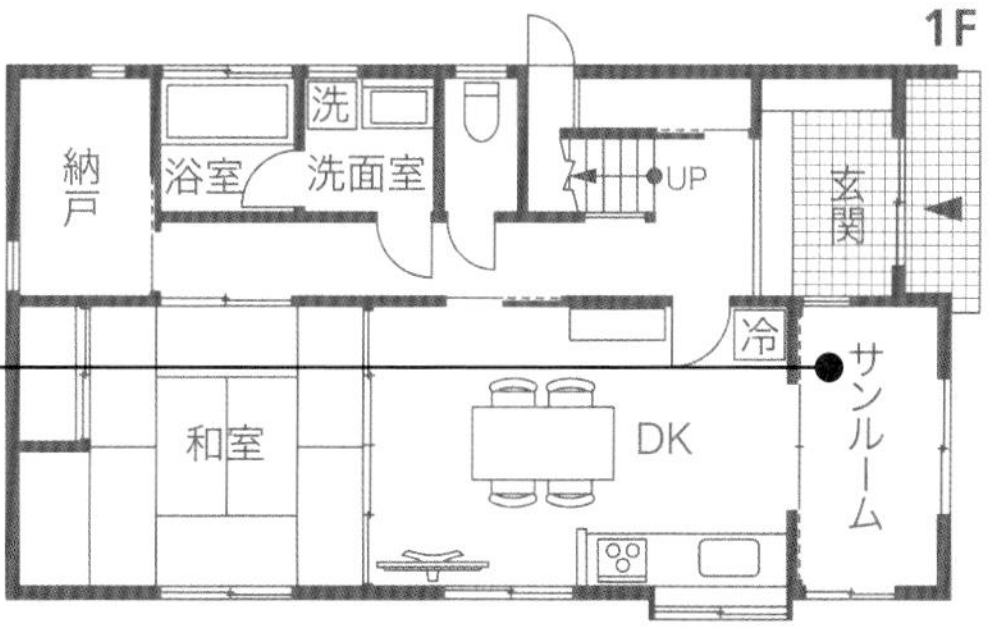

サンルームを増築する

増築したサンルームはDKともつながっていて、洗濯物干し場など多目的に使用可能。

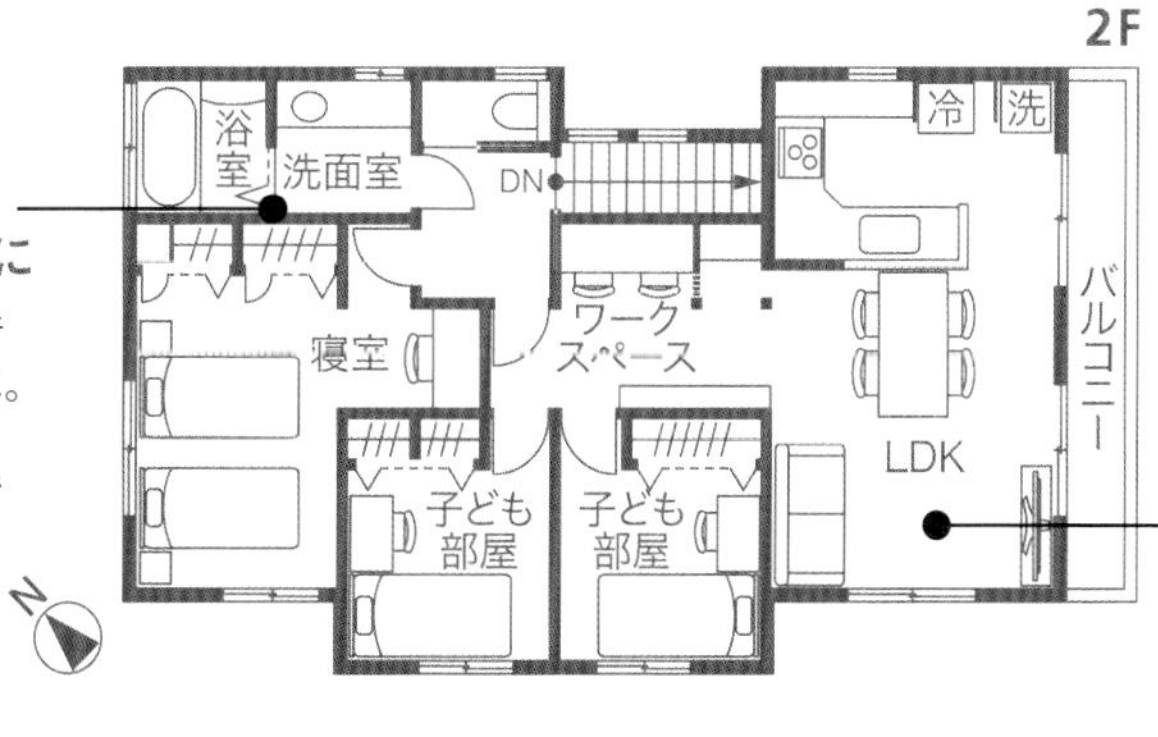

洗面室・浴室は1階と同じ場所に

水回りは、生活音を考えて1階と同じ場所に。配管を合わせられ、リスクとコストも考慮できます。

増築して広いLDKに

家族4人の生活の中心となるLDKは広々としたスペースに。日当たりも良く明るいです。

DATA

部分リノベーション
家族構成：夫婦、子ども夫婦、孫2人
間取り：1階1LDK→変更なし
2階3部屋→3LDK
構造規模：木造2階建て
延床面積：156.94㎡

おわりに

今回の取材により、設計したその後のお宅を
拝見する貴重な機会を得ました。
築浅から数年経ったお宅まで、
住み手の様々な創意工夫に出会うにつけ、
快適な住まいにとって、
家への愛着がつくる「しつらえ」に
勝るものはないという感を深くしました。

間取りにも、そして、家づくりにも
共通の正解があるわけではありません。
ただ、ひとつ確かなのは、
建てる過程を大切にした家は、
その後も素敵な進化を遂げるということ。
そこには、家づくりを始めるときに、
自分たちの「暮らしを見つめ直した」ことが生かされています。

家づくりとは、単に専門家による住宅=建物設計ではなく、
ご家族が主体となった、
未来に向けての「暮らしのデザイン」だと思います。
本書が、皆様の素晴らしい未来のための

家づくりのヒントになることを願っております。

最後になりましたが、
今回、ご自宅の取材に快く応じてくださった建て主の皆様に、
心よりお礼を申し上げます。

秋元 幾美

取材協力

geograph Co., Ltd.（P40）
https://piecal-paullen-plastiko.com

ニジアーキテクツ一級建築士事務所（P52）
http://www.niji-architects.com

フリーダムアーキテクツデザイン株式会社（P58）
https://www.freedom.co.jp

(株)難波和彦＋界工作舎（P76）
http://www.kai-workshop.com

株式会社クレアホーム
https://creahome.jp

伊藤美佳代／整理収納アドバイザー・
住宅収納スペシャリスト（P58、P165、P172）
http://mikayo-ito.jugem.jp

監修者

秋元幾美（あきもといくみ）

一級建築士。一級建築士事務所 アトリエ サラを共同主宰。1982年日本女子大学住居学科卒業。(株)ポーラ化粧品に入社、宣伝・広報部門に携わる。1988年建築の分野を志し、設計事務所に転職。主にマンションや個人住宅の設計業務に就く。1998年大学同期生の水越美枝子と一級建築士事務所 アトリエ サラを設立。女性で構成されたチームオフィスで、新築、リノベーションの住宅設計からインテリアコーディネイト、収納計画までトータルな住まい作りに取り組んでいる。

一級建築士事務所 アトリエ サラ
https://www.a-sala.com

Staff

デザイン／ohmae-d（木下恭子）
撮影／永野佳世　澤崎信孝　柳原久子（P76～81）
イラスト／大野まみ
間取り図／長岡伸行
取材・文／渡辺彩子　内田いつ子
校正／鴎来堂
構成・文／大橋史子（株式会社ペンギン企画室）
編集担当／梅津愛美（ナツメ出版企画株式会社）

ナツメ社Webサイト
https://www.natsume.co.jp
書籍の最新情報（正誤情報を含む）はナツメ社Webサイトをご覧ください。

本書に関するお問い合わせは、書名・発行日・該当ページを明記の上、下記のいずれかの方法にてお送りください。電話でのお問い合わせはお受けしておりません。
・ナツメ社webサイトの問い合わせフォーム　https://www.natsume.co.jp/contact
・FAX（03-3291-1305）
・郵送（下記、ナツメ出版企画株式会社宛て）
なお、回答までに日にちをいただく場合があります。正誤のお問い合わせ以外の書籍内容に関する解説・個別の相談は行っておりません。あらかじめご了承ください。

快適《かいてき》な住《す》まいの間《ま》取《ど》りと実例集《じつれいしゅう》

2021年 8 月6日　初版発行
2023年 4 月1日　第3刷発行

監修者　秋元幾美《あきもといくみ》　Akimoto Ikumi,2021
発行者　田村正隆

発行所　株式会社ナツメ社
東京都千代田区神田神保町1-52　ナツメ社ビル1Ｆ（〒101-0051）
電話 03-3291-1257（代表）　FAX 03-3291-5761
振替 00130-1-58661
制　作　ナツメ出版企画株式会社
東京都千代田区神田神保町1-52　ナツメ社ビル3Ｆ（〒101-0051）
電話 03-3295-3921（代表）
印刷所　図書印刷株式会社

ISBN978-4-8163-7063-2　Printed in Japan
＜定価はカバーに表示してあります＞　＜乱丁・落丁本はお取り替えします＞